Franz Selmeier

Eisen, Kohle und Dampf

Die Schrittmacher der
industriellen Revolution

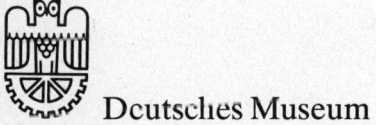

Deutsches Museum

Rowohlt

Die Buchreihe zur Kulturgeschichte der Naturwissenschaften
und der Technik entstand im Rahmen zweier Projekte am Deutschen
Museum, die vom Bundesminister für Bildung und Wissenschaft
und der Stiftung Volkswagenwerk finanziell unterstützt wurden.
Verantwortlich für die Konzeption der Reihe:
Bert Heinrich, Friedrich Klemm†, Michael Matthes,
Jürgen Teichmann.

Die Interpretation der Fakten gibt die Meinung des Autors,
nicht die des Deutschen Museums wieder.

Redaktion im Deutschen Museum: Bert Heinrich
Bildredaktion: Ludvik Vesely
Bildrechte: Rolf Gutmann
Redaktionsassistentin: Edeltraut Hörndl

**Diese Veröffentlichung wurde mit Mitteln des Bundesministers
für Bildung und Wissenschaft gefördert.**

Originalausgabe

Umschlagentwurf: Werner Rebhuhn
(Ausschnitt aus einem Ölgemälde 77 × 94 cm – von
Lucas van Valkenborch «Flußtallandschaft mit Hüttenwerk» –
um 1590, Landesmuseum Bonn. Moderne Hüttenanlage, Modell
im Deutschen Museum).
Redaktion: Jürgen Volbeding
Layout: Jan Enns
Veröffentlicht im Rowohlt Taschenbuch Verlag GmbH,
Reinbek bei Hamburg, November 1984
Copyright © 1984 by Rowohlt Taschenbuch Verlag GmbH,
Reinbek bei Hamburg
Satz Times (Linotron 202)
Gesamtherstellung: Clausen & Bosse, Leck
Printed in Germany
1480 ISBN 3 499 17712 9

Inhalt

Einleitung   9
  Mensch und Technik: Zum Problem des Fortschritts
  in der Geschichte   9
  Die Weltgeschichte aus der Sicht der Technik   11
  Die Rolle der Eisen- und der Maschinenbauindustrie   12

Zeittafel   13

**I. Die metallurgische Revolution (2000–1000 v. Chr.): Von der
Bronze- zur Eisentechnik**   21
  Die Nichteisenmetalle   21
  Das Rennverfahren   22
  Das Härten des Eisens   27
  Die Verbreitung der Eisentechnik   29

II. Die Eisenproduktion im Zeitalter der Wasserkraft (1200–1712)   32
  Die Einführung des Wasserrades   32
  Der Betrieb des Hochofens: Gießen und Frischen   34
  Stückofen und Floßofen   38
  Der mechanische Stielhammer und das Schmiedegewerbe   39
  Rohstoff Erz: Der Bergbau   42
    Die Bergfreiheit   42
    Die Gewerken   44
    Der montanindustrielle Frühkapitalismus   44
    Der Eisenerzbergbau   47
  Der Wald: Baustoff, Rohstoff, Nahrungsquelle, Brennstoff   48
    Das Holz als Bau- und Rohstoff   48
    Der Wald als Nahrungsquelle für Mensch und Tier   50
    Die Meilerverkohlung   52
    Holzverbrauch der Eisenhütten   54
    Der Kampf um den Wald und die Forstpolitik   55
    Entwaldung, Aufforstung und Waldschutz   56
    Wald und Gesellschaft   59
  Die Eisenhütte als Wirtschaftsbetrieb   61
    Anlageinvestition und Betriebskosten   61
    Transportprobleme   64
    Besitzverhältnisse   65
  Die Struktur der Eisenhüttenindustrie im Zeitalter der Wasserkraft   66

**III. Eisentechnik, Krieg und Gesellschaft: Ein Strukturwandel
in drei Stadien**   68
Eisen, das ‹demokratische Metall›   70

IV. Die Revolution der Eisenverhüttung im 18. Jahrhundert in England 75
Universalgeschichte und industrielle Revolution   75
England und der europäische Kontinent   77
Lage und Entwicklung der englischen Eisenindustrie
vor der industriellen Revolution   78
   Start aus einer Krise?   78
   Gab es wirklich eine Holzkrise in England?   78
     1. Schiffsbau und Holzimport   79
     2. Brennholz und Steinkohle   82
   Ein ‹grüner› Mahner im 17. Jahrhundert und die Rettung
   des Waldes   83
   Gab es eine Erzkrise?   86
   Das Wachstum der englischen Eisenindustrie:
   Ein Quellenproblem   87
   Der freie Unternehmer: Flexibilität und Rentabilität   88
   Die Ausdehnung der innerwirtschaftlichen Grenze
   nach Norden: Die Midlands als neue industrielle Region   90
   Die Foley-Partnerschaft   92
Der Wandel der Produktionsstruktur in der Eisenverhüttung
und die Begründung der modernen Industriegesellschaft:
Die Darbys in Coalbrookdale   93
   Abraham Darby I: Die Erfindung des Sandgusses
   und die Gründung des Werkes   94
   Die sozioökonomischen Strukturelemente   97
     1. Coalbrookdale, der ideale Standort   97
     2. Die Spezialisierung auf den Guß   99
     3. Verbindung von Produktion und Konsum   100
     4. Der Erfinder-Unternehmer: Ein neuer Unternehmertypus   101
     5. Der neue Facharbeiter   102
     6. Die calvinistische Quäkerethik und das industrielle
       Arbeitsethos   103
     7. Ein Modell des modernen Sozialstaates   106
Der Prozeß der technischen Revolution: Der Kokshochofen   107
   Die Unternehmerziele   107
   Die Mängel der Holzkohle in der Hochofentechnik   108
   Substitutionsversuche   109
   Warum die Substitution in Coalbrookdale gelang   110
     1. Eisenerz und Kohle lagerten im selben Flöz   110
     2. Die ‹Thick Coal› verbürgte reiche Versorgung   110

    3. Die fortschrittliche Abbautechnik   111
    4. Geeignete Kokskohle   112
Die Verkokung der Mineralkohle im 17. Jahrhundert   113
Die neue Technik der Eisenverhüttung mit Koks   114

V. Von der Wassernot zur Wasserkrise   120
Herausforderung und Antwort: Die atmosphärische
Dampfmaschine   120
    Die Wassernot des ‹hydraulischen› Zeitalters   120
    Die Wasserkrise – Existenzkrise des Bergbaus   121
    Thomas Newcomens atmosphärische Dampfmaschine   123
    Die Anwendung in der Trinkwasserversorgung   127
    Die Lösung der Transportbeschränkungen   129
    Das hydraulische Produktionssystem und der Prozeß seiner
    Veränderung: Not und Krise   130
    Die Lösung des Energieproblems durch die Vermehrung der
    Wassermenge   133
    Die Erfindung des Zylinder- und des Heißluftgebläses   134

VI. Die Begründung des modernen Maschinenbaues:
Das Koksgußeisen verbindet sich mit dem Dampf   137
Der Zylinderbau stiftet die Newcomen-Darby-Verbindung:
Der Durchbruch des Koksgußeisens   137
Das Gußzeitalter   139
    John Wilkinson: ‹Eisenverrückt›   140
    Die erste eiserne Brücke der Welt: Gußeisen als Baustoff   142
    Der Kristallpalast der ersten Weltausstellung 1851 in London   144

VII. Entwicklung und Struktur der modernen Maschinen-
bauindustrie   148
Die Industriestadt Glasgow in Schottland   148
James Watt (1736–1819)   149
    Der Laborant als Forscher am untauglichen Modell   149
    Vom Apparatebau zum Maschinenbau 1765–1775:
    Zehn harte Jahre   154
Die Revolution der Produktion: Von der Metallwarenmanufaktur
zur Maschinenfabrik   157
    Die Revolution des Geschmacks
    Luxuswaren und industrielle Massenproduktion   159
    Der patrizische Erfinder-Unternehmer Matthew Boulton   161
    Die Organisation der Maschinenfabrik Boulton & Watt in Soho   163

Die technische Revolution im Maschinenbau:
Metallbearbeitende Werkzeugmaschine + Kraftmaschine
+ Arbeitsmaschine   169
    Von der Handarbeit zur Maschinentechnik: Präzisionsarbeit   170
    Arbeitsmaschine und die Kraftmaschine mit Drehbewegung   172
    Vom Pachtsystem zum Meßsystem und Maschinenindikator   176
    Katarakt und Fliehkraftpendel: Regeltechnik statt Automat   177
    Die Albion-Mühle in London, das erste Großprojekt des
    modernen Maschinenbaues   179
    Der Konkurrenzkampf um Bau und Verkauf der
    Dampfmaschine   180

**VIII. Die technische Vollendung des Werkstoffes: Tiegelgußstahl
und Puddeleisen**   184
    Sheffield: Größtes und bedeutendstes Stahlzentrum Europas
    von 1740 bis etwa 1890   184
    Benjamin Huntsman: Vom Schweißstahl zum Tiegelgußstahl   186
    Corts Puddelprozeß schließt die technologische Lücke
    zum Schmiedeeisen   190

IX. Industrialisierung und Gesellschaft in England   195
    Das Textilgewerbe im Umbruch: Mechanisierung und
    Motorisierung nach 6000 Jahren Handarbeit   195
    Der Wandel der Industrielandschaften und des Transports   199
        Standortwandel durch Energiewandel   199
        Die Revolution des Personenverkehrs: Das Zeitalter der
        Postkutsche   200
        Die Revolution des Güterverkehrs durch den Kanalbau   202
    Bevölkerungswachstum und Industrialisierung   207
    Die Agrarrevolution   210
    Die industriellen Ballungszentren   215
        Das Wachstum der Industriesiedlungen   215
        Der Wohnungsbau   217
        Lebensbedingungen und Umweltverschmutzung   220
        Das eisenverarbeitende Klein- und Mittelgewerbe
        und die Entstehung der Berufsgewerkschaften in Sheffield   223

Schlußbemerkung   229

Anhang   230
    Literatur- und Quellenverzeichnis   230
    Personen- und Sachregister   244
    Bildquellen   252

Einleitung

Mensch und Technik: Zum Problem des Fortschritts in der Geschichte

In dem wahrscheinlich 1624 geschriebenen Utopie-Fragment ‹Nova Atlantis› schildert der englische Philosoph und Lordkanzler Francis Bacon das Paradies einer hochtechnisierten und humanen Gesellschaft. Auf der abgeschiedenen Insel Bensalem, an deren Gestade eine Gruppe von Engländern verschlagen wurde, hat man einfach alles: Kraftmaschinen, Flugzeuge und Unterseeboote, Teleskope und Mikroskope, regulierbare Heiz- und Tiefkühlanlagen, Fernsprecher und Fernsehapparate. «Die verschwenderisch ausgestatteten Forschungsinstitute ... stellen immer neue Kunststoffe her, züchten neue Pflanzen- und Tiersorten, finden neue Medikamente und Heilkuren zur Verlängerung des Lebens, neue Apparate und Maschinen, die den Menschen von der Last der Arbeit befreien und ihm neue Mittel für den sinnlichen Genuß liefern, von Musikinstrumenten mit sensationellen Klangwirkungen bis zu raffinierten Parfums und Konfitüren. Was Wunder, daß die Menschen von Bensalem immer ‹glücklicher› werden» (Freyer, 1970, S. 37).

Heute, 360 Jahre nach dieser Vision, leben wir in dieser Industriegesellschaft, sind aber offenbar nicht so glücklich. Wir genießen die Errungenschaften der Technik und leiden an ihnen. Oswald Spengler hat bereits 1931, im Anschluß an einen Vortrag im Deutschen Museum, die Gefahren klar formuliert: «Aber das gehört zur Tragik dieser Zeit, daß das entfesselte menschliche Denken seine eigenen Folgen nicht mehr zu erfassen vermag. Die Technik ist esoterisch [nur für Eingeweihte verständlich] geworden wie die höhere Mathematik, deren sie sich bedient ... Die *Mechanisierung der Welt* ist in ein Stadium gefährlichster Überspannung getreten. Das Bild der Erde mit ihren Pflanzen, Tieren und Menschen hat sich verändert. In wenigen Jahrzehnten sind die meisten großen Wälder verschwunden, in Zeitungspapier verwandelt worden, und damit Veränderungen des Klimas eingetreten, welche die Landwirtschaft ganzer Bevölkerungen bedrohen; unzählige Tierarten sind wie der Büffel ganz oder fast ganz ausgerottet, ganze Menschenrassen wie die nordamerikanischen Indianer und die Australier beinahe zum Verschwinden gebracht worden ... Eine künstliche Welt durchsetzt und vergiftet die natürliche. Die Zivilisation ist selbst eine Maschine geworden, die alles maschinenmäßig tut oder tun will ... Das faustische Denken beginnt der Technik satt zu werden. Eine Müdigkeit verbreitet sich, eine Art Pazifismus im Kampf gegen die Natur. Man wendet sich zu einfacheren, naturnäheren Lebensformen» (Spengler, 1931, S. 54f).

Mit dem Aufstand der Ethik, der Ökologie und der Ideologie gegen die Ökonomie und die Technik scheint nunmehr eine zwei- bis dreihundertjährige Epoche der naiven und ungehemmten Fortschrittsgläubigkeit Europas beendet zu sein, welcher der englische Staatsmann Gladstone noch in der zweiten Hälfte des 19. Jahrhunderts auch im politischen Sinne Ausdruck verliehen hatte: «Jede Eisenbahnschiene, die über eine Grenze hinwegführt, bahnt dem universellen Staatenbund den Weg» (Sulzbach, 1968, S. 340).

Die mittelalterliche theologische Frage nach dem ‹Richtig leben› löst heute in säkularisierter Form das Ziel des ‹Immer besser leben› ab. Das Sinn-Denken steht gegen das Zweck-Denken auf.

Ähnlich wie die Maschinenstürmer im 18. und 19. Jahrhundert in England und die chinesische Sekte der ‹Boxer› um die Wende zum 20. Jahrhundert mit den Parolen ‹Zerstört die Eisenbahnen, zerschneidet die Telegraphendrähte, versenkt die Dampfschiffe› bekämpft heute ein mitunter militanter Kulturpessimismus im Gefolge Rousseaus in Europa die moderne Technik, und zwar zur gleichen Zeit, da Milliarden Menschen in den Entwicklungsländern ihre existentiellen Ernährungs- und Versorgungsprobleme eben durch die Technisierung der Wirtschaft zu lösen versuchen. Während sich die Übersatten gegen die Mittel der Übersättigung wenden, sterben die Massen der Hungrigen, weil ihnen eben diese Mittel fehlen. Werner Heisenberg rief 1964 in seinem Festvortrag im Deutschen Museum, 33 Jahre nach Oswald Spengler, die jungen Menschen dazu auf, «an die Stelle des romantischen Rückzugs in die Einsamkeit die vom Geist und vom Wertmaßstab der Vergangenheit mitgetragene tätige Mitarbeit an der modernen Welt» zu setzen, weil die Probleme der Zeit nur mit den Mitteln der Technik zu bewältigen seien (Südd. Zeitung v. 8. 5. 1964).

Mir scheint, eine Kulturgeschichte der Technik ist heute wichtiger denn je. Sie vermag die Probleme unserer Zeit nicht zu lösen, kann aber Beiträge zur Standortbestimmung leisten, Erkenntnisse vermitteln, wie die Menschen früherer Generationen vergleichbare Probleme bewältigt haben, und Einsichten in die Prozesse der Kulturentwicklung der Menschheit gewähren.

Die Weltgeschichte aus der Sicht der Technik

Mit dem Begriff ‹industrielle Revolution› wird traditionell der Strukturwandel des 18./19. Jahrhunderts in England bezeichnet. Nun haben aber Technikhistoriker wie Lynn White jr. und Jean Gimpel in den letzten zwei Jahrzehnten eindrucksvoll dargelegt, daß dem technischen Aufschwung vom 11. bis zum 13. Jahrhundert der Rang der ersten industriellen Revolution in der Geschichte Europas zuerkannt werden sollte. Die ‹Industrielle Revolution› des 18. Jahrhunderts verliert damit nicht ihre Bedeutung, wohl aber ihre Singularität. Der Begriff ‹industrielle Revolution› sollte deshalb nicht mehr groß geschrieben und die Bezeichnung ‹vorindustrielle› Produktion nicht mehr unterschiedslos für die gesamte Gütererzeugung zwischen 1300 und 1800 verwendet werden.

Im Unterschied zum herkömmlichen staaten- und geistesgeschichtlichen Periodisierungsschema, das die Geschichte in

die Vor- und Frühgeschichte,

das Altertum ab 3500 v. Chr.,

das Mittelalter ab 375 oder 476 n. Chr.,

die Neuzeit ab 1492, 1517 oder 1648,

die neueste Zeit ab 1789

und die Zeitgeschichte ab 1917/18

trennt, begreift eine moderne Technikgeschichte die Entwicklung der Menschheit als einen mehrstufigen Kulturwandel mit zumeist veränderten Einschnitten.

1. Die neolithische Revolution (ab 10000 v. Chr.) brachte mit der Seßhaftwerdung den Übergang von der konsumierenden zur produzierenden Gesellschaft. Neben Ackerbau und Viehhaltung entwickelten sich die handwerklichen Tätigkeiten Spinnen, Weben, Töpfern sowie Schmelzen, Gießen und Schmieden von Nichteisenmetallen.

2. Die hydraulische Revolution in den Flußkulturen von Euphrat und Tigris, Nil, Indus und Hoangho (ab 3500 v. Chr.) brachte die Organisation und die Mechanisierung der Bewässerung des Bodens und war mit der Entstehung der Hochkultur (Staat, Schrift, arbeitsteilige Gesellschaft, Rechtsordnung) verbunden.

3. Die metallurgische Revolution (2000–1000 v. Chr.) in Kleinasien bewirkte den Übergang von der Bronze- zur Eisentechnik. Mit der Ausbreitung der Eisentechnik im östlichen (ägäischen) Mittelmeerraum erfolgte ein von den Griechen getragener Kulturwandel.

4. Die industrielle Revolution des europäischen Mittelalters (11. bis 13. Jahrhundert) beruhte auf der Übernahme des Wasserrades als Antriebsmaschine, der Verbreitung der Nockenwelle und der Entwicklung von Arbeitsmaschinen. Sie war gleichsam eine hydraulische Revolution im gewerblichen Sektor.

5. Die industrielle Revolution des 18. Jahrhunderts in England brachte die «gründlichste Umwälzung menschlicher Existenz in der Weltgeschichte, die jemals in schriftlichen Dokumenten festgehalten wurde» (Hobsbawm, 1969, S. 11).
6. Die industrielle Revolution seit der Mitte des 20. Jahrhunderts brachte den Übergang von der mechanischen zur elektronischen Technik, zur Automation und Atomenergie.

Die Rolle der Eisen- und der Maschinenbauindustrie

Im Rahmen der Gesamtentwicklung zwischen dem 2. Jahrtausend v. Chr. und dem Ende des 2. Jahrtausends n. Chr. nahmen die Eisen- und die Maschinenbauindustrie eine hervorragende Stelle ein. Für ihre Auswahl sprechen folgende Gründe:
- Im Unterschied zu anderen Branchen erfuhr die Eisenhüttentechnik im Verlauf von 3500 Jahren drei grundlegende Umwandlungen, die jeweils mit den drei technischen Revolutionen,
    der metallurgischen Revolution,
    der mittelalterlichen industriellen Revolution
    und der industriellen Revolution des 18. Jahrhunderts,
zusammenfielen bzw. diese sogar im wesentlichen hervorriefen oder vorantrieben.
- Die Eisenindustrie war eine Schlüsselindustrie für alle Bereiche der gewerblichen Wirtschaft und der Landwirtschaft. Der Zusammenhang mit dem Krieg ist unmittelbar einsichtig.
- Als Grundstoffindustrie mit einem vertikalen Produktionsverbund umfaßt die Eisenindustrie die Probleme der Rohstoffgewinnung, der Brennstoffversorgung, der Energieversorgung, der Werkstoffverarbeitung und des Transports.
- Die Eisen- und die Maschinenbauindustrie waren die führenden Sektoren, die Pionierbranchen in der industriellen Revolution des 18. Jahrhunderts, die der Revolution der Textilindustrie zeitlich vorausgingen.
- Erfindung, Entwicklung, Einführung und Verbreitung von Kraftmaschinen, Werkzeugmaschinen, Arbeitsmaschinen und Transportmaschinen aus Eisen können als *die* technisch-ökonomischen Prozeßelemente der industriellen Revolution des 18. Jahrhunderts schlechthin bezeichnet werden. Die industrielle Revolution des 18. Jahrhunderts war im wesentlichen die Revolution des Maschinenbaues.

Zeittafel

Zeit v. Chr.	Technikgeschichtliche Daten	Zeit v. Chr.	Allgemeinhistorische Daten
		300 –100	Zeitalter des Hellenismus
um 275	Kolbenpumpe in Alexandria (Ktesibios)		
um 100	Wasserkraft für Gebläse und Frischen von Gußeisen in China		
15	Wassermühlen im Römerreich	15	Noricum römisch
n. Chr.		**n. Chr.**	
um 300	Mineralkohle bei der Eisenverhüttung in China		
		375	Beginn der germanischen Völkerwanderung
		481 –511	Chlodwig gründet das Frankenreich
6./ 7. Jh.	Gärben von Eisen in Europa		
8. Jh.	Steigbügel im Westen	768 –814	Karl der Große
		886	König Alfred erhebt London zur Hauptstadt von Wessex
9. Jh.	Durch Nägel befestigtes Hufeisen in Europa		
10. Jh.	Nockenwelle an Wasserrädern		
		1066	Schlacht von Hastings Wilhelm der Eroberer
		1086	Domesday-Book (Grund- und Steuerbuch)
10./ 11. Jh.	Ausbreitung des Wasserrades in Europa		
11. Jh.	Pferd in der Landwirtschaft: vierseitiger schwerer Pflug mit Vorderwagen, Pflugmesser und zwei Pflugsterzen		
1180	Windmühle in Europa (seit 7. Jh. in Persien)		
		1189 –1199	Richard I. Löwenherz
Ende 12. Jh.	Mühle mit unterschlächtigem Wasserrad Hammerschmieden in England verwenden Mineralkohle		
1197	Blasebälge im Eisenwerk des Zisterzienserklosters Soroë auf Seeland von Wasserrad angetrieben		

Zeit	Technikgeschichtliche Daten	Zeit	Allgemeinhistorische Daten
		1215	Magna Charta libertatum
13. Jh.	Mineralkohle (Seekohle) beginnt Holz für Hausbrand und Gewerbe in England, besonders in London, zu ersetzen Mechanischer Wasserhammer Trennung von Bergbau, Eisenverhüttung und Eisenverarbeitung		
		1248	Heinrich III. verpfändet den Kronschatz an die City of London
		1337 –1453	Hundertjähriger Krieg zwischen England und Frankreich: Fußsoldat, Feuerwaffe
um 1370	Geschweißte Eisenkanonen		
		1381	Bauernaufstand in England
14. Jh.	Gußeisen in Europa Entwicklung des Hochofens (Floßofen)		
		1439	Stehendes Heer Karls VII. von Frankreich
um 1450	Gegossene Eisenkanonen und Eisenkugeln		
		1541	Johann Calvins Reformation in Genf
		1558 –1603	Elisabeth I.
		1563	Lehrlingsstatut
		1588	Vernichtung der spanischen Armada
		um 1600	Internierungsbewegung von Armen in Zucht- und Spinnhäusern in Holland
		1600	Gründung der englischen und holländischen Ostindischen Kompanie
16. Jh.	Spezialisierung in 20 Schmiedezünfte		
1601	Zementstahl in Nürnberg (J. Nußbaum)		
		1601	Gesetz zur Armenunterstützung
1619	Dud Dudleys Versuche, Eisenerz mit Mineralkohle zu verhütten		
		1627	Francis Bacons ‹Nova Atlantis›
		1643	George Fox gründet Quäker
		1660	Restauration der Stuarts
		1661	‹Fumifugium›) von John Evelyn
1662	Royal Society of London	1662	Niederlassungsgesetz

Zeit	Technikgeschichtliche Daten	Zeit	Allgemeinhistorische Daten
		1664	‹Sylva› von John Evelyn
		1665	Pest in London: 69 000 Tote
1666	Académie des Sciences	1666	Großer Brand in London
		1667	Wiederaufforstungsprogramm
1681	Canal du Midi in Frankreich		
		1689	Toleranzakt, Freigabe des Wollhandels, Export-Subvention für Getreide
1690	Denis Papins Modell einer atmosphärischen Dampfpumpe		
		1694	Gründung der Bank von England
		1696	Bestätigungsakt erlaubt Quäkern Betätigung im Bergbau und Hüttenwesen Fenstersteuer
1698	Thomas Saverys Dampfpumpe ohne Kolben pumpt Wasser etwa 10 m hoch		
um 1700	Kartoffelanbau in England		
1701	Sämaschine von Jethro Tull entwickelt; langsame Verbreitung erst ab Mitte des Jahrhunderts		
		1702	Daily Courant, erste englische Tageszeitung. Saverys Buch ‹The Miner's Friend›
um 1704	Wagentyp Landauer entsteht		
1707	Sand- und Kastenformen statt Lehmformen (John Thomas)		
1708	Gründung des Eisenwerkes Coalbrookdale (Abraham Darby I)	1708 –1715	Ausgrabungen in Herkulaneum und Pompeji
1709	Zementstahlherstellung in Sheffield aufgenommen Eisenverhüttung mit Mineralkohle in Coalbrookdale, ab 1718 fortlaufend		
		1711	Spectator, moralische Wochenzeitschrift Gründung der staatlich privilegierten Südseegesellschaft
1712	Thomas Newcomens atmosphärische Dampfmaschine entwässert Kohlengruben in Tipton. Von 1712–1800 ca. 1 500 Maschinen errichtet		
		1713	Friede von Utrecht Asientovertrag (gültig bis 1750)
1714	Quecksilberthermometer (Gabriel D. Fahrenheit)		

Zeit	Technikgeschichtliche Daten	Zeit	Allgemeinhistorische Daten
1718 –1722	Beginn des modernen Maschinenbaus: Guß von Dampfmaschinenzylindern aus Koksgußeisen und Bohrung in Coalbrookdale		
		1720	Zusammenbruch der Südseegesellschaft
			Gründung von Aktiengesellschaften genehmigungspflichtig
		1721 –1742	Robert Walpole Premierminister
			Mehrheiten der Whigs
		1723	Bau von Arbeitshäusern in Landgemeinden genehmigt
1726	Erste Dampfmaschine in Frankreich bei Paris		
1730	Weingeistthermometer (René Réaumur)		
1733	John Kays Schnellschütze am Handwebstuhl		
		1734	Handelsvertrag zwischen England und Rußland (bis 1799)
1735	Erster neuerbauter Kokshochofen in Coalbrookdale		
		1740	Maria Theresia von Österreich und Friedrich II. von Preußen besteigen den Thron
1742	Tiegelgußstahl von Benjamin Huntsman (1751 in Sheffield kommerziell): Stahl kochen statt Schweißen		
	Newcomen-Maschine als Pumpmaschine für Energiewasser in Coalbrookdale		
		1750 –1830	Zeitalter der Postkutsche
1754	Royal Society of Art gegründet		
		1756 –1763	Englisch-französischer Kolonialkrieg und Siebenjähriger Krieg
1759	Josiah Wedgwood eröffnet Porzellanwerk in Burslem	1759	Britisches Museum
1760	Carron-Eisenwerke bei Glasgow gegründet (John Roebuck und Partner)	1760 –1820	Georg III.
1761	Worseley-Manchester-Kanal (James Brindley)	1761 –1838	Kanalzeitalter in England
1762	Matthew Boulton eröffnet Metallwarenmanufaktur in Soho bei Birmingham	1762	Erste Lebensversicherungsgesellschaft in England
	John Wilkinson eröffnet Eisenwerk in Broseley		

16

Zeit	Technikgeschichtliche Daten	Zeit	Allgemeinhistorische Daten
		1763	Friede von Paris
1765	James Watt erfindet direktwirkende Niederdruckdampfmaschine mit getrenntem Kondensator	1765	Stempelsteuer
1766	Lunar Society in Birmingham gegründet		
1767	Dreiseitiger leichter Pflug Grand Trunk Canal eröffnet		
1768	Joseph Black entdeckt die latente Wärme von Wasser und Dampf Kolbenzylindergebläse mit Wasserradantrieb (John Smeaton)		
1768 –1771	Gußeiserne Schienen zum Gütertransport in Coalbrookdale, 1785 über 32 km Länge		
1769	Wedgwood eröffnet Etruria-Werk Stanzen (Messingblech)		
		Um 1770	Schnellkutsche
1771	Flügelspinnmaschine mit Wasserradantrieb in Cromford am Derwent (Richard Arkwright) (1769 mit Pferdegöpel bei Nottingham)	1771	‹Encyclopaedia Britannica›
		1772	Lordoberrichter Mansfield erklärt Sklaverei für ungesetzlich
		1774	Quebec Act
1775	Wilkinsons beidseitig gelagerte Zylinderbohrmaschine Erste Watt-Boulton-Dampfmaschine als Wasserpumpe in Soho		
1775 –1800	Geschäftspartnerschaft zwischen Matthew Boulton und James Watt (Söhne bis 1825)		
1776	Erste Watt-Boulton-Dampfmaschine treibt Gebläse in der Firma Wilkinson	1776	Unabhängigkeitserklärung der 13 englischen Kolonien
1779	Kopierpresse in Soho zur Mechanisierung des Büros (James Watt) Erste Eisenbahnbrücke über den Severn: Gußeisen ersetzt Holz und Stein als Baustoff		
1782	Einseitig wirkende Dampfmaschine mit Drehbewegung durch Schwungrad und Planetengetriebe (Murdock-Watt) als	1782	Armengesetz

Zeit	Technikgeschichtliche Daten	Zeit	Allgemeinhistorische Daten
	allgemeine Kraftmaschine. Antrieb eines Reckhammers in der Firma Wilkinson und einer Rührmaschine in der Firma Wedgwood		
1783	Doppelt wirkende Niederdruckdampfmaschine in Soho Watt: 1 PS = Hubleistung von 3300 Pf. × Fuß / Minute 1 PS = 75 m kg / sec.	1783	Frieden von Versailles
1783/ 84	Henry Corts Doppelerfindung: Frischen mit Steinkohle im Puddelofen und Walzen -		
1784	Lemniskatenlenker leistet Winkelausgleich zwischen Balancier und Kolbenstange (Watt) Sicherheitsschloß (Joseph Bramah)	1784	Eroberung Ostindiens (seit 1757)
1785	Dampfgetriebene Spinnmaschine in Papplewick Murdocks Modell einer Dampflokomotive Verbesserte Sämaschine (Cook)	1785	Verbot der Ausfuhr von Geräten für das Hüttenwesen
1786	Albion-Mühle in London (John Rennie)	1786	Besuchsverbot in Soho
1787	Edmund Cartwrights Patent des mechanischen Webstuhls		
1788	Fliehkraftregler (Watts Konstruktionsbüro)	1788	Sydney wird englische Strafkolonie
1789	Ganzeisenpflug (Robert Ransome)	1789	Beginn der Französischen Revolution
1789/ 90	Dampfgetriebene Eisenwalzwerke (Walker, Crawshay)		
1790	Dampfgetriebene Münzprägemaschinen in Soho		
		1791	Thomas Paines ‹Rights of Man› Aufruhr in Birmingham gegen ‹Revolutionsgesellschaft›
1793	Board of Agricultur (Sekretär Arthur Young)	1793	Levée en masse: Allgemeine Wehrpflicht in Frankreich
1794	Henry Maudslays Kreuzsupport-Drehbank (1797 / 1800 verbessert)		
1795	Joseph Bramahs hydraulische Schmiedepresse Grand Junction Canal zwischen London und Midlands (Birmingham)	1795	Armengesetz: Vertreibung Ortsfremder nach Verarmung
1795/ 96	Gußeiserne Platten als Tröge für Kanalaquädukte (Thomas Telford)		

Zeit	Technikgeschichtliche Daten	Zeit	Allgemeinhistorische Daten
1796	Erste Maschinenfabrik Soho Foundry	1796	Einführung der Pockenschutzimpfung durch Jenner
1798 –1802	William Murdocks Gasbeleuchtung	1798	Thomas Malthus' ‹Bevölkerungsgesetz›
1799	Steuerung der Ventile der Dampfmaschine durch Exzenter der Kurbelwelle statt Schieber (William Murdock)	1799	Combination Act verbietet Gewerkschaften
1800	Ende des Patents von Watt	1800	Robert Owens ‹New Lanark›
		1801	Union Großbritannien – Irland
		1802	Friede von Amiens
1803	Robert Fultons Dampfboot		
1805	Grand Junction Canal fertiggestellt	1805	Verband der Maschinenbauer
		1807	Kontinentalsperre
1810	Kruppwerk in Essen		
		1812	Maschinenstürmer in Nottingham
1814	Dampfdruckerei der Times		
		1815	Waterloo Kornzölle
1819	Die ‹Savannah› überquert den Atlantik Tod Watts	1819	Asphaltstraßendecke des McAdam 1. Fabrikgesetz
		1820 –1840	Beginn der ‹administrativen Revolution›
1821	Eisendampfschiff ‹Aaron Manby›		
1829	Heißluftgebläse in Clyde-Eisenwerken in Glasgow (James Beaumont Neilson)		
1830	Personendampfeisenbahn zwischen Liverpool und Manchester ca. 45 km/Std. (George Stephenson)		
		1832	Cholera in London Wahlrechtsreform
		1833	Fabrikgesetz schränkt Frauen- und Kinderarbeit ein Fabrikinspektoren
		1834	Armengesetz Abschaffung der Sklaverei im britischen Empire
1838	Bahnlinie London–Birmingham	1838	Typhus in London
1839	James Nasmiths dampfgetriebener Fallhammer		
1842	Drehmaschine mit Dampfantrieb		
		1846	Aufhebung der Kornzölle
		1847	Fabrikgesetz (Zehnstundentag)

Zeit	Technikgeschichtliche Daten	Zeit	Allgemeinhistorische Daten
1851	Kristallpalast und Weltausstellung in London	1851	Kanalisationsgesetz für die City von London
1856/60	Frischen mit Luft (Henry Bessemer)		
1860	Dampfstraßenwalze	1860	Richard Cobdens Freihandelsvertrag zwischen England und Frankreich
		1864	Siemens-Martin-Stahlverfahren: F. u. W. Siemens und E. u. P. Martin
		1879	Verfahren zur Herstellung von Stahl aus phosphorhaltigem Roheisen: S. G. Thomas und P. C. Gilchrist
1884	Arnold Toynbees ‹Lectures on the industrial Revolution of the Eighteenth Century in England›		

I. Die metallurgische Revolution (2000–1000 v. Chr.): Von der Bronze- zur Eisentechnik

Obwohl von allen Metallen mit Ausnahme der Aluminiumerze die Eisenerzvorkommen mit etwa 5% Anteil an der Erdkruste am größten sind, gelang der Menschheit die Nutzung des Eisens erst nach der Verwendung der sieben Metalle Kupfer, Gold, Silber, Blei, Zinn, Antimon und Quecksilber. Kupfer- und Bronzezeit gehen deshalb der Eisenzeit voraus, weil Eisen mit Ausnahme vom seltenen Meteoreisen und dem noch selteneren tellurischen Eisen (von der Erde stammend) nur unrein vorkommt, der Schmelzpunkt reinen Eisens bei 1536°C (gegenüber den anderen Metallen) relativ hoch liegt (Tab. 1) und die Wärmebehandlung die Bearbei-

Quecksilber	40°
Zinn	232°
Blei	327°
Antimon	630°
Silber	961°
Gold	1063°
Kupfer	1083°
Eisen	1536°

Tabelle 1: Schmelzpunkte verschiedener Metalle in °C.

tungsfähigkeit des Metalls in einem komplizierten chemisch-physikalischen Prozeß, den die Wissenschaft erst im 20. Jahrhundert zu erkennen vermochte, bis zur Untauglichkeit verändern kann.

Die Nichteisenmetalle

Funde kupferner Mahlsteine für Korn und eines gehämmerten Kupferanhängers in der irakischen Höhle Shanidar im Zagrosgebirge, die in das Jahr 9500 v. Chr. datiert wurden, belegen, daß der Beginn der Metallbearbeitung mit dem Übergang von der konsumierenden zur produzierenden Wirtschaft in der neolithischen Revolution zusammenfällt. Gegen 4000

v. Chr. erfolgte die Verhüttung von Kupfer, Silber und Blei, gegen 3000 v. Chr. die Verarbeitung von Antimon zu grüner Schminke als antiseptischem Mittel sowie das Schmelzen von Zinn und damit die Herstellung von Bronze durch die Legierung von Kupfer und Zinn. Bronze war fast doppelt so hart wie Kupfer. Die ältesten Bronzefunde im Vorderen Orient stammen zusammen mit Gold- und Silbergegenständen aus den Königsgräbern von Ur um 3000 v. Chr. Mit dem Beginn der Bronzetechnik setzten die großen Reichsbildungen der alten Hochkulturen an Euphrat und Tigris, Nil, Indus und Hoangho ein. Da für die Verflüssigung von Kupfer beinahe 1100°C nötig sind, die Temperatur eines Herdfeuers aber nur 600–700°C beträgt, kann die Verhüttung von Kupfer und die Herstellung von Bronze keine zufällige Entdeckung gewesen sein. Die Bronzeherstellung bedurfte der gezielten Erfindung des Schmelzofens. Den hitzebeständigen Ton lieferten die Töpfer, die mit den Schmieden zusammenarbeiteten. Die Schmiede entwickelten Hammer, Amboß, Meißel, Stichel und mit diesen Werkzeugen die Metallbearbeitungstechniken des Prägens, Treibens, Ziselierens, Granulierens und Tauschierens. Die Erfindung des Bronzegusses in der verlorenen Form des Wachsmodels als Hohl- und Vollguß stammt um das Jahr 3000 v. Chr. aus Indien, verbreitete sich nach Osten bis Japan und erreichte im Westen einen künstlerischen Höhepunkt im antiken Griechenland.

Da Zinn im ganzen östlichen Mittelmeerraum selten vorkam, entstand ein ausgedehntes Handelsnetz zur Beschaffung dieses begehrten Metalls. Zinn wurde aus Afghanistan und Persien, über die Bernsteinstraße aus dem Erzgebirge sowie durch die Phönizier aus Südengland, Frankreich und Spanien eingeführt. Der Verschleiß der relativ weichen Bronzepflüge, Bronzeschwerter und Bronzespeerspitzen brachte die Menschen auf die Verwendung von Eisen.

Das Rennverfahren

Von den ältesten Schmieden des nahen Orients wurde neben Kupfer, Zinn und Antimon zuerst auch das aus dem Weltall stammende, mit 5 bis 10% Nickel legierte Meteoreisen bearbeitet, das Ägypter, Sumerer, Chattier und Hethiter als ‹Erz des Himmels›, als ‹das vom Himmel kommende Metall› bezeichneten. Das seltene Metall wurde für Prunkwaffen und Schmuckteile verwendet. Robert Peary entdeckte 1894 drei Brocken Meteoreisen an der Melville-Bucht in Grönland, deren größter 33 t wog und von den Eskimos als Lieferant von Eisenspänen für Sägemesser benutzt wurde.

Ort und Zeit der ersten Eisenschmelze sind unbekannt. Gegenstände aus verhüttetem Eisen fanden sich vielerorts in Kleinasien von der Ägäis bis Aserbaidschan in Armenien aus dem Ende des 3. Jahrtausends v. Chr. Voraussetzung für die Eisenherstellung waren die natürlichen Bedingungen der Eisenerzvorkommen und der Existenz von Wäldern mit Hartholz sowie die Erfindung der Gelenk- oder Scharnierzange zum Greifen und Festhalten der glühenden Eisenteile. Das älteste Eisenland lag vermutlich in den erz-, wald- und wasserreichen Tälern des mittleren Taurus am Rand der anatolischen Ebene in der Osttürkei, wo seit etwa 2000 v. Chr. die Chattier und später die Hethiter Eisen verhütteten. In Frage kommt auch das benachbarte Gebiet um Kummacha (griechisch Kommagene) am westlichen (richtiger nördlichen) Quellarm des Euphrat oder das Ararat-Gebiet, wo die Eisenerzeugung nicht mit Vorkommen reinen Eisens, sondern als Resultat des Kupferabbaus begonnen haben soll. Im Hethi-

1: Zwei elegant geformte Rennfeueröfen der Tschedé in Afrika mit einem unüblichen, weil oben installierten Gebläse. Die beiden Schmiede bedienen singend die Tütenbälge aus Fell und pressen die Luft durch die etwa 2 m langen Tonrohre auf den Grund des Ofens. Die glühende Holzkohle erwärmt Tonrohr und Luft, so daß Reduktionstemperatur und Wirkungsgrad der Verhüttung gesteigert werden. An den Wänden Überreste eines Hirsebreiopfers. Bei den Matakam in den Mandarabergen in Kamerun gab es ähnliche Ofenformen, von denen das Schema entnommen ist.

terreich (1600–1200 v. Chr.) in Kleinasien wurde Eisen zum Sinnbild des Herrschertums: Der eiserne Thron und das eiserne Zepter waren die Abzeichen des Großkönigs.

Das Eisen wurde im sogenannten Rennverfahren gewonnen, das mit Ausnahme von China fast 3500 Jahre, d. h. bis etwa ins 14. nachchristliche Jahrhundert die einzige Verhüttungstechnik blieb, die man für Eisen kannte. In Europa wurde sie noch bis weit ins 19. Jahrhundert hinein betrieben; 1827 gab es in Frankreich hauptsächlich im Gebiet der Pyrenäen über 100 katalanische Hütten, die nach diesem ältesten Verfahren arbeiteten. Bis vor wenigen Jahren wurde es in einzelnen Gebieten Afrikas (Abb. 1) und Indiens praktiziert, und jüngst wurde das Prinzip dieser Technologie in den modernsten Eisenhütten mit der Beheizung durch Erdgas wieder eingeführt. Ausgrabungen von Rennfeueröfen, metallographische Untersuchungen frühgeschichtlicher Eisenteile, -geräte und -schlacken, Vergleiche mit Bau und Betrieb von Rennfeueröfen bei afrikanischen Volksstämmen der Gegenwart sowie experimentelle Schmelzversuche in nachgebauten Öfen ergaben eine schlüssige Rekonstruktion der Verfahrensweise.

Eisenerze sind hauptsächlich Eisen-Sauerstoff-Verbindungen. Am häufigsten werden die dreiwertigen Eisenoxide (Fe_2O_3) Roteisenstein oder Hämatit, Brauneisenstein oder Limonit und das Raseneisenerz oder Sumpferz verhüttet. Nur oxidische Erze können unmittelbar zu Metall ausgeschmolzen werden; schwefelhaltige müssen erst geröstet werden. Um metallisches Eisen zu gewinnen, muß das Erz reduziert, d. h. vom Sauerstoff befreit und das freigelegte Metall von den Verunreinigungen und Erzbegleitern, deren Anteil 60–80 % und mehr ausmachen, getrennt werden. Beide Vorgänge, die Abgabe von Sauerstoff und die Trennung von den verflüssigten Begleitstoffen, der ‹Gangart›, erfolgen nur bei höheren Temperaturen, die Reduktion ab etwa 500°C, die Trennung ab etwa 1100°C. Ein geeignetes Element für die Ingangsetzung dieser Prozesse ist der Kohlenstoff, weil er gleichzeitig Brennstoff zur Erzeugung der Hitze und Reduktionsmittel ist. Die bei der Verbrennung des Kohlenstoffes entstehenden Kohlenmonoxidgase haben das Bestreben, den Sauerstoff aus dem Erz zu lösen und sich mit ihm zu verbinden. Dieser Prozeß setzt bei 500°C langsam ein, erhöht sich mit zunehmender Temperatur rapide und erreicht im Bereich zwischen 900°C und 1000°C die größte Reaktionsgeschwindigkeit, um dann wieder rapide abzunehmen. Diese chemische Reaktion erfolgt im festen Zustand des Eisens. Als Kohlenstoff wurde mit Ausnahme von China bis ins 18. Jahrhundert n. Chr. nur Holzkohle verwendet.

Obwohl spätestens im 2. Jahrtausend v. Chr. das Kupferschmelzen im Schachtofen erfolgte, knüpfte die Eisenverhüttung merkwürdigerweise nicht an dieses Entwicklungsniveau an. Die ältesten Eisenöfen waren in

24

die Erde eingelassene Herde mit 30 bis 45 cm Breite, also Schmelzgruben. Der Weg der Entwicklung ging dann vermutlich von der Befestigung des Grubenrandes mit Lehm oder Steinen zur Ummauerung in der Höhe und damit zur Schachtbildung, die durch die Kaminwirkung den Luftzug fördert. «Der niedrige Schachtofen der Urgeschichte ... war der Keim des Hochofens von heute» (Pleiner, 1962, S. 115).

Für die Verbrennung der Kohle mußte genügend Sauerstoff zugeführt werden. Schmelzgruben bedurften der künstlichen Luftzufuhr durch Hand- oder Tretblasebälge (Gebläseofen), eingetiefte und freie Schachtöfen konnten an Berghängen auch mit natürlicher Lüftung (Windofen) an der Wetterseite arbeiten. Durch eine oder mehrere rohrförmige Tondüsen, die 10–15 cm über der Ofensohle durch den Mantel geführt wurden, blies die Luft in den Brennherd. Der Anheizvorgang dauerte so lange, bis die glühende Schicht aus Holzkohlen und Asche etwa 15 cm über der Luftdüse lag. Erst jetzt wurde der Ofen von oben mit grobstückiger Holzkohle und walnußgroßen Eisenerzteilen beschickt, bei fortgeschrittener Hüttentechnik in abwechselnden Lagen. Mit Hilfe des Blasebalgs erreichte die Holzkohlenglut der Brennzone im unteren Teil des Ofens etwa 1200–1300°C, die Reduktionszone des Mittelteils die erforderlichen Temperaturen von etwa 900–1100°C (Abb. 2).

Daß das Eisen verhüttet werden kann, obwohl im Rennofen die Temperaturen weit unter dem Schmelzpunkt reinen Eisens von 1536°C liegen, ist den erdigen Beimengungen des Erzes, der Kieselsäure (SiO_2), der Tonerde (Al_2O_3) und dem Kalk (CaO) zu verdanken, die bereits bei 1100°C zu schmelzen beginnen, sich vom Eisen trennen und als Schlacke zu Boden sickern, wo diese sich mit der Holzasche vermengt. Die reduzierten Eisenteile werden bei 1300°C nicht flüssig, sondern erweichen nur zu einem teigigen, schwammigen Zustand, in dem sie durch die Schlacke tropfen. Dabei wird das Eisen gereinigt und vor Wiederoxidation durch den Luftsauerstoff geschützt. Die spezifisch leichtere Schlacke schwimmt auf der Eisenmasse und wird in eine Mulde vor dem Ofen abgelassen (abgestochen). Der Ausdruck ‹Rennverfahren› bezieht sich also nicht auf das Eisen, sondern auf das Rinnen der zähflüssigen Schlacke. Entsprechend der Ofengröße nach 5–20 Stunden Betriebszeit wurde der Eisenklumpen aus dem flachen Herd von oben herausgewuchtet, beim Schachtofen durch Öffnen der ‹Ofenbrust› herausgezogen. Wo die Öfen wie im Heilig-Kreuz-Gebiet in Polen (Bielinin, 1975, S. 140 f, und 1978, S. 9–24) nur einmal benutzt wurden, verwendete man flache, mit Häcksel vermischte Lehmziegel als Baumaterial und mauerte wohl kaum höher als 1 m. Im Siegerland (Lück, 1978, S. 117/118) und im märkischen Sauerland (Sönnecken, 1971, S. 117/118) wurden die Öfen für die mehrfache Schmelzung sowohl bis zu 1,5 m höher als auch stabiler, häufig mit Steinen gemauert. Hier erfolgte in der Regel auch der Abstich der Schlacke.

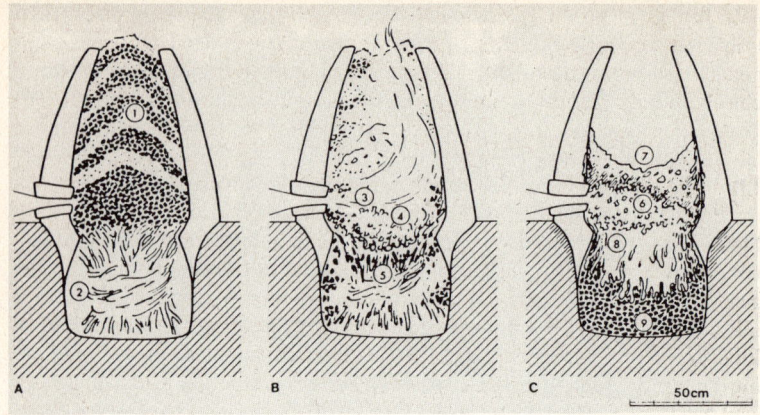

2: Vermuteter Schmelzverlauf im Schlackengrubenofen (nach Geländebefunden und Versuchsschmelzen): A vor der Schmelze (1 Holzkohle-Erz-Beschickung, 2 Astbündel im eingetieften Herd), B während der Schmelze (3 Oxidationszone, 4 Reduktionszone mit entstehendem Eisenschwamm und durchsickernder Schlak-ke, 5 verbrennendes Astholz), C nach der Schmelze (6 Position der schwammarti-gen Eisenluppe, 7 Resterz, Asche etc., 8 Schlackenklotz im Herd, 9 Holzkohlen-reste). Die Öfen waren für den einmaligen Gebrauch bestimmt. Im Heilig-Kreuz-Gebirge und in Masovíen (Polen), den größten Eisenproduktionsgebieten der spä-ten La-Tène-Zeit außerhalb des römischen Limes, betrug die Zahl dieser Renn-feueröfen schätzungsweise jeweils weit über 100000.

Da bei den relativ niedrigen Temperaturen der Trennungsvorgang nicht vollständig erfolgte, so daß die Schlacke noch Eisen und das Eisen noch Schlacke enthielten, war es für die Schmiede schwierig, den Brenn-prozeß ohne größere Vermengungen oder gar Verstopfungen, die ‹Ofen-sau›, durchzuführen. Besonders mußten System und Regulierung der Luftzufuhr beachtet werden, weil zu scharfes Gebläse in kleineren Öfen eine unerwünschte Abkühlung bewirkte, eine zu hohe Temperatur dage-gen zur Reoxidation des gewonnenen Eisens führte. Die Beherrschung der Technik des Rennfeuers in dem engbegrenzten Temperaturbereich und bei den unzulänglichen metallurgischen Kenntnissen erforderte große Erfahrung. Deshalb standen in alten Zeiten «Erzgewinnung, Ver-hüttung und Schmiedehandwerk allerwärts im Geruch des Zauberischen» (Danckert, 1963, S. 271). In den Mythen sind die Schmiede meist hin-kende, verkrüppelte, häßliche und verschlagene Menschen, deren Schmiedefeuer mit dem unterirdischen Erdfeuer in Zusammenhang steht. Während sie in den Kulturen der Steppenjäger Afrikas als unrein galten und angeblich Krankheit und Tod brachten, waren sie in der altnegridischen Kultur hochgeachtet, weil sie das Feuer erfunden, die Tiere gezähmt und die Menschen im Ackerbau unterwiesen haben sollen. Manche Stämme fürchteten und verehrten sie zugleich.

Das Härten des Eisens

Das Verhüttungsprodukt war eine schwärzliche, schlackenhaltige, poröse, im Mittelalter Luppe (von lupus = Wolf) genannte, faust- bis kopfgroße Eisenmasse, deren Unreinheiten der Schmied durch Hämmern austrieb. Die mit einem Meißel in vier bis sechs Teile zerkleinerten Eisenklumpen wurden in einem zweiten Herd rotgeglüht und mit einem Hammer zu Stäben oder Schienen (Barren) ausgeschmiedet. Eine Luppe von 30–40 kg ergab etwa 15–20 kg Barreneisen.

Das Rennfeuereisen als chemisch fast reines Eisen mit einem Kohlenstoffgehalt unter 0,1 % war weich und deshalb unschwer kalt (dengeln) und heiß (schmieden) verformbar. Waffen, Werkzeuge und Schmuckgegenstände wurden frei und in offenen Gesenken geschmiedet. Zur Herstellung größerer Gegenstände diente die Erfindung des Schweißens, bei dem zwei Eisenteile in sprühender Weißglut unter Zugabe von Sand als Flußmittel bei etwa 900° C zusammengehämmert wurden. Die wegen des nordindischen Klimas bis zum heutigen Tag rostfreie, 7 Meter hohe und 6 t schwere Kutub-Säule in Alt-Delhi aus dem Jahr um 310 n. Chr. soll aus etwa ein Kilogramm schweren Stücken des berühmten Haiderabadeisens geschmiedet worden sein. Eisenhüttenleute haben die Meinung geäußert, die Säule sei deshalb rostfrei geblieben, weil sie von Kindern als Kletterstange benutzt wird.

Das Schmieden bewirkt aber nicht nur Verformungen, sondern auch metallurgische Verbesserung des Metalls durch Erhöhung der Härte, bei Eisen von etwa 30 kg/mm^2 auf ungefähr 60 kg/mm^2. Gehämmerte Bronze erreichte einen Härtegrad von etwa 55 kg/mm^2. Gehämmertes Eisen war zwar zäher und biegefester, aber kaum härter als Bronze. Die Technik des Härtens durch Aufkohlen entwickelten vermutlich als erste die Hethiter im 15. Jahrhundert v. Chr.

Der Härtegrad des Eisens ist vom Kohlenstoffgehalt und von metallischen Zusätzen des Eisens abhängig. Im Rennfeuerofen verhinderten die niedrigen Temperaturen die Aufnahme von Mangan und Silizium und die eisenoxidhaltige Schlacke die Aufkohlung des Eisens.

Eines der frühesten schriftlichen Zeugnisse über die Verwendung von Eisen, das Entschuldigungsschreiben des hethitischen Königs Chattusili III. an den Assyrerkönig Salmanassar I. um 1260 v. Chr., ist nicht zufällig gleichzeitig eine Quelle für die Anwendung der Technik der Aufkohlung:

«Was das ‹gute› Eisen (parzillu damqu) betrifft, weswegen Du an mich geschrieben hast, so ist ‹gutes› Eisen in Kizzuwatna in meinen verschlossenen Vorratshäusern nicht vorhanden. Wie ich Dir bereits geschrieben habe, ist jetzt eine ungünstige Zeit für die Herstellung von Eisen. Aber man wird für Dich ‹gutes› Eisen machen. Bis jetzt ist es noch nicht fertig. Sobald es fertig ist, sende ich es Euch. Heute habe ich eine eiserne Dolchklinge an Dich abgesandt. Für die Waffen, die Du mir (zurück?) geschickt hast, werde ich Dir (bessere?) Klingen senden. Bis jetzt sind sie noch nicht fertiggestellt; aber sobald sie fertig sind, werde ich sie Dir senden» (Roesch, 1972, S. 9, Knauth, 1974, S. 89). Das Wort ‹parzillu damqu› bedeutet aufgekohltes Eisen und ist identisch mit dem hebräischen Wort ‹barzel-eschot› (durch mehrere Feuer gegangenes Eisen), das in den ‹Tel Amarna›-Briefen des mitannischen Königs Tuschratta (1387–1367 v. Chr.) von Syrien genannt wird.

Öfen zur Aufkohlung aus dem 10. Jahrhundert v. Chr. wurden in der Philisterstadt Gerar (Tel Djemmeh) in Palästina etwa 15 km südlich von Gaza entdeckt. Luppenstücke, ausgeschmiedete Stäbe oder fertige Werkstücke wie Schwerter wurden in Holzkohle gepackt und in kleinen Tiegeln, wie sie für das Wiederschmelzen von Kupfer verwendet wurden, oder in Ofenkammern unter Luftabschluß mehrere Stunden, Tage oder gar eine Woche auf 900–1000° C erhitzt. Die Steuerung des Brennvorganges erforderte große Sorgfalt, da der Grad der Aufkohlung von der Höhe der Temperatur, der richtigen Plazierung des Tiegels im Ofen, der Menge der Holzkohlen im Tiegel, der Dicke des Eisens und der Zeitdauer des Brennvorganges abhing. Bei gleichen Bedingungen konnten dünne Eisenteile ganz gekohlt (Diffusionshärten), dicke nur oberflächlich gehärtet werden (Induktionshärten). Beide Verfahren benützten die Philister. Pflugscharen und Speerspitzen wurden um 0,3 % Kohlenstoff, Werkzeuge mit höchster Härte an den Schneiden, wie Steinmeißel, bis auf etwa 0,8 % aufgekohlt. Damit war die Herstellung von Stahl geglückt. Nur Stahl wurde den hohen Beanspruchungen von Waffen und Werkzeugen gerecht.

Jetzt war die Herstellung von hochwertigen Wetzeisen, Feilen, Meißeln, Bohrern, Prägestöcken für Münzen, Schermessern, Schwertern möglich. Mit der Technik des Aufschweißens harter Eisenstreifen auf stumpf gewordene Schneiden konnten Werkzeuge repariert werden. Erst mit der Technik des Aufkohlens des Rennfeuereisens war die Bronzezeit qualitativ überwunden, und es begann die Eisenzeit. Als sogenannte Einsatzhärtung wird das Aufkohlungsverfahren heute in großem Umfang angewendet.

Die Aufkohlung auf mindestens 0,25 % Kohlenstoff war die Voraussetzung für die weitere Verbesserung des Eisens durch Abschreckung, d. h. rasche Abkühlung des auf Rot- oder Weißglut erhitzten Eisens durch kaltes Wasser, Ochsen- oder Bocks-Blut, Urin und später Öl. Als allgemeine Faustregel gilt: Je größer der Kohlenstoffgehalt und je größer die Abkühlungsgeschwindigkeit, desto größer ist der Härteeffekt. Eine allzu rasche Abkühlung erweitert aber die Härtespannungen zu Spannungsrissen, die das Werkstück unbrauchbar machen. Man mußte die rechte Mitte finden, die nach heutigen Erkenntnissen bei etwa 200°C je Sekunde liegt. Die Schmiede tauchten deshalb dünnere Eisenstücke wie Speerspitzen nicht in Wasser, sondern in Lehmbrei.

Hämmern, Aufkohlen und Abschrecken härten das Eisen, verringern aber dessen Zähigkeit. Man fand, daß vorsichtiges Wiedererwärmen (Anlassen) bei etwa 400°–650°C die größten Spannungen wieder abbaut und die Zähigkeit erhöht. Abschrecken und Anlassen bezeichnet man heute als Vergüten.

Hethiter und Philister hatten 1500 bzw. 1000 Jahre v. Chr. einen hohen Stand der Eisentechnik erreicht. Sie beherrschten das Schmelzen von Erz, das Ausschmieden der Luppe zu Barren, das Schweißen, das Formschmieden, das Aufkohlen, das Aufschweißen härterer Eisenteile auf weichere, das Abschrecken und das Anlassen. Fast jeder Teilprozeß bedurfte der Erhitzung des Materials. Die Kunst der Härtung des Eisens, also der Gewinnung von Stahl durch Aufkohlung, war das streng gehütete Geheimnis der Hethiter, das ihre waffentechnische Überlegenheit gegenüber Ägyptern und Assyrern begründete.

Die Verbreitung der Eisentechnik

Die Zerstörung des Hethiterreiches durch Thraker und Phrygier um 1200 v. Chr. beendete das Monopol der Stahlherstellung; die anatolischen Schmiede verbreiteten zwar die Kenntnis der Eisenherstellung und Eisenbearbeitung in der Alten Welt, aber noch etwa 500 Jahre blieb Eisen eine Rarität. Nach Homer hatte Heras Wagen bronzene Reifen mit je acht bronzenen Speichen, goldene Radkränze, silberne Naben und eiserne Achsen, auf denen die Hauptlast ruhte; bei den Leichenspielen für Patroklos setzte Achill eine Eisenscheibe als Wurfgewicht und gleichzeitig als Kampfpreis aus. Die Eisentechnik wanderte wahrscheinlich von Kleinasien über Zypern, Rhodos und Kreta nach Griechenland, wo Mitte des 9. Jahrhunderts v. Chr. das ‹Zeitalter des Eisens› begann, von dem der Dichter Hesiod (um 700 v. Chr.) sprach. Berühmt wurde in der Antike der sinopische Stahl der Chalyber, die an den Südabhängen des Pontusgebirges saßen, der lydische und der lakonische Stahl aus Sparta (Abb. 3).

Die um 800 v. Chr. nach Italien einwandernden, vermutlich aus dem anatolischen Taurusgebiet stammenden Etrusker und die Illyrer der Hallstattzeit vermittelten die Eisenkenntnisse nach Mitteleuropa, die

3: Die Schmiede des Hephaistos, von einer attischen Vase aus dem 6. Jh. v. Chr. Der sitzende Schmied zieht die glühende Luppe aus dem Herd des bereiften Schachtofens auf die Arbeitsplatte, damit sie der stehende Gehilfe mit dem Hammer auf dem Amboß zu einem Barren oder Werkstück ausschmieden kann. Griechen und Römer glühten das Eisen wiederholt im Kohlenfeuer und schmiedeten es neu, so daß sich die äußeren Schichten mit Kohlenstoff anreicherten und härteten. Rechts neben dem Ofen ein Lederblasebalg. Der Tiegel, der den Schmiedeofen abdeckt, soll vermutlich die Hitze im Ofen halten.

Kelten verbreiteten diese. Das deutsche Wort Eisen und das englische iron werden auf das illyrische isarnon zurückgeführt. Die Keltenwanderung von 500–250 v. Chr. beendete das metallurgische Süd-Nord-Gefälle und legte die Zentren des mittelalterlichen Eisengewerbes in Europa fest:

Kärnten und Steiermark mit dem Magdalensberg,
das seit 15 v. Chr. römische Noricum,
Böhmen und die Oberpfalz,
den Michelsberg bei Kelheim,
das Siegerland,
das Lahn- und Dill-Gebiet,
La Tène im Schweizer Jura,
das ‹katalanische› Bilbao in Nordspanien,
den Weald of Kent und Sussex und
den Forest of Dean in Großbritannien.

30

Der von den Römern übernommene, in staatlichen Großbetrieben genutzte hohe Fertigungsstand ging auch in den Stürmen der germanischen Völkerwanderung ein Jahrtausend später nicht verloren. Wie metallkundliche Untersuchungen ergaben, waren die bajuwarischen und alemannischen Klingen aus dem 6.–8. Jahrhundert n. Chr. den keltischen der La-Tène-Zeit wegen der Technik der Gärbung bereits überlegen. Gärben (von Garbe = etwas Zusammengegriffenes) ist das Zusammenschweißen mehrerer Lagen von weicheren und härteren Eisenstäben, um die Elastizität des Eisens zu erhöhen (Abb. 4). Um einen guten Verbund der Werkstoffteile zu erzielen, verwendete man niedrigschmelzende Arsenlegierungen. Seit etwa 900–1000 verbreitete sich dieser Typ des gegärbten Stahls, wie slawische Messer aus dieser Zeit belegen. Ob das Verfahren in Europa originär entwickelt oder aus Damaskus importiert worden ist, ist ungeklärt. Die Damaszenerklingen (damaszieren = ursprünglich gärben) und die japanischen Kamakura-Schwerter des 12. Jahrhunderts verdankten ihre Qualität einer mehrfachen Gärbung.

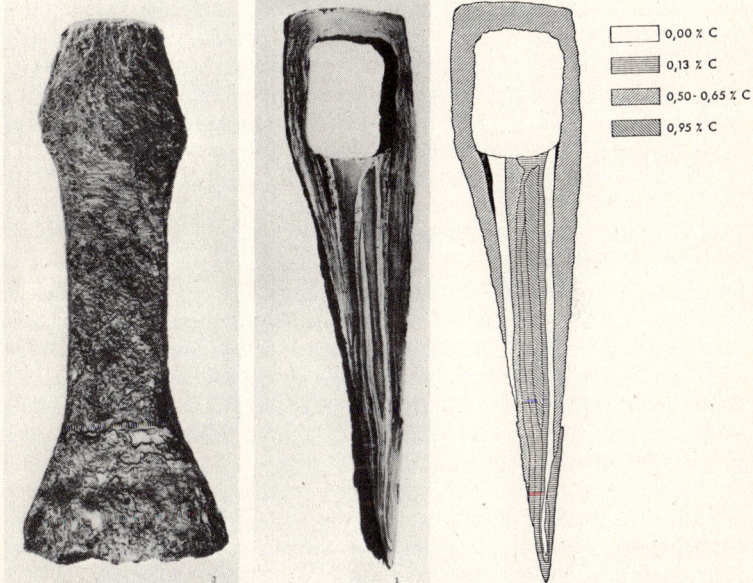

4: Gegärbte Eisenaxt aus Haithabu mit asymmetrischem Profil, an dem die Schichten mit unterschiedlichem Kohlenstoffgehalt und entsprechend verschiedenen Härtegraden zu erkennen sind.

31

II. Die Eisenproduktion im Zeitalter der Wasserkraft (1200–1712)

Von der Frühgeschichte bis in die Zeit des Hochmittelalters war die Eisenproduktion am Ort des Erzvorkommens konzentriert. Trichtergruben zum Erzabbau, Meilergruben für die Brennstoffgewinnung und Schmelzöfen mit Schlackenhaufen fanden sich beispielsweise auf dem Michelsberg bei Kelheim in nächster Nähe beisammen. Das Erz wurde am Schürfort verhüttet. Mit der Einführung der Wasserkraft für das Gebläse, die Hämmer und das Pochwerk zum Zerkleinern der Erze verlagerte sich der Standort der Eisenerzeugung von den Berghöhen der Erzlagerstätten in die wasserreichen Täler, und es begann ein Prozeß der Industrialisierung des Eisenhüttenwesens, der die technische, organisatorische und soziale Struktur dieses Gewerbes so grundlegend veränderte, daß man von einer ‹mittelalterlichen industriellen Revolution› sprechen kann. Die Einführung der Wasserkraft im Hochmittelalter trennte die Produktionsstufen des Montangewerbes, förderte die Arbeitszerlegung, steigerte die Produktion, verbreitete die Technik des indirekten Verfahrens (Entkohlung des Gußeisens durch Frischen), verbesserte die Eisenqualität, erforderte hohe Investitionen und damit neue Betriebsformen und brachte erhebliche Energieprobleme mit sich.

Die Einführung des Wasserrades

Obgleich das mittelalterliche und neuzeitliche Europa seine Mühlen an Flüssen und Bächen mit größerem Gefälle baute, übernahm es nicht das sogenannte griechische Wasserrad mit senkrechter Welle und Schußgerinne, das in den Bergregionen des Nahen Ostens seit dem 2. Jahrhundert v. Chr. gebraucht worden sein soll. Vielmehr baute man das Vitruvische Wasserrad mit waagrechter Welle und Zahnrad-Winkelgetriebe, wie es sich aus den orientalischen Flußschöpfrädern an den langsam fließenden Strömen entwickelt hat, aber zumeist in der effizienteren Form der oberschlächtigen Wasserführung, welche die Römer in der Getreidemühle Barbegal bei Arles um 310 n. Chr. verwandten. Von der raschen Verbreitung dieser Wasserräder nördlich der Alpen seit dem 8. Jahrhundert zeugt das Domesday-Book von 1086, das nicht weniger als 5624 Wassermühlen in England südlich des Flusses Trent verzeichnet. Mit der Einführung der Daumenwelle im 10. Jahrhundert konnte die Verwendungsfähigkeit

5: Zeichnung eines was-
sergetriebenen Gebläses
aus dem Jahre 1449.
Ein Gebirgsbach treibt ein
oberschlächtiges Wasser-
rad und die Radwelle.
Zwei durch Nocken be-
wegte Spitzbälge (Leder-
bälge mit niedrigem
Druck) blasen abwech-
selnd auf die einzige Wind-
form des Nichteisenofens.
Mit zunehmender Ofen-
größe wurden Hubzahl
und Volumen der Bälge
vergrößert und die Zahl
der Windformen ver-
mehrt. Die technische
Entwicklung ging vom
Hand- und Tretlederbalg
zum Spitzbalg aus Holz
und Leder, zum hölzer-
nen, dann eisernen Ka-
stengebläse und zum Zy-
linder- oder Kolbenge-
bläse Smeatons von 1767.

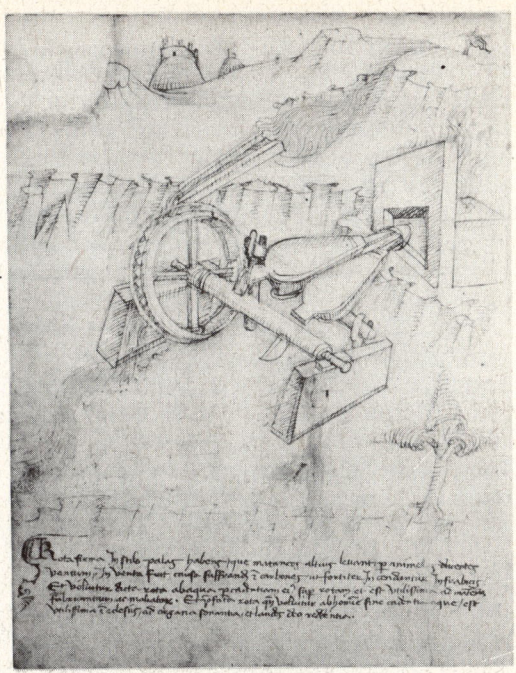

durch die Umwandlung der Dreh- in eine Auf- und Abbewegung erheb-
lich gesteigert werden. Wasserräder trieben Walk-, Korn-, Säge-,
Schleif-, Papier-, Kalk-, Loh-, Glasur-, Bohr-, Seidenzwirn-, Glas- und
Braumühlen, bewässerten Felder und entwässerten Gruben, pumpten
Trinkwasser und trieben schließlich die Wasserkünste der Barockfürsten.
Die planmäßige Nutzung der Wasserenergie erreichte im 18. Jahrhundert
den technischen Höchststand bei der größten Ausdehnung. In Europa
liefen allein 500000–600000 Getreidemühlen mit 1½–3 Millionen PS.
Das fließende Wasser deckte schätzungsweise 90% des Bewegungsener-
giebedarfs der Gewerbe. In Deutschland arbeiteten um 1930 noch über
5000 Getreidemühlen und nahezu 15000 Sägewerke mit Wasserkraft.

Die leistungsfähige Wasserkraft beschleunigte den technischen Fortschritt im Eisengewerbe, seitdem sie nach derzeitiger Erkenntnis erstmals
1197 in dem Zisterzienserkloster Soroë auf Seeland Blasebälge für
Schmelzöfen antrieb (Abb. 5). Die neue Mechanik erfaßte schließlich die
Hämmer, die Erzpochwerke, den Mölleraufzug (Möller = Erz, Holzkohle und mineralische Zuschläge), die Beförderung der Luppe mit
Zange und Kette aus dem Ofen, das Ziehen von Eisendraht, das Schleifen

und Polieren von Werkstücken. Vom 13. bis zum 17. Jahrhundert wuchsen die Durchmesser der Wasserräder von 1–3 m auf 10 m bei einer entsprechenden Kraftsteigerung von etwa 1 auf rund 10 PS an. Für schnellaufende Hämmer baute man kleinere, für die langsamer arbeitenden Blasebälge größere Räder mit einem Durchmesser von 7–8 m wie 1635 im Forest of Dean (s. Abb. 85). Konstruktion und Bau der Schaufelräder, Wellen, Zahn-, Stock- und Schneckenräder und der Arbeitsmaschinen erforderten den eigenen Berufsstand des Mühlenbauers, des Maschinenbauers der ‹vorindustriellen› Zeit. In der Steiermark wurde die ganze Schmelzhütte seit dem Spätmittelalter schlechthin ‹Radwerk› und der Besitzer einer solchen Anlage ‹Radmeister› genannt.

Wegen der aufwendigen Wehrbauten konnten Schmelz- und Hammerwerke nur an Bächen und kleineren Flüssen angelegt werden. An Gebirgsbächen mußte das reißende Wasser reguliert werden. Um einen gleichmäßigen und ausreichenden Wasserzulauf zu erreichen, lenkte eine Schleuse am Wehr das Betriebswasser durch einen künstlichen Seitenkanal in einen Stauweiher mit Überflutkanal und künstlichem Gefälle für das meist oberschlächtige Wasserrad. Dessen Geschwindigkeit konnte über ein Hebelwerk vom Arbeitsplatz aus durch ein verschließbares Gatter (den Schützen) stufenlos bis zum Stillstand reguliert werden. Das Niedrigwasser leitete man entweder zum nächsten Teich oder zurück in den Fluß. Um 1770 gab es allein an den Flüssen Sheffields 130 solcher Anlagen. Eine der größten künstlichen Stauanlagen zur Wasserregulierung der Eisenhämmer, der von Landgraf von Leuchtenberg 1362 erbaute Pfrentschweiher an der Pfreimd in der Oberpfalz, erreichte eine Ausdehnung von 1400 Tagwerk (etwa 470 ha). Im Harz mußte das Betriebswasser aus den Teichen den zahlreichen Wasserrädern der Gruben und Hütten in künstlichen Gräben zugeführt werden, die aneinandergereiht eine Gesamtlänge von 83 km ergaben. Alle Wasserbauten bedurften einer sorgfältigen Pflege während des ganzen Jahres.

Der Betrieb des Hochofens: Gießen und Frischen

Mit dem Antrieb durch ein Wasserrad konnten die Blasebälge (s. Abb. 5) auf das etwa dreifache Volumen vergrößert werden. Ein 5 m langer, 75 cm breiter lederner Balg, der sich 40 cm öffnete, preßte in 6 Sekunden 1,5 m^3 Luft durch ein 4 cm großes Loch in den Ofen. Bei paarweiser Anordnung und wechselseitigem Antrieb der Bälge schaffte die Mechanik 15 m^3 pro Minute. «Was diese beiden Bälge für ein Geheul machen, ist unbeschreiblich; ich habe nie ohne Entsetzen dabeigestanden; die allerstärksten Menschenstimmen kann man gar nicht hören, wenn auch einer dem anderen ins Ohr riefe» (Jung, 1959, S. 21), berichtete Johann Heinrich Jung, genannt Stilling (1740–1817), nach einem Besuch von Siegerländer Hütten im 18. Jahrhundert. Die unüberhörbare technische Neuheit gab der ganzen Schmelzhütte den Namen. Der Begriff ‹Blahhaus› taucht 1389 erstmals in der Steiermark auf und wurde im englischen ‹blast furnace› übernommen.

Die größere Luftmenge der wassergetriebenen Bälge steigerte Temperatur und Luftzug, so daß der niedere Schachtofen im 14. Jahrhundert zum Hochofen vergrößert werden konnte. Dieser verbreitete sich wahrscheinlich von Italien über die Steiermark und Kärnten nach Deutschland, von Frankreich und Belgien um 1490 nach England, schließlich auch nach Rußland. In Schweden gab es schon um 1320 einen 5 m hohen Ofen, der durch die Kupferöfen angeregt sein mochte. Die Höhe der Öfen steigerte sich von 4–6 m im 15. Jahrhundert in Kärnten und der Steiermark auf 8–9 m in der 2. Hälfte des 18. Jahrhunderts in England, im Ural sogar bis auf 13 m. Für das Siegerland ist der älteste Ofen aus dem Jahre 1311, für den Märkischen Kreis aus dem Jahre 1395 belegt. Der Hochofen war ein massiver Bau aus feuerfesten Natursteinen oder Ziegeln, innen mit feuerfestem Lehm ausgekleidet, außen mit einem meterdicken Steinmantel ummauert, bei Kalkmangel oft durch Eisenreifen zusammengehalten und in England meist an einer Seite an einen Hang gelehnt. Der Siegerländer Ofen des 18. Jahrhunderts mit 7 m Höhe und einem viereckigen 100 × 75 cm großen Herd erweiterte sein Volumen in Höhe von 2,4 m sackartig auf 3 × 2,5 m, um sich dann im Kamin, der Gicht, wieder auf die untere Herdgröße einzuengen. Gegen Ende der Entwicklung setzte sich

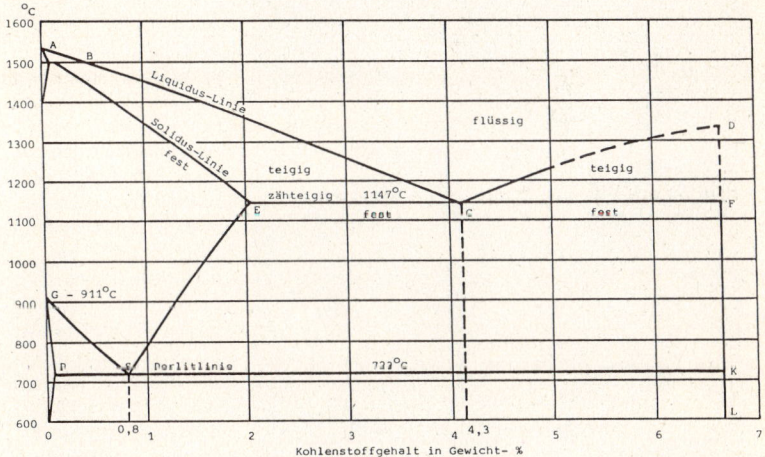

Tabelle 2: Eisen-Kohlenstoff-Diagramm.

die konische Form durch. Sie war sicherer als die zylindrische, da sich das Rohmaterial beim Absinken mit zunehmender Wärme ausdehnt; die runde Form nutzte überdies den Tonmantel weniger ab. Mit der Schachthöhe des Ofens stieg die Durchsatzzeit des niedersinkenden Eisenerzes (die Chargenzeit) von etwa 8 Stunden um 1540 auf 18 Stunden um 1740. Damit erhöhten sich die Reduktion und die Aufkohlung des Eisens durch die aufsteigenden Kohlengase. Das Eisen wurde bei den steigenden Ofentemperaturen und der fortschreitenden Aufkohlung flüssig (Tab. 2).

Mit der Verflüssigung des Eisens im Hochofen war in mehrfacher Hinsicht ein gewaltiger Produktionsfortschritt erzielt. Wegen der besseren Trennung von Eisen und Schlacke gewann man einmal eine höhere Ausbeute des Erzes. Die Schlacken waren frei von Eisen. Man konnte ferner das flüssige Eisen bequem, wie bisher nur die Schlacke, in Abständen durch Abstechen ablaufen lassen. Das Feuer mußte nicht gelöscht, die Ofenbrust nicht zerbrochen, das Eisen nicht herausgewuchtet, der Ofen nicht ausgebessert und nicht neu gezündet werden. Das Abstichsystem bedeutete kontinuierliche Beschickung und ununterbrochene Produktion im Tag- und Nachtbetrieb (Abb. 6). Die Öfen brannten nun über Monate hinweg, so daß sich die Produktion stark erhöhte. Im Forest of

6: Die älteste bisher bekannte Darstellung eines Hochofens in Europa um 1510.
Holzkohle und Erz werden in Körbe gefüllt und über eine Treppe auf die Bühne getragen, wo zwei Aufgeber den 3,5 bis 4,5 m hohen Ofen beschicken. Gleichzeitig wird das flüssige Eisen abgestochen und zu großen dreieckigen Barren gegossen. In der strohgedeckten Werkstatt dürfte ein Frischbetrieb untergebracht gewesen sein.

7: Ofenplatte ‹ORA ET LABORA› aus der Zeit um 1700.

Das Bildthema der Verbindung von Gebet und Arbeit veranschaulicht den Leitgedanken des abendländischen Christentums, der dem technisch-kulturellen Aufstieg Europas zugrunde liegt. Der Weg der Eisenerzeugung geht von der Gewinnung und Förderung des Erzes im Bergbau (Schubkarre, Förderhaspel) über den Karrentransport zur Beschickung des Hochofens an der Gicht, zum Abstich und zur Veredelung des Eisens durch Verdichten, Frischen und Schmieden von Barreneisen (Wasserrad mit Aufwerfhammer).

Dean erzeugten die Floßöfen um 1750 bei einem 18stündigen Abstichintervall 1–1,5 t Roheisen. Die neuen Anlagen nannte man deshalb ‹Massenhütten› vom lat. ‹massa ferri›.

Obwohl die älteste schriftliche Urkunde in Europa über Gußeisen (Sprandel, 1968, S. 233), ein Empfehlungsbrief für den Frankfurter Büchsenmacher Merckln Gast von etwa 1390, drei Arten der Herstellung von Gußeisen nennt, den Guß aus Erz, das Umschmelzen von Schmiedeeisen und den Guß aus Roheisen, erfolgte der Guß zumeist bis ins 18. Jahrhundert hinein unmittelbar aus dem Hochofen. In einem Abstand von 8–12 Stunden ließ man das flüssige Metall vom Abstichloch durch Sand- oder Lehmrinnen unmittelbar in die Form fließen, die in die Erde eingemauert war. In der Herstellung von Kamin-, Herd-, Ofen-, Taken- sowie Grabplatten erreichte der Eisenguß im 15., 16. und 17. Jahrhundert besonders in der Eifel eine hohe Blüte (Abb. 7). Spätgotische Künstler, wie der Formschneider Philipp Soldan (1500–1570), der für die Eisenhütten des hessischen Zisterzienserklosters Haina arbeitete, schufen die Model aus Eichen- und Birnenholz. Bei kleineren Gußstücken schöpfte man das Eisen auch mit Gießkellen aus dem Vorherd des Hochofens.

Mit dem Gußeisen verband sich die Technik des Frischens. Man konnte das verflüssigte Eisen wegen des Kohlenstoffgehaltes von 2,2–5 % nicht schmieden, sondern nur gießen und nannte es deshalb Roheisen, in England ‹pig iron›. Wollte man das in Flossen (Barren) gegossene und gehandelte, über 2 % aufgekohlte Roheisen weiterverarbeiten durch Ver-

37

formen (Schmieden, Ziehen, Pressen, Walzen) oder durch Zerspanen (Feilen, Drehen, Schleifen, Meißeln), so mußte man es im offenen Muldenofen einer Schmiedeesse mit starker Luftzufuhr, viel Holzkohle und womöglich unter dem Zusatz von oxidreicher Eisenschlacke noch mal schmelzen, d. h. frischen. Frischen ist im wesentlichen Entkohlen des Roheisens auf unter 2 % Kohlenstoffgehalt. Die eingeblasene Luft entzog dem Roheisen durch Oxidation Kohlenstoff, der sich verflüchtigte, sowie Mangan, Silizium, Schwefel und Phosphor, die sich in der Schlacke verflüssigten. Hochgekohltes Eisen (Graueisen) mußte wiederholt gefrischt werden. Ließ man das teigig gewordene Eisen im Frischherd an eine Eisenstange durch Drehen anschweißen und schmiedete die etwa 8 kg schwere Luppe unter einem wassergetriebenen Hammer bei Rothitze zum Stab aus, gewann man das weiche Osemundeisen, das man zu feinem Eisendraht ziehen und zu dünnen Blechen hämmern und walzen konnte. Jeder Prozeß erforderte eigene Öfen mit Wasserradantrieb der Bälge und Hämmer.

Stückofen und Floßofen

Es ist ein grundlegender Irrtum, in der Verflüssigung des Eisens eine unerwünschte und unbeabsichtigte Nebenerscheinung des neuen Verfahrens zu sehen, die darin gründet, daß man in den größeren Öfen die Hitze nicht mehr unter Kontrolle gehabt haben sollte. Vom 13. bis zum 19. Jahrhundert wurden beide Techniken, das bisher angewandte Rennverfahren zur Herstellung des Schmiedeeisens und das Flußverfahren plus Frischen, wahlweise und gezielt in Europa praktiziert. Die Eisenleute beherrschten nicht nur die Steuerung der Temperatur, sondern des gesamten Verhüttungsprozesses. Dabei bestimmte nicht die Technik das Produkt, sondern das gewünschte Produkt die Technik. Und das Produkt ergab sich aus den natürlichen Gegebenheiten und der Marktsituation.

Gegenden mit leichtgängigen, manganhaltigen Erzen wie Steiermark, Kärnten und Krain, mit verwittertem Spateisenstein und Bohnerzen, gutem Ofenlehm, aber fehlendem Naturstein, blieben bis ins 19. Jahrhundert bei der Luppenerzeugung, die in Innerberg und Vordernberg bei Leoben in der Steiermark erst um 1900 erlosch. Für schmiedbares Eisen arbeitete man mit dem etwa 5 m hohen ‹Stückofen›, der zwei- bis fünfmal nachbeschickt wurde, bis die maximale Größe der Luppe erreicht war. Die Einführung der Wasserkraft bewirkte aber auch hier eine enorme Produktionserhöhung. Das Gewicht der Luppenmasse stieg von etwa 8 kg im Rennofen bis auf etwa 100 kg im Stückofen. Mit dem Floßofen arbeitete man auf Roheisen. Der wichtigste Mann wurde der ‹Aufgeber›, weil man wußte, daß neben der Ofentemperatur, der Korngröße des

Erzes, der Verweildauer im Ofen die exakte gewichtsmäßige Zusammenstellung des Möllers (Erz, Holzkohle und mineralische Zuschläge) die Qualität des Produkts bestimmten. Der Hauptverwalter der Eisenhütten im Forest of Dean, Major John Wade, erbat 1655 von der britischen Admiralität die Umstellung der Schmelzöfen auf Gußeisen nach Abschluß der Lieferung von schmiedeeisernen Maschinenteilen für die Marine. Auch im Märkischen Kreis erzeugte man im selben Ofen wahlweise beide Eisensorten.

Der mechanische Stielhammer und das Schmiedegewerbe

Der über eine Nockenwelle vom Wasserrad angetriebene mechanische Stielhammer diente zum Ausschmieden der Luppe, zum Schweißen, zum Recken (Strecken) und zum Schlichten (Formen) der Werkstücke. Er war keine Arbeitsmaschine, welche die Handarbeit ersetzte. Immer noch kam es auf die handwerkliche Geschicklichkeit des Schmiedes an. Trotzdem brachte der mechanische Hammer nicht nur eine energietechnische, sondern auch eine arbeitstechnische Verbesserung, weil er die Produktivität erhöhte und die Eisenqualität verbesserte. Mit Hilfe des schnellschlagenden Hammers konnten Eisenstäbe verschiedener Härtegrade nicht nur wie bisher mit dem Handhammer gegärbt, sondern zu einem homogenen, für Schneidewerkzeuge besonders geeigneten Stahl zusammengeschweißt, d. h. raffiniert werden. Für die Solinger Schwertklingen soll dreifach raffinierter Stahl mit 343 Schichten verwendet worden sein. Mit Raffinierstahl arbeiteten das Sensenhandwerk im Bergischen Land und die Sensen- und Messerschmiede von Sheffield bis ins 18. und 19. Jahrhundert (Abb. 8).

Konstruktion und Bau der mechanischen Hämmer erforderten technisches Wissen, Erfahrung und Geschicklichkeit des Mühlenbauers. Die Schlaggeschwindigkeit des Bären, des eisernen Hammerblocks, hing von der Größe des Wasserrades, dem Durchmesser des Nockenkranzes und der Zahl der Nocken ab; die Höhe der Nocken und die Länge des Hammerstieles bestimmten den Bärhub. Hammerstiel und tonnenschwere Hammerwelle waren gewöhnlich aus Eichenholz, Bär, Hammergelenk (Hülse) und Amboß aus Schmiedeeisen. Die Verwendung von Gußeisen im Maschinenbau begann erst im 18. Jahrhundert als Folge der industriellen Revolution. Je nach Arbeitszweck wurden verschiedene Typen von Stielhämmern entwickelt (Abb. 9).

Da beim Schwanzhammer das Ende des fallenden Hammerstieles an die Nocken entgegen der Lagerung nach oben stieß, mußte das Gewicht des Bären geringer gehalten, aber eine mächtige Antriebswelle gebaut werden. Aufwerfhammer und Stirnhammer drückten dagegen beim Fal-

8: Sensenschmiede Abbeydale bei Sheffield aus dem späten 18. und frühen 19. Jahrhundert.

Zunächst wurden drei Eisenstäbe unter dem linken Hammer (etwa 126 Schläge pro Minute bei voller Kraft) zu einem Stück geschweißt. Mit der Eisenschere, die ein Exzenter am linken Ende der Hammerwelle antreibt, wurde das Werkstück in zwei Teile geschnitten. Anschließend hämmerte der Schmied jedes Teil unter dem Formhammer (rechter Hammer, etwa 66 Schläge pro Minute) zu einem Schneideblatt aus. Er saß dabei auf dem Schaukelsitz, während ein Schützenjunge mit dem Handhebel, dem Schützen, den Wasserzulauf und damit die Schlaggeschwindigkeit der beiden Hämmer stufenlos regulierte. Hammerwelle und gußeisernes Getriebe wurden von einem im Bild nicht sichtbaren unterschlächtigen Wasserrad angetrieben, das sich bei vollem Wasserzulauf zweimal in der Minute drehte. Für jeden Arbeitsgang mußte das Material in einem Herdfeuer (unmittelbar links vom Bild) erhitzt werden, für das ein kleines Wasserrad das Gebläse bewegte. In weiteren Arbeitsgängen wurde das Blatt mit dem Handhammer fein bearbeitet, dann gehärtet, geschliffen und poliert.

len auf Nockenwelle und Lager, so daß das Gewicht des Bären vergrößert werden konnte, aber die Hammerwelle relativ gering dimensioniert werden mußte. Die langsamer schlagenden einarmigen Aufwerf- und Stirnhämmer mit breiter Hammerbahn, deren Nocken den schweren Bären zu heben hatten, wurden zum Verdichten der Luppe und Schweißen, die schnellschlagenden, leichteren zweiarmigen Schwanzhämmer mit schmaler Hammerbahn zum Ausschmieden von Werkstücken eingesetzt. In den Ankerschmieden an den Küsten, wo die Wasserkraft fehlte, mußten die

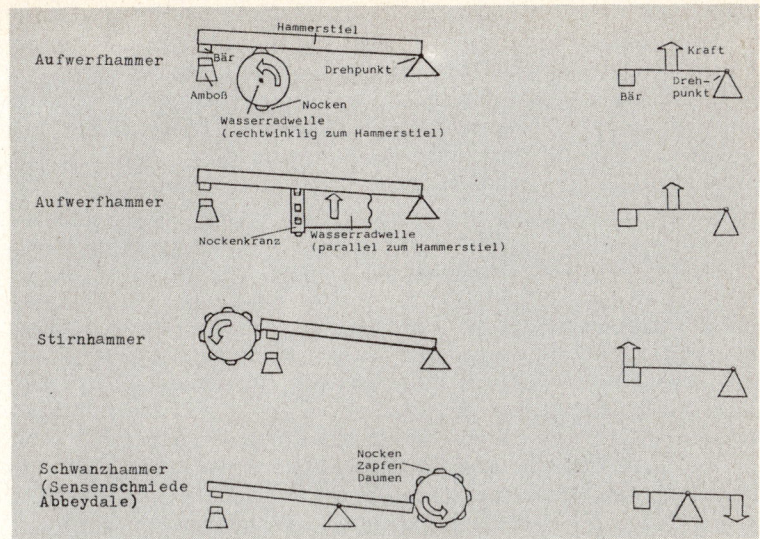

9: Verschiedene Schmiedehämmer.

Hämmer in Form von Keulen von mehreren Arbeitern von Hand über lose Rollen hochgezogen werden. Mit der Zunahme der Zahl und der Größe der Schmiedestücke wuchsen Bärgewicht und Aufschlaggeschwindigkeit der Stielhämmer. Die Schlagarbeit des Aufwerfhammers wurde durch einen federnden Holzbalken, den Reitel, verstärkt, der den Bären mit Wucht zum Amboß schleuderte. Der Stielhammer behauptete sich länger als 600 Jahre, auch über die Einführung des Walzens hinaus. James Watt beschäftigte sich mit dem Entwurf eines dampfgetriebenen Fallhammers, seinem schottischen Landsmann James Nasmyth (1808–1890) gelang 1839 dessen Konstruktion. Zukunftsweisend wurde die Erfindung der hydraulischen Schmiedepresse durch den englischen Mechaniker Joseph Bramah (1748–1814) 1795 und deren konstruktive Weiterentwicklung durch Haswell in der Wiener Maschinenfabrik hundert Jahre später.

Steigende Nachfrage und Vielfalt der Eisentechniken und Eisensorten förderten seit 1400 die Spezialisierung der Eisenverarbeitung auf der letzten Produktionsstufe. Um die Mitte des 16. Jahrhunderts zählte die Schmiedezunft nicht weniger als zwanzig Zweige. Man unterschied den Huf-, Gabel-, Sensen-, Messer-, Klingen-, Ahlen-, Nagel-, Ketten-, Anker-, Scheren-, Schwerter-, Harnisch-, Werkzeug- und Panzerschmied, ferner Blechschläger, Schellenmacher, Laternenmacher, Kessler, Drahtzieher und Fingerhütler. Die Kaufmannsstädte sahen Hufschmiede in verkehrsgünstiger Lage an den Stadttoren gern, versuchten aber, die lauten und feuergefährlichen Gewerbe aus der Stadt zu verbannen. So verbot Nürnberg um 1400 seinen Bürgern die Neuanlage eines Hammers innerhalb eines Gebietes von 5 Meilen um die Stadt. In Schmiedestädten wie Brescia, Steyr, Sheffield und Solingen konzentrierte sich das eisenverarbeitende Gewerbe standortbedingt.

Rohstoff Erz: Der Bergbau

Die seit dem Spätmittelalter steigende Eisenproduktion der gefräßigen Hochöfen erforderte nun größere Mengen an Brennstoff und Rohstoff und damit eine Intensivierung der Waldwirtschaft und des Bergbaues. Über diesen schreibt der Inder Kautilya in seiner ‹Staatslehre› im 3. Jahrhundert v. Chr.: «Der Bergbau gebärt den Schatz. Der Schatz gebärt die Macht. Die Hälfte von jedem, Schatz und Metall der Erde, gebührt für den gewährten Schutz dem König, denn er ist der Herr der Erde. Der oberste Vorsteher der Bergwerke muß der Wissenschaft der Erzadern, Metalle, des Schmelzens und der Farbe der Edelsteine kundig sein, oder er muß sich mit solchen Leuten umgeben, die von alledem die nötigen Kenntnisse besitzen. Er muß über Arbeitskräfte und Werkzeuge verfügen. Sowohl die alten Grubenbaue muß er untersuchen, die sich durch ihre Schmelzgruben, Schlacken, Holzkohle und Asche verraten, wie auch neue Stätten auffinden, die an ihrer auffallenden Farbe, ihrem Gewicht, dem Geschmack oder Geruch zu erkennen sind» (Arnold, 1975, S. 101). Dieses hier formulierte Rechtsprinzip der obrigkeitlichen Verfügung über die Bodenschätze bestimmte auch die Entwicklung der Montanindustrie Europas bis in die Gegenwart. Denn nicht anders beantwortet der Sachsenspiegel von 1224/25 die Frage nach dem Eigentum der Bodenschätze im Mittelalter: «Al schat, under der erde begraven diepher den eyn plûch geit, hôret zu der koninclîcher gewalt» (Sachsenspiegel, 1966, S. 25). Noch heute kann der Bauer den aufgepflügten, oder der Hausbesitzer den im Garten aufgestochenen Römerschatz, nicht aber das Erdöl im Boden beanspruchen. In der Goldenen Bulle von 1356 ging das Bergregal neben dem Zoll-, Münz- und Salzregal an die Kurfürsten, 1648 auch formell an alle landesherrlichen Reichsstände in Deutschland.

Die Bergfreiheit

Als ‹Berg› galt im Mittelalter die Ödung, also das unbebaute und bestockte Land außerhalb von Acker, Weide und Wald. Das Bergrecht war

Teil des umfassenderen Bodenrechts nicht nur im germanischen Kultur-kreis, wonach alles eroberte und unverteilte Land mit seinen Bodenschät-zen Eigentum des Königs war. Daraus ergab sich die feudale Trennung des Bodens in Obereigentum und Nutzungseigentum, also das System von Leihe und Abgabepflicht des Zehnten oder gar der Hälfte der Er-träge des Feldes oder des Berges. Es ist aber von grundlegender Bedeu-tung für die gesamte wirtschaftliche und gesellschaftliche Entwicklung bis in die Gegenwart, daß sich nur beim Acker, nicht beim Berg, mit der wirtschaftlichen Abhängigkeit auch eine persönliche und leibliche Ab-hängigkeit verband. Nur der Bauer wurde leibeigen. Die Leibeigenschaft entwickelte sich mit der Grundherrschaft über die Feldflur, mag die Ver-fügungsgewalt ursprünglich auch aus der germanischen Hausherrschaft über Personen erwachsen sein. Die feudale Trennung des Ackerbodens in Obereigentum und Nutzungseigentum und die mit diesem System ver-bundene Hörigkeit der Bauern wurde erst durch den Liberalismus des 19. Jahrhunderts in den Bauernbefreiungen von 1791 in Frankreich, 1807 und 1811 in Preußen und 1861 in Rußland zugunsten der freien Verfüg-barkeit des Bodens und der Personen aufgehoben.

Der Bergmann dagegen war seit jeher persönlich frei wie der Städter, der Rodungs- und der Kolonisationsbauer. Er hatte das Recht der Freizü-gigkeit. Die seit der Karolingerzeit bestehende Bergfreiheit bedeutete, daß jeder nach Erzen suchen und sie gewinnen konnte, da der Berg wie der Wald und die Weide ursprünglich allen gemeinsam zugänglich waren. Um die Gewinnung der Mineralien zu fördern, unterstützte der Landes-herr den Ausbau der Bergfreiheiten durch die Gewährung besonderer Privilegien in den Bergbauordnungen seit dem 13. Jahrhundert, insbe-sondere im 16. Jahrhundert. Es gab Prämien für die Entdeckung einer Fundgrube, freie Rodung und freies Holz, freies Wasser und freien Ak-kerbau, Befreiung vom Wegegeld und vom militärischen Aufgebot, in schlechten Zeiten Reduzierung oder Erlaß des Bergzehnten, Zollfreiheit, Marktrecht, freies Wohnen, freies Brauen, Backen und Schlachten, ei-gene Niedergerichtsbarkeit, Wahl des Bürgermeisters, der Räte und der Richter, insgesamt also Bergfreiheiten, die den städtischen Immunitäten nahekamen. Dabei ist zu berücksichtigen, daß die Verhältnisse örtlich und zeitlich sehr unterschiedlich waren. Es war nur logisch, daß sich an den Stätten ergiebiger Erzfunde freie Bergstädte entwickelten. Freiberg erreichte im 15. Jahrhundert bereits die hohe Zahl von 30000 Einwoh-nern. Clausthal, Zellerfeld, Goslar, Amberg und Iglau verdanken eben-falls dem Bergbau Entstehung, Stadtrecht und Reichtum.

Aus Bergregal und Bergbaufreiheit entwickelte sich das System staatli-cher Konzessionierung, Kontrolle und Besteuerung bei privatwirtschaft-licher Nutzung mit den Unternehmensformen der Genossenschaft und des Verlages sowie daneben das System der staatseigenen Regie.

Die Gewerken

Wer als erster eine Fundgrube erschlossen hatte, erhielt das Abbaurecht, die Mutung, in der Größe des untersuchten Flözes, meist Geviertfelder von 12 × 14 m bis 14 × 80 m. Bei größeren Erzvorkommen erzwangen bald die gemeinsame Benutzung des fließenden Wassers zum Waschen der Erze, der gemeinsame Wegebau, die Anlage von Entwässerungsschächten beim talseitigen Grubennachbarn, das Glück eines reichen und das Unglück eines tauben Ganges, die rechtlichen Fragen der Abgrenzung, die Vielseitigkeit handwerklicher Geschicklichkeit und schließlich die großen Kosten und Gefahren eine gemeinschaftliche Ordnung. Es entstand die genossenschaftliche Organisation der Gewerken. Für das Bergwerk oder bei größeren Vorkommen für jede Grube wurden die Gesamtkosten auf Anteilscheine, Kuxe, aufgeteilt und Gewinn und Verlust am Ende des Jahres anteilig verrechnet. Die Zahl der Kuxe stieg von zwei bis vier bei reichen Eisenerzvorkommen, auf 130 bei reichen Silbererzen im Oberharz oder im Joachimsthal, die sich aus 124 Zubuße-Kuxe der Gewerken und 6 Ausbeute-Kuxe zusammensetzten, von denen vier dem Landesherren zukamen, der unentgeltlich Holz für den Grubenbau, die Maschinen und die Gebäude lieferte. Je ein Anteil galt der Kirche und den armen Leuten. Im Gegensatz zu den modernen Aktiengesellschaften konnten die Kuxe zunächst nicht als Spekulationsobjekt auf dem freien Markt gehandelt werden. Die ‹Gewerkschaften› waren vielmehr Berufsgenossenschaften, die dem Bergzwang unterlagen, so daß jeder Bergmann mit dem Verlust des Bergrechts zu rechnen hatte, wenn das Bergwerk 14 Tage nicht betrieben wurde. Sie entwickelten eine ausgeprägte Berufs- und Standesethik, eine eigene Tracht und eine eigene Sakralkultur, die sich in Resten bis zum heutigen Tag erhalten hat. Das Standeszeichen der Bergleute wurde die Bergbarte, das Bergbeil. Der Beitrag zu dem gemeinsamen Mahl und die bergmännische Genossenschaft als Ganzes verbanden sich damals im Begriff der Zeche, der sich heute auf den Kohlenflöz eingeengt hat, wahrhaft symbolisch. Das älteste Dokument eines genossenschaftlichen Zusammenschlusses ist der Vertrag der deutschen Gewerken im Silberbergbau am Calesberg bei Trient mit dem Bischof von Trient vom 24. März 1185 (Schreiber, 1962, S. 476).

Der montanindustrielle Frühkapitalismus

Die genossenschaftliche Organisation des Bergwesens erleichterte die Ausbildung des Verlagswesens in der Zeit des Frühkapitalismus, seitdem die erhöhte Nachfrage nach Metallen und die Produktionssteigerung durch die Wasserkraft einen enormen Aufschwung des Montanwesens bewirkte.

Man mußte immer tiefer in die Erde vordringen und damit kostspielige technische Anlagen für Erzförderung, Belüftung und Entwässerung entwickeln und installieren, die der bergbautreibende Mittelstand der Kleingewerke nicht aufbringen konnte. Während die Chinesen nach einem Bericht von Konfuzius schon um 600 v. Chr. Tiefen von mehr als 600 m erreicht haben sollen, blieb in der europäischen Bergbautechnik die in den Kupferbergwerken von Mitterberg in Österreich um 800 v. Chr. abgeteufte Tiefe von 120 m eine Seltenheit. Erst im 13. Jahrhundert ging man vom ‹weichen Bergbau› auf sekundären Lagerstätten zum ‹harten Bergbau› im festen Gestein über. Der 1540/51 in Betrieb genommene Heilig-Geist-Schacht des Silber- und Kupferbergwerkes am Röhrerbühel bei Kitzbühl in Tirol erreichte 1597 eine Tiefe von 886 Metern und war damit der tiefste Schacht der Welt bis 1872. Man benützte als Handwerkzeuge Hammer und Schlägel, Blattmeißel, Brecheisen, Hacke und Schaufel und kannte das schon in Mitterberg angewandte Feuersetzen. Der Tiroler Kaspar Weindl verwandte erstmals am 8. Februar 1627 im damals ungarischen Schemnitzer Bergrevier Schwarzpulver im Untertagebau als Sprengpulver bei der Erzgewinnung. Zur Beleuchtung diente in England das Talglicht in einer Tonpfeife, in Schweden auch der Kienspan, den die Bergleute während der Arbeit zwischen den Zähnen hielten. Alte Leute ohne Zähne waren deshalb nicht mehr grubenfähig (Abb. 10). In den Strecken transportierte man das Erz mit dem Schubkarren, in den Schächten arbeitete man mit Handhaspel, Tretrad, Pferdegöpel und Wasserkraft. Bei edlen Metallen hatten sich die Bergleute einer Leibesvisitation zu unterziehen. Für die Frischluftzufuhr (Bewetterung) sorgten Windfangeinrichtungen am Schachtmundloch, die Bewegung von Tüchern in den Strecken, der Luftzug durch zwei Bergöffnungen und Blasebälge.

Großkaufleute und Metallhändler wurden durch Ankauf der Berganteile der Kleingewerken zu Grubenbesitzern. Der montanindustrielle Frühkapitalismus machte aus selbständigen Hauern unselbständige Tagelöhner, trennte Kapital und Arbeit, ersetzte das genossenschaftliche Prinzip durch das streng hierarchische und verwandelte den handwerklichen Kleinbetrieb in einen Großbetrieb mit einer Belegschaft von etwa 12 000 Bergknappen beispielsweise am Falkenstein unter einer patriarchalischen Unternehmensführung. Da die stets geldbedürftigen Landesherren, wie Herzog Sigismund von Tirol, ihre eigenen Erzgruben und ihr Vorkaufsrecht an Handelsgesellschaften und Großkaufleute gegen Geld und feste Metallpreise verpfändeten, erstrebten und gewannen die Montanindustriellen regionale Fördermonopole. Auf diese Weise erhielten die Fugger das Silber- und Kupfermonopol in Tirol. Mit dem Übergang

10: Zwei Bergarbeiter in ihrer Grubenkleidung um 1830 im Eisenerzbergbau des Forest of Dean in England.

der oberdeutschen Handelskonzerne zum Masseneinkauf der Lebensmittel Weizen und Roggen, Schmalz und Käse, der Fette für die Beleuchtung und der Bergwerkzeuge aus Niederösterreich, Bayern und Oberitalien für die Arbeitermassen in Tirol, mit der Einrichtung von eigenen Mühlen und Bäckereien und der Einführung des Trucksystems in Form des Lebensmittelabnahmezwanges für alle Arbeiter hatte sich im Bergbau erstmals in der europäischen Geschichte das System der Vertrustung installiert. Der enorme Aufschwung der Montanindustrie in Europa und den spanischen Kolonien brachte Kaufleuten und Landesherren hohe Gewinne. Der Handelswert eines Kuxes der Silbergrube in Freiberg kletterte von 135,5 Gulden im Jahre 1472 auf 3000 Gulden nur vier Jahre später. Karl V. nannte in einem Mandat vom 15. Mai 1525 die Bergwerke «die größte Gabe und Nutzbarkeit, die Gott Deutschland gegeben hatte»

(Hempel, 1969, S. 26). Schließlich war die Edelmetallgewinnung das Fundament der Geldverfassung. Die Menge des gewonnenen Goldes und Silbers, das der Münzprägung zugeführt wurde, entschied über die Menge des umlaufenden Geldes. So bedingten sich der Aufschwung des Bergbaues und die Geld- und Währungspolitik gegenseitig. In dem jahrhundertelangen Kampf des Adels im Deutschen Reich um die Gewinnung der Regalien, also der Gerichtsbarkeit, des Heerbannes, des Burgenbaues, des Judenschutzes, des Markt-, Jagd-, Mühlen-, Salz- und Zollrechts muß gerade dem Berg- und Münzrecht große Bedeutung zugemessen werden. Zu Beginn des 16. Jahrhunderts gab es im Deutschen Reich bereits etwa 600 Münzberechtigte vom Kurfürsten bis zum Grafen. Durch die Einsetzung sachverständiger Schichtmeister als Leiter und Betriebsführer einer Grube, juristisch gebildeter Bergrichter und Bergschreiber und eines Bergmeisters als Leiter eines Bergwerkes wurde frühzeitig eine Zentralverwaltung und Behördenorganisation geschaffen, die zum Ausbau der Staatsgewalt und zur Territorialisierung erheblich beitrug. In der 1073 errichteten staufischen Reichsvogtei Goslar verwalteten bereits beamtete Dienstmannen das Königsgut als eigenen Gerichts- und Verwaltungsbezirk. Die Kodifizierung des Bergrechts im 16. Jahrhundert installierte dann auch formell die öffentlich-rechtliche Gewalt. Nach dem Niedergang des kapitalistischen Verlagswesens und dem Verfall des Wirtschaftslebens durch den 30jährigen Krieg nahmen viele absolutistische Landesherren Bergbetriebe in eigene Regie.

Der Eisenerzbergbau

Da bei den ‹niederen› Erzen die kostspielige Wasserhaltung bei tieferem Vordringen nicht lohnend war, erhielt sich im Eisenbergbau die überkommene kleinbetriebliche und genossenschaftliche Betriebsweise in größerem Ausmaße als in den ‹höheren› Bergwerken. Wo Verwerfungen oder eindringendes Wasser Schwierigkeiten bereiteten, verließ man den Schacht. Wie die Grabungsforschungen am Michelsberg bei Kelheim erwiesen, betrieben die Kelten bis zum Fall des Limes in der späten La-Tène-Zeit um 230 n. Chr. den Erzabbau im Tagebetrieb in Schürfmulden von etwa 15 m Länge und 7 m Tiefe. Seit der ottonischen Zeit ging man dann zum Trichterschachtbau über, der bei einem Durchmesser von 2–5 m in eine Tiefe von 12–18 m vorstieß. Die Oberpfälzer Bergleute im Mittelalter und die Siegerländer Bergleute auch der Neuzeit trieben die Schachte der Erzgruben in Tiefen bis zu 100 m, in Ausnahmefällen bis zu 200 m. Noch um 1780 gingen die Eisengruben im Forest of Dean nicht tiefer als 146 m. In den Eisenerzgruben von Tankersley in South Yorkshire arbeitete man noch um 1700 in den frühmittelalterlichen Glockengruben von etwa 10 m Tiefe. Vielerorts lag das Eisenerz in größeren oder kleineren Mengen unmittelbar unter der Oberfläche, und man brauchte es nur zu klauben wie am Tagebau des steirischen Erzberges. Der kleinbetriebliche und gewerkschaftliche Eisenbergbau lebte zu Beginn des 18. Jahrhunderts noch einmal auf, als allein im Herzogtum Berg von 1717–1812 152 Mutscheine für Eisenerz ausgegeben wurden, von denen immerhin 40 lohnend waren, und wurde dann erst in den sechziger und siebziger Jahren des 19. Jahrhunderts endgültig eingestellt.

Da in den mit wasserbetriebenen Blasebälgen ausgerüsteten Hoch- und Stücköfen bisher ungenutzte Eisenerze mit höherem Schmelzpunkt wie Eisenglanz und Eisenspat verhüttet werden konnten, kam es einerseits zu einer regionalen Ausweitung der Produktion, aber andererseits führten die größeren Verhüttungsmengen auch zu größerer Erzausbeute und zu regionaler geologischer Erschöpfung der Eisenerzvorräte. Als der um etwa 1513 begonnene Eisenerzabbau an der Kampenwand in Bayern um 1550 unrentabel geworden war, ließ der Burgherr von Hohenaschau, Pankraz von Freiberg, Erz in Ochsenfuhren vom Kressenberg südlich Neukirchen 20 km bis Grabenstätt, von dort auf Booten über den Chiemsee bis Bernau und die restlichen 12 km bis Aschau wieder auf dem Landweg zu seinem Hochofen verfrachten. Das Erz ging zum Hochofen, nicht umgekehrt. Denn der Hochofen war gebunden an fließendes Wasser und die Nähe des Waldes.

Der Wald: Baustoff, Rohstoff, Nahrungsquelle, Brennstoff

Die Eisenhütten waren Großverbraucher an Holz wie viele andere Gewerbe. Holz war der wichtigste Brennstoff, aber auch der wichtigste Rohstoff und der wichtigste Baustoff. Der Wald war auch die wichtigste Nahrungsquelle neben dem Acker. Die Wirtschaftsgeschichte der ‹vorindustriellen› Zeit ist deshalb nicht zuletzt Waldgeschichte und Geschichte der Auseinandersetzung der verschiedenen sozialen Gruppen um die Nutzung des Waldes.

Das Holz als Bau- und Rohstoff

Im ‹vorindustriellen›, ‹hölzernen› Zeitalter war der Holzbedarf für Häuser, Brücken, Schiffe, Hausrat, Werkzeuge und Maschinen enorm. Das Hartholz der Eiche diente zum Wasserbau der Schleusen, Fangrechen, Spundwände, Wasserräder, Wellbäume, für Amboßstock und Hammer, Wein- und Bierfässer, Braubottiche, Heringstonnen, Wassereimer, Milchgeschirr und Trinkgefäße, für den Schiffsrumpf und die Rostfunda-

48

mente der Kathedralen. Holzfässer, nicht mehr Tonamphoren wie in der
Antike, waren das Verpackungsmaterial, auch für den Eisentransport.
Aus dem Holz der Weißbuche fertigte man Axt- und Beilstiele, Holz-
zähne für die Wasserräder der Mühlen und Zinken für die Rechen, aus
dem Holz des Ahorns Tischplatten, Teller, Schüsseln und Küchengeräte.
Die Fichte lieferte Bauholz für Balken und Bretter, Tür- und Fenster-
stöcke, Holzrohre, Leitern und Zäune; die Tanne verarbeitete man zu
Futter- und Brunnentrögen und Bohlen für die Tenne.

Unentbehrliche Produkte des Waldes waren Harz und Rinde. Das Harz
wurde in eigenen ‹Harzwäldern› zusammenhängender Fichtenbestände
wie im Thüringer Wald oder in zusätzlicher Nutzung von Kiefern und
Fichten als Wundausfluß an den alle vier Jahre erneuerten Rindenrissen
gewonnen, in Pechöfen gesotten und je nach dem Grade der Reinheit in
schwarzes und weißes Pech geschieden, das Schäffler, Schuster, Fuhrleute, Seiler, Schiffsbauer und Lebzelter benötigten. Die Nebenprodukte
Kienöl und Kienruß verwendeten Buchdrucker, Maler und Schuhmacher.
Bis zu Beginn des 20. Jahrhunderts mußte die Gerbsäure für die Lederer-
zeugung aus Baumrinde gewonnen werden. Am besten eigneten sich mit

11: Darstellung einer
Glashütte Anfang des
15. Jahrhunderts.
Da im Gegensatz zu Ita-
lien in den nördlichen
Ländern natürliche Vor-
kommen von Kali fehlten,
erzeugte man Pottasche.
Quarzsand, Pottasche
und Kalk wurden im Ver-
hältnis 100:30:15 ver-
mengt und nach 20 bis 30
Stunden Brenndauer im
Glasofen flüssig. Die
Glasballen wurden ent-
nommen, auf einer Mar-
morplatte unter Drehen
geblasen, die Gegen-
stände abgekühlt und ge-
prüft. Der Verbrauch an
Holz als Roh- und Brenn-
material war sehr hoch.
Die ‹Hüttenhiebe› förder-
ten Saat und Pflanzung
reiner Fichtenbestände
anstatt der Tannen.

20% Gerbsäure Eichenjunghölzer von 14–20 Jahren, die unmittelbar nach dem Knospenaufbruch im Frühjahr gefällt wurden, wenn die weißen Kambialschalen von Saft strotzten und sich die Rinde leicht schälen ließ. Große Mengen an ausgewachsenen Bäumen fällten und verbrannten die Aschenbrenner in den Tannenwäldern, um aus der ausgelaugten und eingedampften Holzasche die für die Glas-, Seifen- und Farbproduktion wie für das Bleichen nötige Pottasche zu gewinnen (Abb. 11).

Der Wald als Nahrungsquelle für Mensch und Tier

Da bis zur Einführung des Rohrzuckers aus Südasien und Mittelamerika vom 16. Jahrhundert an Europa nur das Süßen mit Bienenhonig, aber keinen Zucker kannte und die Kirche einen großen Kerzenverbrauch hatte, war die Honigbiene eines der wichtigsten Haustiere und die Bienenzucht ein wichtiger Gewerbezweig, der im Schwarzwald, Fichtelgebirge, Frankenwald und in der Mark Brandenburg in Zeidlerzünften organisiert war.

Der vorindustrielle Bauer lebte nur zur Hälfte vom Acker, auf dem er Getreide anbaute, zur anderen Hälfte vom Wald. Denn das Vieh wurde nicht in Ställen gehalten, sondern weidete fast ganzjährig Tag und Nacht im Wald. Die Waldweide war in vielen Gegenden fast die alleinige Nahrungsquelle für Schweine, Schafe und Ziegen. Im ozeanischen Schottland, England und Wales verwandelte die Weidewirtschaft die Eichen-Buchen-Eschen-Laubwälder in reine Heidelandschaften. Steinmauern und Hecken vermochten die Abtragung der Ackerböden und die Absenkung des Grundwasserspiegels wie in Nottingham und Lincoln kaum zu verhindern.

Neben der Buche war die Eiche in Mittel- und Westeuropa der am stärksten verbreitete Laubbaum. Die Eiche war «wichtig für den Bau des hölzernen Hauses und als Nährbaum für das Schwein, darum wurde sie kultisch verehrt und biologisch geschont» (Rubner, 1967, S. 20). Hans Jakob Christoffel von Grimmelshausen schreibt in seinem ‹Abenteuerlichen Simplizissimus› 1669: «Auch ließ mein Knan, um mit seinem Adel recht zu prangen, die Mauern seines Schlosses nicht mit Steinen aufführen …, sondern er nahm Eichenholz dazu, den edlen Baum, auf dem Bratwürste und fette Schinken wachsen und der zu seinem vollen Alter über hundert Jahre erfordert» (Grimmelshausen, 1975, S. 5). Die Eicheln und die ölhaltigen Bucheckern produzierten die fettesten Schweine, deren Haltung im 16. und 17. Jahrhundert größte Bedeutung in Deutschland hatte. Im Reinhardswald bei Kassel konnten um die Mitte des 17. Jahrhunderts in guten, alle 3–4 Jahre wiederkehrenden Mastjahren 20 000 Schweine gemästet werden. In dem etwa 20 000 Morgen großen

12: Das Novemberbild des Breviarium Grimani 1477/78 zeigt die Eichelmast der Schweine im herbstlichen Eichenwald. Die Eigentümer vertrauten nur einem sehr zuverlässigen Hirten ihre Tiere an, die oft Brandzeichen trugen. Wie schon im römischen Gallien suchte man sie möglichst während des ganzen Winters im Wald zu halten. Ein Großteil wurde im Dezember geschlachtet. Das Schütteln der Bäume und das Herunterschlagen der Früchte wurden in Forstordnungen des 16. Jahrhunderts verboten.

Lauensteiner Amtsforst wurde 1590 ein Mastgeld von 8659 Gulden, dagegen nur 84 Gulden Holzgeld eingenommen. Hier fraßen die Schweine den Wald (Abb. 12).

Erst mit der Einführung der Kartoffel ab etwa 1700 und deren Verbreitung und mit dem Futteranbau des Klees für das Großvieh Rind und Pferd setzte sich die Stallhaltung der Tiere durch, die nicht mehr in den Wald getrieben wurden. Trotzdem brachte der Übergang von der Waldweide zur Stallfütterung zunächst keine erhebliche Entlastung des Waldes, weil der erhöhte Bedarf an Stalleinstreu nicht durch das Getreidestroh gedeckt wurde, das zwar jetzt mit dem Schneidegerät Sense im Gegensatz zum bisher üblichen Sichelreißen der Garben geerntet, aber zumeist verfüttert wurde. Hammer und Sichel sind die Symbole der vorindustriellen Agrargesellschaft. Es setzte jetzt eine intensive Nutzung des Waldbodens als Stalleinstreu ein. Mit eisernen und hölzernen Rechen, die den Humusboden aufrissen, wurden Moos, Laub, Kraut und Nadeln zusammengerecht und in Tüchern und Netzen in die Ställe verfrachtet. Für die Eiche kam nach Ende der Schweinemast und des Holzschiffbaues die nächste Katastrophe mit der Verwendung von Eichenschwellen für den Eisenbahnbau.

Da die Ackerflur die seit dem 13. Jahrhundert zunehmende Bevölkerung nicht mehr ernähren konnte, nutzten die sozial schwachen Kleinbauern das Gehölz des Flach- und Hügellandes und dann auch der Mittelgebirge nacheinander als Holzlieferant, Acker und Weide. Nachdem das stehende Holz geschlagen, die Stöcke ausgegraben, Reisig und Gras verbrannt, die Asche verstreut, der Boden gelockert und zu 10–14 m breiten Hochäckern aufgehäuft war, wurde zwei Jahre Roggen, Hafer oder Buchweizen gebaut, dann der Schlag 6–8 Jahre als Viehweide genutzt und in der dritten Phase der Jungwuchs der Bäume durch natürlichen Wiederanflug der Samen oder Ausschlagen der Wurzelstöcke bis zum Mittelwald gehalten, der Streu zur Verbesserung des Ackerbodens und Holz lieferte. Dann begann der 30- bis 40jährige Turnus von neuem. Die ‹Birkenberge› des Bayerischen Waldes zeugen von diesem Waldfeldbau der Vergangenheit, weil das Vieh nur die Birke wegen ihres bitteren Betulingehaltes und den Wacholder wegen seiner Stacheln verschonte.

Die Meilerverkohlung

Große Mengen des rotfarbigen Buchenholzes verbrannten in den Stubenöfen oder wanderten in die gewerblichen Öfen der Brauereien, Bäckereien, Salinen, Kalkbrennereien und Töpfereien. Großgewerbliche Betriebe unter den Holzverbrauchern waren der Bergbau mit seinem Bedarf an Grubenholz und die Eisenhütten wegen der Brennstoffversorgung mit Holzkohle. Das Holz wurde entweder in Meilern oder in Gruben, ab Ende des 18. Jahrhunderts auch in Öfen verkohlt.

Bei der Meilerverkohlung wurde gesundes, lufttrockenes Holz von etwa 2 m Länge senkrecht oder waagrecht möglichst dicht bis zu einem Volumen von 10–12 Raummetern bei kleineren, von 60–100 Raummetern bei größeren Meilern in den Alpengegenden um einen Feuerschacht in der Mitte aufgeschichtet, dann dem Holzstoß eine luftdichte und feuerfeste Decke aus Rasen, Laub, Moos und schließlich feuchter, lehmiger Walderde aufgesetzt und der Meiler unten oder oben am locker mit Reisig, Kienspänen, Hobelspänen und Birkenrinde beschichteten Feuerschacht gezündet.

Der Meiler mußte auf eine Temperatur von 300–350° C erhitzt werden, so daß sich Wasser, Teer, Kohlensäure, Kohlendioxid, Wasserstoff und Kohlenwasserstoff verflüchtigten und der Kohlungsprozeß einsetzte, wobei der Köhler durch Veränderung des Windzuges das Abglimmen wie das Auflodern zu verhindern hatte, damit der Meiler nicht erlosch oder das Holz zu Asche verbrannte. Die kleinen Meiler brannten etwa 5–6 Tage, die großen bei guter Witterung etwa 4, bei schlechter 5 Wochen (Abb. 13). Wo das Holz wie im Gebirge nicht am Schlag verkohlt werden

13: Meilerverkohlung.
 1 Einebnen und Festigen der Bodenfläche
 2 Setzen der Kohlenholzscheite um den Quandelschacht
 3 Abdecken des Meilers mit Rasen, Moos und Erde
 4 Brennender Meiler
 5 Ausgebrannter Meiler
 6 Abräumen der Meilerkohle
21 Abtransport der Holzkohle mit Packpferden

konnte, mußten die Stämme im Sommer auf Holzriesen oder in Flüssen gedriftet oder im Winter auf Schlitten ins Tal transportiert werden, wo in der Nähe der Stauweiher und Schleusen Zentralköhlereien arbeiteten. In Österreich gab es solche an der Enns bei Hieflau und Großreifling, wo jährlich 12 000–18 000 Klafter Holz zu Beginn des 19. Jahrhunderts verkohlt wurden. Kleinproduzenten von Eisen erzeugten gegen Kohlezins die Holzkohle selbst oder ließen sie von Kohlebauern im Nebenerwerb herstellen. Große Eisenwerke erhielten besondere Wälder oder ganze Täler zugewiesen, in denen Köhler im Hauptberuf gegen Bezahlung Holzkohle brannten. Diese in einsamer Abgeschiedenheit der dunklen Wälder tätigen Köhler galten als rebellisch, weswegen die Untergrundbewegung der Carbonari im nachnapoleonischen Italien ihre Symbole und Riten wie die Namen der hierarchischen Organisation ‹Baracken, Verkaufsstellen, Mutterverkaufsstellen und großes Firmament› dem Leben des aussterbenden Berufsstandes entnahm. Sie organisierte in der Gegend von Foggia in Süditalien eine wirksame Provinzmiliz gegen das Räuberunwesen und schleuste ihre Leute insgeheim in die Beamtenstellen, um auf diese Weise die verhaßten Herrschaften und fremden Dynastien zu stürzen.

Weil feste Holzkohle die Durchsatzzeit im Hochofen verlängerte und die Reduktion des Eisens dadurch vergrößerte, bevorzugten die Schmelzmeister das harte Rotbuchen- und Eichenholz gegenüber dem weichen Laubholz von Birke, Erle, Hasel, Ulme und dem weichen harzigen Nadelholz der Fichte. Das Rundholz des Niederwaldes ergab wiederum festere Kohle (Hartkohle) als das Spaltholz des Hochwaldes (Weichkohle). Die Frischfeuer wurden in der Oberpfalz wie in anderen Eisengebieten mit der billigeren Grubkohle beheizt, die man durch Verkohlung von minderwertigerem Holz wie Ästen und Reisig in etwa 1 m tiefen Erdgruben gewann. Als man man in der zweiten Hälfte des 18. Jahrhunderts dazu überging, das Holz in großen verschlossenen Eisenzylindern zu verkoken, erzeugte man bessere Holzkohle insbesondere für die Herstellung von Schießpulver und legte den Grundstein für die aufstrebende Holzchemieindustrie, weil die bisher im Meilerverfahren verflüchtigten Stoffe Teer, Acetat und roher Alkohol als Nebenprodukte destilliert wurden. 20 Ztr. Holz ergaben 4 Ztr. Holzkohle, 50 l Teer und 400 l Acetat. Die Teerproduktion kam der englischen Schiffsrüstung gegen die Napoleonischen Kolonial- und Invasionspläne zugute, Methylalkohol und Acetate lieferten die Grundstoffe der Färbemittelindustrie für den emporgeschnellten Bedarf der Baumwolldrucker und Textilfärber.

Holzverbrauch der Eisenhütten

Die Hochöfen verschlangen riesige Mengen an Meilerkohle. Forstbeamte des englischen Königs zählten 1282 im Forest of Dean mit einer Waldfläche von etwa 40 000 ha allein 2290 Meiler, also einen pro 17 ha im Durchschnitt, die fast ausschließlich der Eisenverhüttung und -verarbeitung dienten. Die ganz erheblich schwankenden Angaben über den Holzkohlenbedarf zur Produktion einer Tonne Roheisen reichen von 0,1 t, 0,3 t und 0,6 t über 1,5 t bis zu 30 t. Der Bedarf war prozentual um so höher, je schwerer die Gängigkeit des Möllers, je geringer der Eisengehalt des Erzes, je weicher die Holzkohle und je kleiner der Ofen war. Unbeschadet der Ungenauigkeit zeitgenössischer Holzkohlenmaße wie Säcke, Ladungen, Körbe, Fässer und der zahlreichen Fehlerquellen bei der Umrechnung, ergäbe sich auf der Grundlage von 2 Zentnern Holzkohle für 1 t Roheisen und weiterer 5 Zentner Holzkohle für die Produktion von 1 t Barreneisen im Frisch- und Streckfeuer für Frankreich im Jahre 1819 mit einer Eisenproduktion von 110 000 t Roheisen und 73 000 t Schmiedeeisen ein jährlicher Holzbedarf von 1500 ha Niederwald, was bei einem 17jährigen Umtrieb einer Nutzfläche von 25 000 ha entspricht. «Nimmt man an, daß die Hochwaldfläche hierbei 2500 ha und die Niederwaldfläche 17 000 ha betrug, so hätten die Hütten und Hämmer den sechsten Teil der jährlich nutzbaren französischen Waldfläche in Höhe von 290 000 ha beansprucht» (Rubner, 1967, S. 34).

Der Kampf um den Wald und die Forstpolitik

Da der Wald als universaler Bau-, Rohstoff- und Nahrungsmittellieferant für Mensch und Tier existentiell notwendiges Ausbeutungsobjekt war, mußte die Vergabe der zahlreichen Nutzungsrechte gegen Abgaben in Geld oder Produkten in wirtschaftlichen Krisenzeiten und bei zunehmender Verknappung des Gutes zu ökonomischen Auseinandersetzungen zwischen den verschiedenen Nutzungsberechtigten und zwischen Waldeigentümern und Waldnutzern führen. In diesem Verteilungskampf erwiesen sich die Bauern als der schwächste Stand. Ihm entzog der Adel in Auswirkung der spätmittelalterlichen Agrarkrise den Allmendewald, der wie das Wasser im Bach und die Luft um das Haus zum abgabepflichtigen Hof gehört hatte. Der Widerstand der Bauern im Aufstand von 1524/25 richtete sich auch gegen dieses revolutionäre Vorgehen des Adels. In England rissen die Bauern wiederholt die Zäune der eingehegten Wälder ein. Als die französischen Bauern in der Franche-Comté ihre Forstberechtigungen gegen die Hüttenmeister mit Gewalt verteidigten, stellte sich der französische Staat auf die Seite des Eisens und setzte 1766 Truppen gegen die aufständischen Bauern ein. Im Kampf um die Prioritäten entschieden sich die Landesherren in der Regel für die Bergfreiheit. Bergfreiheit bedeutete den Vorrang des Bergbaues vor der Landwirtschaft. Eisen, Silber, Salz und Glas waren wichtiger als Getreide. Und nur die Hüttenleute, nicht die Bauern zahlten dem Landesherrn Holzzins.

Die politische Entscheidung fiel im Laufe des 16. Jahrhunderts, als viele Landesherren Forstordnungen erließen, die nicht nur die Forste, also die königlichen und herzoglichen Hoch- und Schwarzwälder, sondern auch die Wälder der Adeligen und der Kirche und das Gehölz der Bauern einer Rechtsordnung unterwarfen, nach der die alten Forstgerechtigkeiten aufgehoben sein sollten und jede Entnahme genehmigungs- und abgabepflichtig wurde. Die merkantilistische Forstpolitik der absolutistischen Herrscher des 17., 18. Jahrhunderts versuchte der Knappheit und Teuerung des Holzes einerseits durch eine Verschärfung der Gesetze und Sparmaßnahmen zu begegnen, andererseits selbst möglichst viel aus dem Wald herauszuholen. Der Wald sollte hohe Rendite für den Fiskus abwerfen, der durch seine kameralistische Finanzverwaltung die Einkünfte aus dem Wald erstmals als festen Betrag ins Budget einsetzte. Man begann mit der systematischen Bestandsaufnahme der Waldflächen, der Taxation der Holzmengen und der Berechnung der jährlichen Nutzungsfläche, indem man die Fläche des Waldes durch die Umtriebszeit von Hoch-, Mittel- und Niederwald dividierte. Damit war die Forstwissenschaft entstanden, deren Interesse vor allem der Wiederaufforstung galt.

Entwaldung, Aufforstung und Waldschutz

In Europa verminderten die großen Siedlungsrodungen vom 5. bis zum 13. Jahrhundert und die deutsche Ostkolonisation die Waldfläche erheblich. Diese Ausweitung der Ackerflur zur Sicherstellung der Ernährung betraf weniger die Mischwälder im Gebirge als die Laubwälder der tieferen Lagen. Nach Abschluß der großen Rodungen war der Wald nicht mehr der Feind des Menschen, sondern dessen Ausbeutungsobjekt für die weiter wachsende Bevölkerung. Auf die extensive Phase folgte ab dem 14. Jahrhundert eine intensive Nutzung des reduzierten, aber immer noch ausgedehnten Waldbestandes in Europa durch das aufblühende Berg- und Hüttenwesen, die Landwirtschaft, die Ofenheizung aller Haushalte, das ländliche Handwerk und städtische Gewerbe. Der Wald hatte den unentbehrlichen Bedarf an Heizung, Nahrung und Werkstoff zu sichern und bot großen Teilen der Bevölkerung eine Existenzgrundlage.

Der unbedenkliche Raubbau des zunächst reichlich vorhandenen Waldes bewirkte regionale Entwaldung, eine Veränderung des Landschaftsbildes, Holzverknappung und Holzverteuerung. Die guten Transportmöglichkeiten zu Wasser trieben die Entwaldung insbesondere im Einzugsbereich der Küsten und der schiffbaren Flüsse voran. Zur Versorgung der Saline Hall in Tirol mit billigem Triftholz wurden ganze Täler im Inngebiet abgeholzt. Die Küstengebiete Westeuropas überzogen Ginster- und Heideflora, die der Mittelmeerländer die Macchia (Abb. 14). Als Folge der Waldverwüstung zerstörten am 30. September 1567 die Hochwasser viele der am Unterlauf der Enns angelegten Hammerwerke. Im August 1807 riß der angeschwollene Schlickerbach zehn Hammerschmieden der Stubaier Eisenindustrie weg. In den Alpen verwandelten sich die

14: Illustration aus dem 15. Jahrhundert: König Salomo läßt Libanonzedern zum Bau des Tempels in Jerusalem fällen. Zur Holzarbeit verwandte man Säge, Axt (die an der Rückseite nicht abgeplattet war wie heute), Holzschlegel und Eisenkeile.

ausgedehnten Mischwaldbestände von Buchen, Ahorn, Fichten und Tannen nach mehrmaligem Abtrieb in reine Fichtenbestände, da die Buchenstöcke leicht verfaulen und der schwere Tannensamen nur eine Stammlänge, der leichtere Fichtensamen zwei bis drei Stammlängen im Umkreis des Samenbaumes fliegt. Besonders in waldfernen Städten stiegen die Holzpreise (wie in Paris im 18. Jahrhundert) um 30–80 % höher als die Getreidepreise, was zum Ausbruch der Revolution von 1789 beigetragen hat.

Zunächst überließ man die Waldverjüngung gewöhnlich der Natur, bei Nadelwäldern dem Samenflug, bei Laubwäldern dem Fruchtfall und dem Stockausschlag. Im Gebirge blieben Grate und Rücken von der Abholzung verschont, in der Ebene ließ der Schirmschlag einzelne ‹Standeichen› und ‹Standbuchen› als Samenbäume stehen, der Saumschlag ging von West nach Ost. Die ländliche Bedarfsdeckung erfolgte bis ins 19. Jahrhundert durch das sog. Plentern, das stammweise Fällen hiebreifer Bäume in einem Wald verschiedener Baumgrößen (Abb. 15). Plentern als die Kombination von ständiger Ernte und ständiger Verjüngung wurde im 18. Jahrhundert vor allem im Nadelholzgebiet durch den Kahlschlag und die Wiederaufforstung durch die schnell wachsende Fichte ersetzt. Der erste künstlich angelegte Forst Europas war der Nürnberger Reichswald, wo bei Lichtenhoff 1368 die erste Föhrensaat in größerem

15: Der Plenterwald ist die Naturform des Waldes mit meist natürlicher Mischung von Laub- und Nadelbäumen. Er war die typische Nutzform des Bauern, der jedes Jahr Holz benötigte. Während Kahl-, Schirm-, Femel- und Saumschlag den Halbschattenbaum Fichte begünstigen, kommt Plentern den Schattenbäumen Buche und Tanne zugute.

Umfange angewandt wurde. Weitere Saatversuche folgten im Frankfurter Stadtwald ab 1423, durch Kaiser Maximilian I. im Wiener Wald 1457 und den Grafen von Nassau in seiner Herrschaft Breda in Holland 1514. Zwar blühte der Versand von Föhren-, Fichten- und Tannensamen der Nürnberger Samenhändler vom 15. bis zum 17. Jahrhundert, aber die Erfolge waren ebenso gering wie das Eichelsäen der Bauern im Mittelalter.

Die bayerische Forstordnung von 1568 verbot den Bauern das Rindenschälen am stehenden Stamm und das Laub- und Nadelsammeln mit Eisenrechen; die Siegener Holz- und Waldordnung von 1562 befahl die Errichtung holzsparender gemeinsamer Backhäuser in den Dörfern. In der ersten Hälfte des 18. Jahrhunderts untersagte Bayern den Bau zweistökkiger Häuser auf dem Land, 1790 schließlich den Bau von ganz aus Holz gezimmerten Bauernhäusern, Stadeln und Stallungen. In Altbayern wurden erfolglos das Aufstellen von Maibäumen und die Sonnwendfeuer, von der Regierung Montgelas im Beglückungsdrang der Aufklärung auch die Birkenbäumchen für die Fronleichnamsprozession verboten. Die Holzknappheit trieb literarische Blüten, die breiten Absatz fanden. Johann Jakob Schüblers Buch ‹Nützliche Vorstellung und deutlicher Unterricht von ziemlich bequemen und holzsparenden Stubenöfen›, das 1728 in Nürnberg erschien, erlebte 1789 dort eine dritte Auflage. Der Münchner Stadtrichter Ladislaus Reichsedler von Stoixner schlug in seiner ebenfalls in Nürnberg erschienenen Schrift ‹Zufällige Gedanken vom Holzmangel› eine Reihe von Maßnahmen vor: die Überprüfung aller Feuerungsanlagen, die Eindämmung der Feuersbrünste, die Beschränkung des Holzverbrauches für eine Durchschnittsfamilie von 6–8 Personen auf 12 Klafter pro Jahr. Ferner sollten Bauersleute, deren Kinder und das Gesinde zur gleichen Zeit vom Bette aufstehen, damit die Getränke nicht zu wiederholtem Male angewärmt werden müssen. Kein Pfarrer sollte ein Hochzeitspaar einsegnen dürfen, das nicht vor der Hochzeit 15 Fruchtbäume und 5 junge Buchen oder Eichen nachweislich gepflanzt hatte.

Alle diese Verordnungen und Appelle hatten nicht nur im waldreichen Bayern wenig Erfolg. Denn der Wald war bis weit in das 19. Jahrhundert hinein ein großer, unkontrollierbarer Selbstbedienungsladen für die bäuerliche und kleinstädtische Bevölkerung, die am Waldrand wohnte. Wer Holz brauchte, holte sich den Stamm der richtigen Holzart, des richtigen Alters und der richtigen Größe. Holzfrevel galt im Volk nicht als Diebstahl. In Altbayern wurde, wie in vielen anderen Territorien, die Forstordnung jeweils im Februar jeden Jahres nach dem Gottesdienst von der Kanzel verlesen. Sie hatte 96 Seiten Umfang. Ein kurfürstlicher Hofmeister soll am Sonntag Jubilate 1527 die erste Verlesung der Bayreuther Forstordnung mit folgendem Gedicht kommentiert haben:

«Ach lieber Gott,
wieviel neuer Gebot,
laß es in Güte walten,
wer kann sie alle halten!» (Hilf-Röhrig, 1938, S. 186)

Eine Durchsetzung der Bestimmungen scheiterte meist an der mangelnden forstpolizeilichen Überwachung, die auch die illegale Holzentnahme en gros der Gewerbe nicht verhindern konnte. Im Forest of Dean arbeiteten 1278 offiziell insgesamt 52 Köhler, es brannten aber 2290 Meiler, also viele schwarz. Von 800 Anklagen am Gericht dieses Waldbezirks im Jahre 1634 wurden allein 420 wegen Holzfrevels im Forst erhoben, darunter zahlreiche gegen Eisenmeister und Pächter von Eisenhütten. Insgesamt richteten die eingesetzten königlichen Aufseher wenig aus.

Das System der Selbstbeschaffung der Walderträge durch die Berechtigten im Rahmen der feudalen Trennung des Bodens in Obereigentum und Nutzeigentum, die den Wald einschloß, schadete dem Wald erheblich. Denn die Sorge des Waldherren galt der Sicherung der regelmäßigen Abgaben, die des Nutzers einer möglichst großen Ausbeute. An die Erhaltung des Waldes dachte niemand. Reste dieses Beschaffungssystems hielten sich bis ans Ende des 19. Jahrhunderts und lebten in der Notzeit 1945–1948 nach dem Ende des Zweiten Weltkrieges in Deutschland wieder auf, als der frierende Städter die vom Eigentümer versteigerten Waldschläge oder verkauften Bäume selbst hieb, zersägte und heimtransportierte.

Wald und Gesellschaft

Das System wurde in Deutschland zu Beginn des liberalen 19. Jahrhunderts beseitigt, als die auf dem Staatswald lastenden Servituten abgelöst wurden, und zwar nicht durch Geldzahlungen, sondern durch Waldabtretung für Rodung, so daß die neue Phase der Waldgeschichte durch eine weitere Reduzierung des Waldbestandes gekennzeichnet war. Die Physiokraten lehrten und die Republikaner praktizierten den Vorrang der Landwirtschaft vor der Waldwirtschaft in Umkehrung des Prinzips der Bergfreiheit im 15. und 16. Jahrhundert und des königlichen Forstbannes im 17. und 18. Jahrhundert mit dem gesellschaftspolitischen Vorrang der Jagd vor der ökonomischen Nutzung des Waldes (Abb. 16). So ist das Ausmaß der Entwaldung Spiegel der demokratischen Entwicklung Europas in der zeitlichen Abfolge England, Frankreich, Deutschland. Während in den königlichen Forsten den Untertanen Jagd, Fischerei, Mast, Viehweide und Holzentnahme verboten war und die Bauern bei den fürstlichen Treibjagden nicht nur den Flurschaden dulden, sondern auch die Jäger und Hunde versorgen mußten, vergab Cromwell Prämien an die Bauern für die Abholzung der Wälder und deren Umwandlung in landwirtschaftliche Nutzflächen. So überlebten von den insgesamt etwa 39 königlichen Wäldern in England 1919 nur drei mit 30 000 ha Ausdehnung.

16: Jagdszene aus dem Tiroler Jagdbuch (Innsbruck um 1500) des Kaisers Maximilian I. (1493 bis 1519), der ein leidenschaftlicher Jäger und hervorragender Bogenschütze war. Er bevorzugte Tirol als Jagdrevier. Die Jagd auf das vornehmste Wild, den Rothirsch, betrieb man als Hetzjagd zu Pferde (Parforcejagd) mit Treibern, Hundemeute und ‹Abwehrern›, die das Wild am Ausbrechen hinderten. In Deutschland und Frankreich war die Jagd Vorrecht des regierenden Adels, «großer Monarchen und Fürsten und Potentaten der verständige Zeitvertreib, allersüßeste Entbürdung der schweren Regierungslast» (Abraham a Santa Clara).

Der Sturz der Königsmacht in Frankreich bewirkte 1791 die Aufhebung der Forstaufsicht, die Parzellierung der Staatswaldungen und die Abholzung großer Waldgebiete. In Deutschland erhielten sich die Reichsforste Teutoburger Wald, Spessart, Harz, Steigerwald und Nürnberger Reichswald bis in die Gegenwart. Da in vielen Ländern die Entmachtung der Königsherrschaft mit der Industrialisierung zeitlich zusammenfiel, begann trotz der Substitution des Holzes durch Kohle als Brennstoff und durch Eisen als Werkstoff in der Maschinenbauindustrie eine neue Phase einer rein ökonomischen Waldnutzung mit Abholzung großer Gebiete und einer Fichtenmonokultur für die Produktion von Telegrafenmasten, Papier, Zellulose und Grubenholz.

So geht der Weg von der Siedlungsrodung und dem unbegrenzten Raubbau über die Waldherrschaft mit Eigennutzung und den Renditewald zum Umwelt- und Freizeitwald der Gegenwart auf der Grundlage eines Ausgleichs zwischen der ökonomischen und ökologischen Funktion. Horst Sterns Appell ‹Rettet den Wald› im gleichnamigen Werk aus dem Jahre 1979 wendet sich gegen die Anlage immer neuer Autostraßen und Skitrassen in Waldgebieten und gegen Nadelwaldplantagen, weiß aber noch nichts vom Waldsterben der Gegenwart. Im Hinblick auf den Nutzungszustand der deutschen Staatswälder ist festzustellen, daß diese seit Jahrhunderten noch nie so ‹unaufgeräumt› waren wie heute, seit in unserer Wohlstandsgesellschaft nur die Nutzung von Stamm-, aber nicht von Schwach- und Bruchholz rentabel ist. Die Beschaffenheit des Waldes war und ist auch Symptom der Armut oder Wohlhabenheit der Gesellschaft.

Die Eisenhütte als Wirtschaftsbetrieb

Anlageinvestition und Betriebskosten

Die Investitionen für die aufwendigen Wasserbauanlagen, die Rad- und Hammerwerke, die großen Öfen, für Kohleschuppen, Wohngebäude, Ställe sowie Äcker und Wiesen zur Versorgung der Arbeitskräfte machten aus der Eisenhütte ein kapitalintensives Unternehmen des auf Dauer ortsgebundenen Betriebes. Die Baukosten eines Hüttenwerkes mit Hochofen, Schmiedefeuer, Hammerbetrieb und Wasserbau beliefen sich im 18. Jahrhundert im mittelslowakischen Eisenhüttengebiet auf etwa 4000 Gulden, eines Eisenhüttenbetriebes mit zwei Hochöfen, zwei Frischhämmern und Kohlenschuppen in Rohnitz (Hronec/ČSSR) im Jahre 1739 auf 20000 Gulden. In Polen entsprach der Wert einer Eisenhütte dem eines in Danzig gebauten Kaufmannschiffes, ein Schienhammer (ein Hammer zum Ausschmieden von Eisenbarren zu Eisenstangen) in Deutschland im 16. Jahrhundert mit 3500 Gulden etwa dem zehnfachen Wert eines einfachen Bürgerhauses. Ein Hochofen und zwei Schmieden kosteten 1638 im Forest of Dean 1000 Pfund, eine Schmiede wurde 1673 zum Abbruch für 500 Pfund verkauft. Vergleichsweise verdiente 1662 ein Holzarbeiter im Jahr 10 Pfund, Grundstück und Bau der Londoner Börse in der Lombard Street hatten sich 1569 auf 4000 Pfund belaufen. In Vergleichszahlen ausgedrückt stiegen die Baukosten eines Stückofens mit Hammerwerk und Wasserantrieb zu denen des Rennfeuerbetriebes wie 5 : 1 und die Baukosten eines Hochofenwerkes mit Frisch- und Streckhammer zu denen eines Stückofens wie 4 : 1, beim Bau einer neuen Wasserführung sogar wie 6 : 1 oder 8 : 1. Die Neuanlage eines modernen Holzkohlehochofenwerkes erforderte also den 40fachen Kapitalaufwand eines Rennfeuerbetriebes (Abb. 17), wobei man sich der Problematik solcher Vergleiche bei großen zeitlichen und örtlichen Unterschieden bewußt sein muß.

Zu dem fixen Anlagekapital kamen die laufenden Betriebskosten für Rohstoffe, Transport, Konzessionsgebühren, Reparatur und Löhne, die erheblichen Schwankungen unterlagen. Wenn das Betriebskapital im erwähnten Rohnitz mit 11 800 Gulden die Hälfte, in den englischen Hochöfen des 18. Jahrhunderts im Forest of Dean aber das Fünffache des Anla-

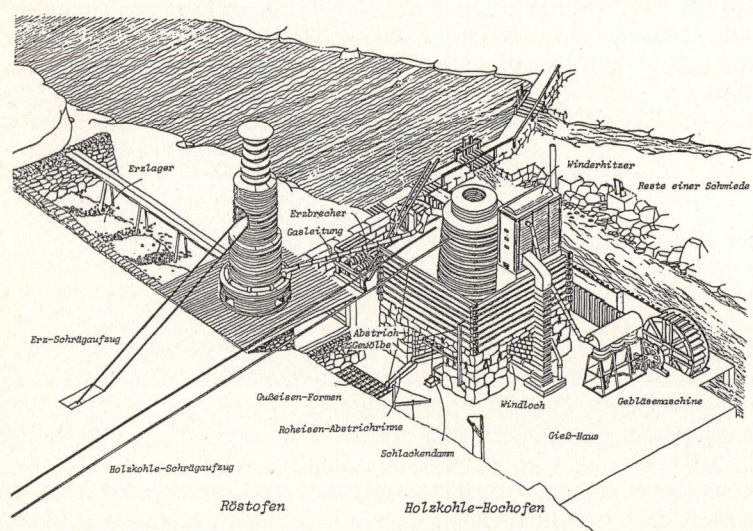

17: Schema der Engelsberg-Eisenwerke in Schweden um 1880. Zylindergebläse (Kolbengebläse), Winderhitzer und Gasleitung vom Röstofen zum Hochofen sind Innovationen aus der Zeit der neuen Industrialisierung.

62

gekapitals ausmachte, ergibt sich daraus auch ein Indiz für den Grad der Produktivitätsauslastung der Eisenwerke, die sich aus einem Innen- und einem Außenbetrieb zusammensetzten. In der Schmelzhütte des Renn- und Stückofens arbeiteten gewöhnlich fünf Personen, der Zerrenmeister, der Kohlenmesser, der den Möller zusammenstellte, der Schlackenläufer und zwei Gehilfen, am Hochofen in Frankreich etwa sechs bis acht Personen, in Ungarn mindestens zehn, davon sechs bis acht Facharbeiter. Den Frischbetrieb für einen Hochofen besorgten etwa drei bis fünf Frischmeister mit Ausheizer, Wassergeber und Hilfsarbeiter, insgesamt etwa 16 auf zwei oder drei Betriebe verteilt, im Hammerwerk arbeiteten ein Schmiedemeister, ein Strecker, ein Ausheizer und etwa vier Gehilfen. Hüttenmeister, Frischmeister und Schmiedemeister waren gesuchte Fachkräfte, als solche von Militärdienst befreit, relativ hoch bezahlt, damit sie der Abwerbung nicht erliegen sollten, in Deutschland gegen Krankheit und müßige Zeiten sozial abgesichert, aber meist ohne Recht zur Abwanderung in guten Zeiten. Dem arbeitsextensiven Innenbetrieb lieferte ein arbeitsintensiver Außenbetrieb Rohstoffe und Brennholz zu. In einem elsässischen Eisenwerk mit vier Hütten arbeiteten im Jahre 1787 von 835 Beschäftigten nur 17 % im Innen-, aber 83 % im Außenbetrieb, wobei die Erzfuhrleute nicht mitgerechnet sind (Tab. 3). Während also das gesamte Anlagekapital für Gebäude, Maschinen und Liegenschaften des Innenbetriebes aufgewendet werden mußte, verschlang der Außenbetrieb umgekehrt zwischen 60 und 95 % des Betriebskapitals. Eine Kalkulation vom 12. April 1662 für den Park-Hochofen und die Whitecroft-Schmiede, die beide Eigentum der englischen Krone waren, veranlagte an Jahreslöhnen für die Schmelzer oder Gießer am Ofen 156 Pfund, den Lagerverwalter 16, den Manager 40, den Zimmermann etwa 6½ Pfund, einen reisenden

Innenarbeiter		Außenarbeiter		
Schmelzer	8	Holzfäller		150
Aufgeber	12	Köhler		140
Gießer	18	Fuhrleute		175
Fischer	35	davon für		
Jungen	10	Holzkohle	160	
Zängler	15	Kalkstein	6	
Platzmeister	11	Masseln	6	
Lagerarbeiter	7	allg. Hüttenbetrieb	3	
Zimmerleute	5	Erz (nicht gezählt)		
Tagelöhner	9	Bergleute		230
Nachtwächter	4			695
Invalide	6			
	140			

Tabelle 3: Beschäftigte in vier elsässischen Hüttenwerken, 1787.

Eisenverkäufer 5 und zwei Holzarbeiter 20 Pfund, also insgesamt 243 Pfund für die Innenarbeit, aber 2370 Pfund für den Außenbetrieb bei einer Jahresleistung von 1248 t Roheisen; 90 % der laufenden Ausgaben gingen in den Außenbetrieb.

Transportprobleme

Von den Gesamtkosten je Tonne Roheisen entfielen 20 % auf den Rohstoff Erz und die Möllerzutaten und allein 70 % auf den Brennstoff Holzkohle, also für den Kaufpreis des Holzes, das Fällen, Sägen, Verkohlen und Transportieren. Ob ein Hochofen rentabel war oder nicht, hing weder von den Investitionen noch von den weitgehend fixen Betriebskosten für den Innenbetrieb, sondern von der außenbetrieblichen Aufwendung für Erz und Holzkohle ab, insbesondere auch von der Entfernung des Hochofens von den Versorgungsstätten. Obgleich die Löhne für die witterungsabhängigen und deshalb saisonalen Landtransporte relativ niedrig waren, da sie zumeist von Bauern im Nebenerwerb getätigt wurden, stiegen die Aufwendungen mit der wachsenden Entfernung zwischen den Betriebsanlagen und der Rohstoff- und Brennstoffbasis wegen der schwierigen Wegeverhältnisse so rapide an, daß die Verlegung des Hochofens u. U. billiger kam als der weite Transport. So verlegte Pankraz von Freiberg seine gesamte Hüttenanlage 1561/62 von Hammer nach Bergen südlich von Traunstein, da die vorrangigen Salinenwälder der Saline Reichenhall für die Holzkohleversorgung des Hochofens nicht mehr ausreichten. Um den Transport einer Meilerbrennung zum Hochofen von Lydbrook im Forest of Dean zu bewältigen, mußten 40 Packpferde täglich zwei- bis dreimal sieben Tage lang eingesetzt werden. Das zerbrechliche und witterungsempfindliche Gut hatte beim Brennen zwar 80 % des Holzgewichts, aber nur 60–65 % des Holzvolumens eingebüßt und bedurfte deshalb etwa der vierfachen Transportkapazität als eine Erzmenge von gleichem Gewicht. Andererseits bedeutete die Schwere der Eisenerze eine erhebliche Belastung für die Packpferde, so daß die Fracht, wo immer es das Gelände zuließ, auf Karren verladen wurde, für die nicht selten eigene Straßen gebaut werden mußten, die aber auch nur in trockenen Zeiten befahren werden konnten. In Frankreich betrug der Förderpreis für Eisenerz in einem Fall 1,25 Franc pro t, der Verkaufspreis aber 10,55 Franc, weil die Transportkosten ungefähr 88 % des Rohstoffpreises ausmachten. In gebirgigen Gegenden wurden Schlitten und Hunde zum Transport eingesetzt, in der Steiermark hielt sich der 1564 eingeführte Sackzug des Erzes in Schweinsledersäcken bis 1820. Schließlich mußte das erzeugte Roheisen zu den Frischhütten und Schmieden und von dort das Barreneisen zu den eisenverarbeitenden Betrieben verfrachtet werden. Edward

Spencer ließ 1650 die für die Packpferde lästige Ladung seines in Barnby (Yorkshire) erschmolzenen Roheisens zur Kirkstall-Schmiede in Leeds über eine Entfernung von 32 km transportieren.

Besitzverhältnisse

Unter diesen Umständen differierten die Gewinne, gemessen an den Investitionen, in erheblichem Ausmaß. Der Lydney-Hochofen im Forest of Dean schloß 1699/1700 bei 3713 Pfund Einnahmen und 3129 Pfund Auslagen mit einem Überschuß von 584 Pfund, 1810 mit 250 ab, beide Male überdurchschnittliche Ergebnisse. Wegen der zahlreichen Imponderabilien von Natur, Technik und Politik, also der Naturkatastrophen, der Wasserführung, der Erzqualität, der Erschöpfung der Erzvorkommen, der Brennstoffversorgung, der Ofenbrüche und kriegerischen Einwirkungen, forderten die Öfen viele Jahre ‹Zubuße› oder lagen ganz still. Der Anheizvorgang für Hochöfen dauerte allein eine Woche, die Reparaturen für die Freianlagen waren aufwendig. Für den englischen König war es wesentlich rentabler, Holz zu verkaufen als seine Hochöfen zu betreiben, die das Holz verbrauchten. Die kapitalaufwendigen Eisenhütten errichteten und betrieben nicht mehr Bergleute und Schmiede, sondern Orden wie vor allem die Zisterzienser, die in den stadtfernen Tälern siedelten, aber auch Benediktiner, einzelne Städte, reiche Bürger, vor allem aber der weltliche Adel und die Landesherren. Von den 11 Hochöfen und 13 Schmieden im Forest of Dean in England gehörten 1634 allein 4 Hochöfen und 8 Schmieden der englischen Krone, 5 Hochöfen und 4 Schmieden drei Adeligen und 2 Hochöfen und 3 Schmieden zwei bürgerlichen Unternehmern. Wo große Teile der Bevölkerung vom Eisen lebten, entwickelten sich auch Verlags- und Gewerkschaftswesen.

In der Steiermark brachten die Steyrer Eisenhändler die selbständig produzierenden Hüttenmeister in Innerberg und die Leobener Eisenhändler die Eisenproduzenten von Vordernberg in ihre finanzielle Abhängigkeit. Die städtischen Verleger gewährten den Eisenleuten Darlehen in Höhe der Anlageinvestitionen, sicherten ihnen aber die Abnahme der Ware. Erzeugung und Markt blieben betrieblich und personell getrennt. Der Verleger hatte ein Interesse an der pünktlichen Lieferung und der gleichbleibenden Qualität des Handelseisens, aber keines an einer finanziell aufwendigen und risikoreichen Einführung neuer Produktionstechniken. Diese vertikale Konzentration im Verlagssystem wurde durch den Zusammenschluß der Radmeister, Hammermeister und Eisenhändler zur Innersberger Hauptgewerkschaft 1625 auf genossenschaftlicher Basis verstärkt, weil die Besitzrechte der bisher Selbständigen zu Kleineinlagen eines Gesamtbesitzes mit 744782 Gulden Kapital und 5 % Verzinsung verwandelt wurden. Die Gewerkschaft bestand bis 1868. Im Siegerland hielt sich diese Form der Eisenerzeugung als Berufsgenossenschaft im Gemeinschaftseigentum und in Gemeinschaftsarbeit bis 1873.

Die Struktur der Eisenhüttenindustrie im Zeitalter der Wasserkraft

Die Eisenhüttenindustrie nahm im Rahmen der vorindustriellen Wirtschafts-, Gesellschafts- und Rechtsordnung eine besondere Stellung ein, die sich wie folgt darstellen läßt:

1. Die Eisenerzeugung war standortgebunden: aus energietechnischen Gründen an das fließende Wasser der Bäche und kleinen Flüsse, aus ökonomischen Gründen an die Nähe der Wälder, der Erzgruben und der Landwirtschaft. Das Eisengewerbe war ein ‹ländliches› Gewerbe in einsamen Tälern. Damit war das System der gesellschaftlichen Arbeitsteilung, welche die Produktion von Nahrungsmitteln dem Land, die von gewerblichen Erzeugnissen der Stadt zuwies, durchbrochen.

2. Im Eisengewerbe war auch die geburtsständische Arbeitsteilung durchbrochen: Das Hüttenwesen war wie die Glas- und Salzherstellung ein ‹edles› Gewerbe, dessen Betrieb den Adeligen nicht entehrte wie das städtische Handwerk und der Handel. Die Bindung des Eisengewerbes an Grund und Boden, Berg, Wald und Wasser ergab bei der mittelalterlichen Trennung des Bodens in Obereigentum und Nutzeigentum die Kombination von freier Pacht und landesherrlicher Konzessionierung mit wald-, wasser-, wege- und abgaberechtlichen Vorschriften. Der Landesherr sah auf die Erhaltung der Eisenförderung, um das Heer mit Waffen, Munition und Ausrüstung zu versorgen und nahm deshalb die Hütten auch in eigene Regie, führte aber bei längerer Unrentabilität lieber billigeres Eisen ein. Im 18. Jahrhundert hatten sich in der Regel bürgerliche Eisenfachleute als Unternehmer durchgesetzt, für welche die Eisenerzeugungsbetriebe nicht Zuerwerbsmöglichkeit, sondern Existenzgrundlage waren.

3. Eisenschmelze und Erzgewinnung unterstanden nicht der 1672 projektierten und 1731 ratifizierten Reichszunftordnung (Handwerksordnung) und dem städtischen Gewerberecht in Deutschland, aber auch in keinem anderen Land: Es gab keine Vorschriften über Ausbildung und Lehre. Die Produktionskapazität war nicht wie im Handwerk ethisch durch den Grundsatz ‹Ehrbare Nahrung für jeden› und nicht wie auf dem Lande sozial durch die Haltung der Selbstgenügsamkeit eingeschränkt, sondern allein ökonomisch von der Knappheit der Produktionsmittel Erz und Holzkohle und technisch von der Energieversorgung durch Wasser abhängig. Es galt der Grundsatz: «Man erwerbe, so

viel man kann» (Jung, 1959, S. 11). Das genossenschaftliche System erstrebte einen sozialen Ausgleich dieser Mangelsituation.

4. Das Eisengewerbe war kein Handwerk, sondern ein kapitalintensives, nach den Grundsätzen der Rentabilität geführtes Unternehmen. Die Montanindustrie als Schlüsselindustrie mit der Erzgewinnung, der Eisenverhüttung, dem Gießen und Frischen verband sich zu einem Produktionsprozeß, der von der Investition der Kapitalseigner abhing.

5. In Bergbau, Hüttenwesen und Maschinenbau gab es im Gegensatz zu den anderen Wirtschaftszweigen eine umfangreiche wissenschaftliche Literatur seit der frühen Neuzeit, welche die industrielle Entwicklung und die Verbreitung der Kenntnisse vorantrieb.

6. Die Eisenhütte war kein Handwerk, aber auch kein Handarbeitsbetrieb im Sinne der Manufaktur, wenn man darunter einen «zentralisierten, arbeitsteiligen, unzünftigen Großbetrieb ohne wesentliche Mechanisierung» versteht (Fischer, 1962, S. 31/32). Die Hüttenbetriebe waren energietechnisch absolut von der mechanischen Nutzung der Wasserenergie abhängig. Ohne Wasser standen die mechanischen Gebläse, Mölleraufzüge, Pochwerke, Hämmer, Walzen, Schneiden und Drahtzüge still. Andererseits war und ist der Hochofenbetrieb keine Fabrik. Noch heute erstellen am modernen Hochofen die fünf Schmelzer in Handarbeit das Sandrinnensystem und halten die Schlacken- und Roheisenrinnen mit Brechstangen frei. Der Eisenhüttenbetrieb der vorindustriellen Zeit war ein Betrieb eigener Art mit Merkmalen eines Handwerksbetriebes, einer Manufaktur und einer Fabrik.

Der Eisenhüttenbetrieb war durch diese Merkmale gekennzeichnet:

– dezentralisierter Großbetrieb durch die Verbundwirtschaft der Zulieferung von Erz, Kalk und Holzkohle, aber arbeitstechnischer Kleinbetrieb durch die vertikale Betriebstrennung;

– Disproportionalität von arbeitsintensivem Außenbetrieb und kapitalintensivem Innenbetrieb;

– energietechnische, aber nur bedingt arbeitstechnische Mechanisierung des Produktionsprozesses;

– sozial und ethisch unbegrenzte, ununterbrochene, aber von den natürlichen Bedingungen abhängige Produktion;

– kontinuierliche Verbesserung der Produktionstechniken in einer Zeit arbeitsethischer Begrenzungen;

– Tag- und Nachtbetrieb und Drei-Schicht-Rhythmus der Arbeit;

– Umstellung von Zeit- auf Akkordlohn.

Nach einer 500jährigen Erfahrung mit der mechanischen Nutzung der Wasserenergie hatte Europa im 18. Jahrhundert auf dem Sektor der Eisenverhüttung einen Stand erreicht, den man zu Recht als «Industrialisierung vor der industriellen Revolution» (Kriedte/Medick/Schlumbohm, 1977) bezeichnet hat.

III. Eisentechnik, Krieg und Gesellschaft: Ein Strukturwandel in drei Stadien

Setzt man die Entwicklung der Eisenproduktion zwischen 1100 und 1750 in Vergleich zu der Entwicklung der Bevölkerung in Europa, so ergibt sich, daß im Durchschnitt der Produktivitätszuwachs an Eisen mit der Einführung der Wasserkraft durch den Bevölkerungsanstieg in den Jahren von 1000–1347 in Europa wieder ausgeglichen wurde. In dieser Zeit nahm die Bevölkerung in Italien von 5 auf 11 Millionen, in England von 2 auf 5 Millionen, in Frankreich von 5 auf 15 und in Deutschland von 3 auf 12 Millionen zu. Die Steigerungsraten betrugen also wie beim Eisen das Zweieinhalb- bis Vierfache. Erst in den Jahren von 1347 bis 1500, als die Bevölkerung wegen der großen Sterblichkeit der Pestepidemien kaum, die Jahresproduktion an Eisen aber von 25000 t bis 30000 t auf etwa 40000 t anstieg, ergab sich ein prozentuales Wachstum von etwa 50 %. Mit der Steigerung auf etwa 150000 t Jahresproduktion 1750 erhöhte sich der Pro-Kopf-Verbrauch an Eisen weiter um ca. 80 %. Den größten Teil davon fraß der Krieg.

Die Geschichte des Eisens ist auch die Geschichte der Macht und des Krieges. ‹Sideros› bei den Griechen und ‹ferrum› bei den Römern bedeuteten sowohl Eisen, wie Schwert und Speer- oder Lanzenspitze, aber auch Härte und Gefühllosigkeit, die Adjektive nicht nur eisern, sondern auch stark, unzerstörbar, unempfindlich, hartherzig, erbarmungslos. Auch im Deutschen verband sich das Wort Eisen mit Härte und Unnachgiebigkeit. «Nicht durch Reden und Majoritätsbeschlüsse werden die großen Fragen der Zeit entschieden..., sondern durch Eisen und Blut», sagte Bismarck am 30. September 1862 vor der Budgetkommission, was ihm zu Unrecht den Ruf eines gewissenlosen Gewaltpolitikers einbrachte (Bußmann, 1956, S. 67). Das kriegerische Machtpotential wurde bis ins Atomzeitalter hinein an der Eisenproduktion gemessen. Die Zentren der Eisenproduktion waren immer auch Zentren der Waffenproduktion. Überlegene Eisentechnik bedeutete überlegene Waffentechnik. Der Kampf mit den eisernen Waffen erzwang den Kampf um die Eisenproduktionsstätten.

Schon die Hethiter sicherten durch das Eisenembargo gegenüber Assyrern und Ägyptern ihr Eisenwaffenmonopol, und die Philister duldeten keine Schmiede bei den unterworfenen Hebräern, die deshalb waffenlos waren (1 Samuel 13,19f.). Sorgsam hüteten noch die mittelalterlichen

Schmiede das Geheimnis des Härtens durch Aufkohlen unter Zusatz von Hufschnitzeln, Lederabfällen und Knochenmehl als Stickstoffträgern. Während der Kreuzzüge erließen die Päpste Ausfuhrverbote für Eisen an die ‹Ungläubigen›. Das von den Kelten zur Waffenschmiede entwickelte und mit einem Grenzwall umschlossene Siegerland wurde nacheinander von den wechselnden Herren, den Cheruskern und Chatten, den Römern, den Merowingern und den Franken gegen die Feinde verteidigt. Der von Horaz und Ovid gerühmte norische Stahl aus der Steiermark versorgte die großen römischen Waffenschmieden in Aquileja, Verona, Cremona und Mantua, um deren Besitz noch die mittelalterlichen Kaiser auf ihren Italienzügen kämpften.

Entstehung und Ausformung des gepanzerten mittelalterlichen Lanzenreiters sind der Übernahme des Bogensattels und des Steigbügels in seiner Funktion als Stehbügel von den Avaren und Magyaren, aber auch der Entwicklung des eisernen Hufeisens zu verdanken. Zum Schutz vor Abnutzung und Verletzung des Pferdehufes auf den gepflasterten Straßen schnürten die Römer geflochtenes Stroh, Leder und schließlich Metallplatten mit Lederriemen an den Pferdefuß. Die Maultiere des Kaisers Nero trugen silberne, die Pferde des Kaisers Commodus goldene Hipposandalen. Mit der Befestigung einer Eisenplatte und später des gebogenen Eisenrandes mit Nägeln am empfindungsfreien Bogen des Horns war im 9. Jahrhundert die technische Entwicklung gefunden, die das ritterliche Streitroß optimal an den Hufen schützte und deshalb befähigte, bei einem angenommenen Reitergewicht von 87 kg ein Gesamtgewicht an Panzer,

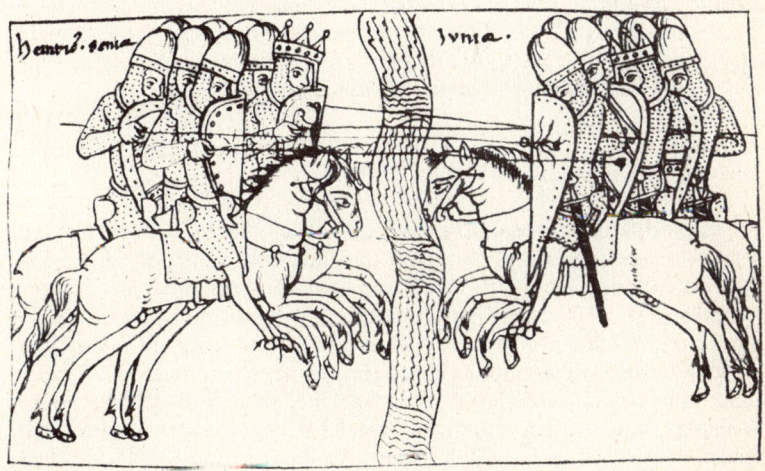

18: Ritterschlacht. Jenaer Handschrift der Chronik Ottos v. Freising (um 1146).

Eine stählerne Stirnplatte an der Pferderüstung	5 Pfd
Zaum, Gebiß und Hauptgestell	8 Pfd
Die übrige Pferderüstung aus Eisenblech oder Leder	78 Pfd
Sattel mit Gurten und Bügel	24 Pfd
Helm ohne Helmzier und Feder	7 Pfd
Die ganze Rüstung, Krebs (Schienen, Harnisch und Handschuh)	80 Pfd
Ein Paar schwere Sporen	2 Pfd
Ein einhändig Schwert	7 Pfd
Eine Turnier-Tarsche (Schild)	5 Pfd
Lanze	10 Pfd
Der Dolch, misericorde, Gnadengott	4 Pfd
Das Gewicht der Unterkleider	10 Pfd
des Waffenrocks	5 Pfd
der Cropière, Couverture des Pferdes	10 Pfd
des Helmschmuckes, des Lanzenfähnleins	5 Pfd
Summa	260 Pfd
Das Reitergewicht angenommen zu	175 Pfd
gibt ein Gesamtgewicht von	435 Pfd

Tabelle 4: Gewicht der Panzerung, Waffen und des Zeugs, das das Pferd eines Ritters tragen mußte. Ein Pfund (Berliner Handelsgewicht) in 0,514 kg gerechnet, ergibt eine Gesamtlast von 224 kg.

Waffen, Zeug und Mann von etwa 224 kg zu tragen (Tab. 4, Abb. 18). Kriege bedeuteten immer eine Hausse für die Eisenindustrie. Für den dritten Kreuzzug 1189–1192 lieferten die Eisenschmelzen des Forest of Dean dem König Richard Löwenherz allein 50 000 Hufeisen, während des Bürgerkrieges 1643 einzelne Öfen bis zu 500 Kanonenkugeln monatlich, mal an die Royalisten, mal an Cromwells Ironsides.

Eisen, das ‹demokratische› Metall

Nicht zu Unrecht hat man Eisen das demokratische Metall genannt. Mit jeder der drei großen qualitativen und quantitativen Innovationen im Eisensektor, dem Übergang vom Bronze- zum Eisenzeitalter im ägäischen Raum um 800 v. Chr., vom Rennfeuer zum Hochofen mit Hilfe der Wasserkraft um 1200 und vom Holzkohle- zum Kokshochofen mit Dampfkraft 1742, verband sich nicht nur eine Änderung der Waffentechnik, sondern auch eine Ausweitung der Waffenträger auf neue und größere Sozialschichten der Bevölkerung, d. h. ein epochaler Strukturwandel von Heer und Gesellschaft. In der ersten Phase besiegten die dorischen Krieger mit eisernen Lanzen und Speeren die mykenischen Streitwagenkämpfer mit

70

ihren Bronzewaffen. Die Phalanx der schwerbewaffneten Infanterie löste das adelige Ritterheer ab, die städtische Rechtsordnung und der Zivilprozeß die Fehde, Geschworenengerichte beendeten die Sippenrache, Rathaus und Volksversammlung entmachteten Königspalast und Adelsrat. Im Gegensatz zur Antike vollzog sich die Ablösung des aristokratischen Waffenmonopols im mittelalterlichen und neuzeitlichen Europa in zwei aufeinanderfolgenden Etappen, erst durch den Bauern, dann durch den Bürger. Im Unterschied zur griechischen Polis, zum römischen Staat, zum byzantinischen und zum islamischen Kulturkreis entwickelte das lateinische Abendland als Folge des Gewaltendualismus von Kirche und Staat in der jahrhundertelangen Auseinandersetzung zwischen Papsttum und Kaisertum die Städtefreiheit. Die Stadtmauer hatte nicht nur eine militärische Schutzfunktion, sondern trennte die Stadt vom Land rechtlich, wirtschaftlich und gesellschaftlich. Die Erzeugung von Nahrungsmitteln war dem Land, die Produktion von gewerblichen Erzeugnissen der Stadt zugewiesen. Der patrizische Kaufmann und der wohlhabende Zunftmeister blickten voller Verachtung auf den durch die spätmittelalterliche Agrarkrise verarmten Ritter und den ungebildeten und leibeigenen Bauern. König und Territorialherr verbanden sich mit den Kaufleuten der Städte zu einer wirtschaftlichen Interessengemeinschaft und mieteten und bewaffneten bäuerliche Unterschichten. Der Landsknecht spießte und schoß den Ritter vom Pferd, dessen Rüstung immer schwerer und kostspieliger geworden war. Der Landesherr schloß Verträge mit Söldnerführern, der Condottiere warb und bezahlte die Hauptleute, die Hauptleute bezahlten und rüsteten die Mannschaften aus. Der Söldnerführer war ein militärischer Unternehmer, der sein Kapital auf eigenes Risiko in den Krieg auf Zeit investierte. Das Ritterheer wurde ein Söldner- und ein Berufsheer, der Krieg ein Wirtschaftsunternehmen, der Soldat ein Handlanger, der um Sold und Beute kämpfte, der Soldatenhandel eine fürstliche Einnahmequelle. Die Ausrüstung mit dem 5–6 m langen Spieß, mit Kurzschwert, Bidhänder, Helmbarte, Armbrust und Harnisch erforderte große Mengen an Schmiedeeisen aus den Stücköfen; die Entwicklung und Ausbreitung der neuen Belagerungswaffen und der Artillerie stand in unmittelbarem Zusammenhang mit der neuen Technik des Eisengusses. Um 1370 traten die aus einzelnen Eisendauben zusammengeschweißten und mit Eisenringen zusammengehaltenen schweren Kanonen als Vorderlader auf, die Steinkugeln gegen Ritterburgen und Stadtmauern zu schleudern versuchten. Die geschmiedete Büchse Chriemhilde der Stadt Nürnberg wog beispielsweise 56 Zentner, lud eine Steinkugel von 5,5 Zentner und bedurfte zur Beförderung von Geschütz, Ladung und Ausrüstung 54 Pferde und zur Bedienung 8 Knechte. Durch den Übergang zu geschmiedeten und seit 1450 gegossenen Eisenkugeln konnte das Kaliber von 80 cm auf 30 cm erniedrigt, das Gewicht der Geschütze hal-

schütze halbiert, die Waffe beweglicher und die Wirkung der Geschosse erhöht werden. Die Hüttenleute im Wald von Sussex und im Siegerland begannen schließlich um die Mitte des 15. Jahrhunderts auch die Kanonen selbst aus Eisen zu gießen, deren Herstellung sich dadurch wesentlich verbilligte, so daß die englischen Schiffe für dasselbe Geld die doppelte Bestückung erhielten. Wegen des vom Bronzeguß übernommenen, zeitraubenden Lehmformverfahrens dauerte der Guß von 30 kleinen Hinterladern im Gewicht von je 275 kg 1445 in Siegen mehr als drei Monate.

Vannoccio Biringuccio hat das aufwendige Verfahren in seiner ‹Pirotechnia› 1540 genau beschrieben, das sich im Geschützguß bis Ende des 18. Jahrhunderts behauptete, obgleich Abraham Darby (1677–1717) schon 1708 die Sand- und Kastenformerei angewandt hatte. Seit der absolutistische König den Adel politisch entmachtete und die Söldnerheere verstaatlichte, trat zur Werbung die Zwangsaushebung der nachgeborenen Bauernsöhne. Wie der produzierende Bürger in der Stadt blieben auch die Schmelz- und Hüttenarbeiter in allen Ländern vom Militärdienst befreit und lieferten Waffen und Munition manchmal an Freund und Feind. Mit dem wachsenden Staatsheer, das Karl VII. von Frankreich erstmals 1439 als stehendes Heer organisiert hatte, wuchs der Bedarf an

19: Der Holzschnitt symbolisiert die gewaltsame Europäisierung Rußlands durch Peter den Großen. Der technisch interessierte und handwerklich begabte Zar verbot nach einem Auslandsaufenthalt in Deutschland, Holland und England Adel, Offizieren, Beamten und Stadtbewohnern das Tragen des Barts und der altrussischen Tracht mit Stulpenstiefeln und Kaftan. Er betrieb die Industrialisierung Rußlands durch die Errichtung von Eisenhütten und Sägewerken und den Aufstieg Rußlands zur Seemacht durch den Ausbau der Häfen Riga und St. Petersburg.

Waffen und die Notwendigkeit einer einheitlichen Ausrüstung, die nur Manufakturen leisten konnten. So errichtete Friedrich Wilhelm I. von Preußen (1713–1740) Gewehrfabriken in Potsdam und Spandau. Die Großmachtstellung Englands unter Königin Elisabeth I. (1558–1603) und Schwedens unter Gustav Adolf (1611–1632) war auch der blühenden Eisenindustrie in beiden Ländern zu verdanken. Die unerschöpflichen Erzlager in Dannemora in Schweden und die Güte des schwedischen Eisens verhalfen Gustav Adolf zum Sieg. Der vorzügliche Stahl erlaubte es ihm, das Gewicht der Muskete auf 5 kg zu vermindern, so daß die Gabel entbehrlich und die Beweglichkeit und Kampfkraft seiner Truppen verstärkt wurden. Rußland, in seiner Geschichte immer schwankend zwischen Öffnung und Abschließung nach dem Westen, stieg unter Peter dem Großen (1689–1725) zur europäischen Großmacht auf (Abb. 19). Der Zar hatte nach seiner Rückkehr von der Europareise in Neviansk 1699 ein Eisenwerk errichtet, das unter Leitung des leibeigenen Waffenschmiedes Nikita Demidoff aus Tula zu hoher Blüte kam. Zehn Jahre später bewies die Schlacht von Poltawa 1709 die Gleichwertigkeit der russischen Kanonen mit den schwedischen. Beim Tode Peters des Großen 1725 gab es in Rußland bereits über 300 Hütten- und Eisenwerke, deren Produktion bald den einheimischen Bedarf überstieg. Über das neugegründete Petersburg exportierte Rußland 1740 1600 t und 1793 18 330 t nach England und überflügelte 1798 mit 47 000 t Gesamtausfuhr sogar Schweden als bisher größten Eisenexporteur.

Mit der Massenerzeugung von Eisen in der industriellen Revolution des 18. Jahrhunderts als der dritten großen Zäsur der Eisentechnologie begann auch die Mobilisierung der Massen für den Krieg am 24. August 1793 in der Französischen Revolution. Allgemeine Wehrpflicht, allgemeine Steuerpflicht, allgemeine Schulpflicht waren der Preis für das allgemeine Wahlrecht des Bürgers. Nicht mehr Ruhe, sondern Einsatz und Opferung des Lebens für das Vaterland waren erste Bürgerpflicht, seit das Volk als Souverän des Staates galt. Der Ehrenkodex des mittelalterlichen Rittertums wurde auf die eine und unteilbare Nation übertragen; der Krieg war nicht mehr Last, sondern nationale Pflicht und Erhöhung des Lebens. Aus Fürstenkriegen wurden Volkskriege.

Die Entfesselung der Eisenproduktion ging parallel mit der Entfesselung der Kriegsmaschinerie. Die Völkerschlachten wurden zu Eisenschlachten: Verdun forderte 1916 an die 580 000 Tote und 1,3 Millionen t Eisen. Während bisher Eisenproduktion und Krieg im Winter ruhten, wenn die Heere im November ins Winterquartier zogen, liefen Wirtschafts- und Kriegsmaschinerie jetzt pausenlos. Der Fortschritt der Technik wurde in den Dienst des Krieges gestellt, der mit dem Übergang von der Ermattungs- zur Vernichtungsstrategie seit Napoleon brutaler wurde. Der Gegner wurde zum gesellschaftspolitischen Feind, den es zu vernichten galt. Die Kanonenkugeln der Offensivwaffe Artillerie wurden nacheinander gegen Mauern, Soldaten und schließlich Zivilisten eingesetzt. Der Guß von eisernen Hohlkugeln in Verbindung mit der Erfindung des Schwarzpulvers vermutlich im 14. Jahrhundert machte die neue Waffe zu einem gefährlichen Explosivgeschoß. Napoleon setzte erstmals Kartätschen, dünnwandige, mit Blei gefüllte Hohlgeschosse, mit ihrer vernichtenden Streuwirkung am 15. Oktober 1795 gegen aufständische Bürger im Stadtviertel Lepeletier in Paris ein. Der Krieg gehörte zu den größten Eisenverbrauchern.

Für die Bewertung der Technik insgesamt gilt, was der französische Humanist Nicolaus Bourbon in seinem lateinisch geschriebenen Gedicht ‹Eisenhammer› 1517 über Fluch und Segen des Eisens sagte:

«... Eisen, jenes Metall, das böse Gaben und gute, Glück wie Verlust und Leben sowohl als tödliches Los bringt, denn mit ihm durchfurcht die rauhe Erde der Bauer, macht sie geeignet zur Saat und erntet jährlichen Segen ... Eisen erbaut die Tempel und Eisen zerspaltet die Felsen. Und zu jeglichem Zwecke der Menschen dienet das Eisen ... Auch als schweres Geschütz erscheint es, jeglicher Schande bahnt das Eisen den Weg, Gewalttat, Dieben und Räubern. Doch nicht trägt das Eisen die Schuld. Die blinde Begierde, die ruchlose Sünde des Menschen ist es, wodurch sie willig in alle Verbrechen sich stürzen und schlimme Künste, von der Hölle bewegt, zum Schaden der andern erfinden» (Troitzsch-Weber, 1982, S. 153).

IV. Die Revolution der Eisenverhüttung im 18. Jahrhundert in England

Universalgeschichte und industrielle Revolution

Ein Maßstab für Armut und Reichtum eines Landes ist das Pro-Kopf-Einkommen, das sich aus der Teilung des Bruttosozialprodukts durch die Bevölkerungszahl ergibt. Von Höhe und Wachstum dieser beiden Größen hängt der wirtschaftliche Zustand eines Staatsvolkes ab. Entspricht der Produktivitätszuwachs über längere Zeit hinweg dem Wachstum der Bevölkerung, so kann das Durchschnittseinkommen nicht steigen. Es gibt zwar wirtschaftliches Wachstum, dieses wird aber durch die Bevölkerungsvermehrung aufgefangen. Ist die Bevölkerungsvermehrung größer als das wirtschaftliche Wachstum, so kommt es zu einem Absinken des Durchschnittseinkommens. Übersteigt der Produktivitätszuwachs deutlich das Wachstum der Bevölkerung, kann mit einem steigenden Pro-Kopf-Einkommen gerechnet werden. In diesem Stadium des strukturellen wirtschaftlichen Fortschritts befinden sich heute mit 1–6 % Zuwachsrate die reichen Industrieländer der nördlichen Erdhälfte. Viele arme Länder der Dritten Welt, die nahe beim Existenzminimum leben, versuchen den Sprung von der stationären zur dynamischen Wirtschaft, vom Armutsgleichgewicht zum Fortschritt, von der Bedarfsdeckungs- zur Überschußwirtschaft. Man bezeichnet diese Phase als wirtschaftliche Entwicklung, die Länder als Entwicklungsländer. Nach einem Bericht der Weltbank von 1977 ist – von dem bevölkerungsschwachen Ölland Kuwait mit einem Pro-Kopf-Durchschnittseinkommen von 27 624,– DM einmal abgesehen – die Schweiz mit 19 320,– DM das reichste, Bhutan mit 168,– DM das ärmste Land der Welt. Weitere 26 Länder in Asien und Afrika, unter ihnen Indien, Mali, Äthiopien, liegen unter 480,– DM.

Auf die Frage nach dem Woher dieses schicksalsschweren Nord-Süd-Gefälles liegt die Antwort nahe, der Lebensstandard Europas sei stets höher als der Afrikas oder Asiens gewesen. Ein Blick in die Geschichte lehrt aber, daß die alten Hochkulturen an Nil, Euphrat, Tigris, Indus und Hoangho entstanden und die nördlichen Dorfkulturen weit überragten. Als der fränkische Kaiser Karl der Große im Mannesalter lesen und schreiben lernte, gab es wenige Jahrzehnte später um die Mitte des 9. Jahrhunderts in der Zwei-Millionen-Stadt Bagdad, dem damaligen Zentrum des westasiatischen Kulturraumes, z. B. bereits 100 Buchhändler. Während des Spätmittelalters, als in Europa der Adel von den unwohnlichen Burgen herabstieg, erreichte das Negerreich Mali mit der Hauptstadt Timbuktu am Nigerbogen und der Flächenausdehnung ganz Westeuropas einen legendären Reichtum unter Kankan Mussa, der anläßlich einer Wallfahrt in Mekka 1324 nach dem Bericht Ibn Khalduns 20000 Goldstücke als Almosen verteilte. Und noch vor etwa 350 Jahren glich der Lebensstandard in Mitteleuropa und England ungefähr dem in Indien. Auch die europäischen Völker haben jahrhundertelang auf einem Niveau gelebt, das dicht beim Existenzminimum gelegen hat. Auch die Geschichte Europas ist über weite Strecken eine Geschichte der Armut mit vielen Merkmalen heutiger Entwicklungsländer: einer geringen Ertragslage von 800 kg Getreide je Hektar landwirtschaftlicher Nutzfläche noch um 1800 in Mitteleuropa, einer Erwerbstätigenquote im agrarischen Sektor von 80 %, durchschnittlich alle vier Jahre auftretenden Mißernten infolge Nässe, Kälte, Dürre, Unwetter, Schädlingen, Kriegsverwüstungen, dadurch ausgelösten Teuerungen und Hungersnöten in Stadt und Land, zuletzt 1771/73 und 1816/17, einer hohen Geburtenziffer von etwa 38 und einer hohen Sterbeziffer von etwa 34 je 1000 Einwohner in deutschen Territorien im frühen 18. Jahrhundert, periodisch auftretenden Epidemien, wie zuletzt der Cholera 1883/96 in Hamburg, einer hohen Analphabetenquote und einem ausgedehnten Bettelwesen. Nach ziemlich verläßlichen Schätzungen dürften von 5,5 Millionen Engländern im Jahre 1688 etwa 1 Million Almosenempfänger gewesen sein. Die Heere marschierten noch unter Napoleon wie zu Cäsars Zeiten.

Wenn auch durch die Ausweitung der Wasserkraftwirtschaft in wichtigen Branchen ein Produktionsfortschritt schon seit dem Spätmittelalter eintrat, so erreichte die Wirtschaft Europas erst im 18. Jahrhundert gegenüber den ebenbürtigen, wenn nicht überlegenen orientalischen Kulturen insgesamt einen deutlichen Produktivitätsvorsprung, der die imperialistische Europäisierung der Erde vorantrieb und den Nord-Süd-Gegensatz bewirkte. Seit Arnold Toynbees (des Älteren) Oxforder Vorlesungen 1880/81, die unter dem Titel ‹Lectures on the Industrial Revolution of the Eighteenth Century in England› aus dem Nachlaß 1884 veröffentlicht wurden, wird dieser Strukturwandel allgemein als industrielle Revolution bezeichnet. Diese ist ein Prozeß der schrittweisen Veränderung der herrschenden Technik und Wirtschaft mit dem Ergebnis einer fundamentalen Umstrukturierung aller Lebensbereiche. Die industrielle Revolution des 18. Jahrhunderts war die «gründlichste Umwälzung menschlicher Existenz in der Weltgeschichte, die jemals in schriftlichen Dokumenten festgehalten wurde» (Hobsbawm, 1969, S. 11).

Die Einsicht in den Verlauf der industriellen Revolution in England liefert zwar keine Lösungsrezepte für die Entwicklungsländer, fördert aber das Verständnis für deren Probleme, da die Faktoren der historischen Dynamik generell erkennbar werden. Das historische Spektrum dieser industriellen Revolution umspannt damit die beiden Hauptkonflikte der Gegenwart: die ökonomisch-technische Nord-Süd-Teilung und die politisch-ideologische Ost-West-Teilung der Welt in zwei gegensätzliche Herrschaftssysteme. Letztere ist Ergebnis der unterschiedlichen Antwort auf die Herausforderung der sozialen Frage im Gefolge der industriellen Revolution.

England und der europäische Kontinent

Das welthistorische Verdienst der Pionierleistung dieser industriellen Revolution gebührt jenem europäischen Land in insularer Randlage des Kontinents, dessen heute geltendes Recht ins 13. Jahrhundert reicht und dessen Bevölkerung als die konservativste innerhalb Europas gilt: England. Joseph von Baader, Mitglied der Bayerischen Akademie der Wissenschaften, Erbauer der Soleleitung von Reichenhall nach Traunstein und der Pumpmaschinen der beiden Springbrunnen im Nymphenburger Park, sagte nach seiner Rückkehr aus England in seiner Rede zur 39. Stiftungsfeier der Institution 1798 in München: «Man muß in England gewesen sein, um alle diese Meisterwerke gesehen und studiert zu haben, um sich von der demütigenden Wahrheit zu überzeugen, daß wir in diesen Fächern noch wenigstens um ein Jahrhundert hinter jenen Insulanern zurückgeblieben sind» (Kroker, 1971, S. 175). Als 1835 die erste deutsche Personeneisenbahn von Nürnberg nach Fürth eröffnet wurde, lief sie auf Schienen nach englischem Muster aus gewalztem Eisen, auf der englischen Spurbreite von 1435 mm, die heute noch besteht, und mit einer Lokomotive, die samt dem Lokomotivführer aus England importiert worden war. Die Roheisenproduktion in England war 14mal so groß wie in Deutschland. Diese Überlegenheit verwunderte Goethe als Naturwissenschaftler: «Der Engländer ist Meister, das Entdeckte gleich zu nutzen, bis es wieder zu neuer Entdeckung und frischer Tat führt. Man frage nun, warum sie uns überall voraus sind?» (Goethe, 1833, S. 155).

Waren die Engländer die ersten, weil sie technisch-naturwissenschaftlich begabter waren als die Kontinentaleuropäer? Hatten sie vielleicht zu Beginn des 18. Jahrhunderts bereits einen ökonomisch-technischen Vorsprung gegenüber dem Kontinent erreicht? Ist es ein purer Zufall der Weltgeschichte, daß das England des 18. Jahrhunderts fast gleichzeitig mit der industriellen Revolution das System der parlamentarischen Demokratie entwickelte und im Empire das größte maritime Kolonialreich der Weltgeschichte schuf? Gilt vielleicht das Urteil John Robert Seeleys, England habe bis zum 19. Jahrhundert «die halbe Welt in einem Zustand von Geistesabwesenheit erobert und bevölkert» (Seeley, 1954, S. 16), in abgewandelter Weise auch für die Bereiche der Technik und Wirtschaft?

Lage und Entwicklung der englischen Eisenindustrie vor der industriellen Revolution

Start aus einer Krise?

Es war bis in die 50er Jahre unseres Jahrhunderts die unangezweifelte Überzeugung der Historiker, die sich mit den Bedingungen und Ursachen der industriellen Revolution des 18. Jahrhunderts beschäftigten, daß die Eisenindustrie in England in dem Jahrhundert zwischen 1660 und 1760, im Gegensatz zum spektakulären Aufschwung der Branche in Schweden und Rußland, eine Phase der strukturellen Stagnation, wenn nicht der Rezession durchlaufen habe. Man stützte sich auf überkommenes Zahlenmaterial, aus dem der Rückgang der englischen Roheisenerzeugung von jährlich 26000 t im Durchschnitt der Jahre 1625–1635 auf 25000 t oder gar 17350 t im Jahre 1720 hervorging. Als Hauptursache für diese Entwicklung galt neben der Knappheit des Erzes allgemein der katastrophale Holzmangel in England. «In England war schon längst der Holzmangel zu einem Notstand geworden», schrieb Ludwig Beck, der Nestor der deutschen Eisenhistoriker (1893, S. 1246). Die Hochöfen hätten gelöscht werden müssen, weil die schwindenden Wälder den notwendigen Bedarf an Holzkohle als Brennstoff für die Eisenschmelze nicht mehr aufbringen hätten können. Auch neuere Darstellungen halten an dieser Behauptung fest: «Die Industrie wurde in Wirklichkeit durch eine steigende Verknappung von Holz langsam ausgehungert» (Lilley, 1976, S. 127). Diese Holzkrise habe die Suche nach einem Brennstoffersatz vorangetrieben und schließlich die Erfindung der Verkokung von Steinkohle und der Substitution der Holzkohle durch Koks im Hochofenverfahren und damit die industrielle Revolution im Eisensektor ausgelöst.

Gab es wirklich eine Holzkrise in England?

Sicher ist, daß die Entwaldung durch den Menschen in England früher und radikaler erfolgte als in Frankreich oder in Deutschland. Die vom maritimen Klima mit mildem Winter und kühlem Sommer begünstigten Hartholzbestände von Eichen-Buchen- und Eichen-Eschen-Mischwäldern, die nach Strabo noch im ersten Jahrhundert nach Christus fast das ganze Land bedeckten, mußten im Spätmittelalter den Schafweiden, im Hochmittelalter und unter Cromwell (1649 [1653]–1658) sowie im 18. Jahrhundert der Ausdehnung der Ackerflächen weichen. Allein 24000 Arbeiter soll Thomas Lancaster 1340 zur Abholzung der Wälder eingesetzt haben, um die aufständischen Schotten ihrer Schlupfwinkel zu berauben. Und Königin Elisabeth I. (1558–1603) ließ 1601 die irischen

Wälder schlagen, um die Insel militärisch zu unterwerfen und Holzkohlen für die Eisenhütten ihrer adeligen Landsleute zu gewinnen. Innerhalb eines Jahrhunderts wurde das von Schriftstellern als ‹waldige Insel› beschriebene Irland bis auf etwa 2 % der Gesamtfläche entwaldet.

1. Schiffsbau und Holzimport

Seit England sich nach dem hundertjährigen Krieg mit Frankreich 1339 bis 1453 territorial vom Kontinent gelöst hatte, sich politisch, strategisch und ökonomisch als Insel verstand und deshalb unter Elisabeth I. und Crom-

20: Seegefecht in der Mitte des 18. Jahrhunderts. Da Bug und Heck zur Bestückung wenig geeignet waren, führte Heinrich VIII. (1509–1547) die Artilleriedecks an den Breitseiten der Schiffe ein. Große Schiffe hatten drei Artilleriedecks, das seit 1757 gebaute Standardschiff von 1800 t Wasserverdrängung, 53 m Länge und 15 m Breite besaß zwei Decks mit 74 Geschützen vom 12- bis 50pfünder. Die Fregatten waren Meisterwerke der Holzarchitektur mit einem dicken Eichenholzrumpf zum Schutz vor schweren Einschlägen. Taktische Aufgabe der Flottenführer war nicht mehr das Rammen, Entern und der Nahkampf, wie bei den Rudergaleeren des Mittelmeeres, sondern die eigene Linie quer vor den Gegner zu bringen. Die Flotten sollen mehr Verluste durch Feuer und Sturm als durch Kriegseinwirkung gehabt haben. Da es nicht genügend Freiwillige gab, wurden Fremde, Vagabunden, Seeleute und Spaziergänger gewaltsam zur Royal Navy eingefangen.

well zur See- und Handelsmacht wurde, hatte die Kriegs- und Handelsflotte in der Versorgung mit Holz den Vorrang vor allen anderen Nutzun-
gen einschließlich der Eisenverhüttung. Das Waldstatut von 1543 bestimmte, daß nur Hasel, Ahorn, Dorn, Stechpalme und andere weniger
wertvolle Hölzer als Brennmaterial verwendet werden dürften und reser-
vierte die Eiche für den Schiffs- und Hausbau. Die drei elisabethanischen
Gesetze von 1559, 1582 und 1586 verboten das Fällen von Nutzholzbäu-
men der Eiche, Buche und Esche mit einem Durchmesser größer als ein
Fuß (= 30,5 cm) am Stamm innerhalb einer Entfernung von 14 Meilen
(= 22,5 km) vom Meer oder einem schiffbaren Fluß für die Herstellung
von Holzkohle. Zum Bau eines mittelgroßen Kriegsschiffes soll es allein
für die Planken, Bohlen und Bretter des Schiffsrumpfes des Holzes von
1000 ausgewachsenen Eichen bedurft haben. Da im Erntealter nur etwa
75 Eichen je Hektar stehen, war dazu ein Wald von 13 ha notwendig. Bei
einer Umtriebszeit von 200 Jahren benötigte man also für den Bau eines
Kriegsschiffes im Jahr eine Waldfläche von 2600 ha (Abb. 20). Nun hatte
sich die Royal Navy von 1700 bis 1800 ungefähr verdoppelt, die Handels-
marine vervierfacht bis verfünffacht. «Wenn man beachtet, daß 1804 über
21 000 große Handelsschiffe und zum Schutze dieser eine Flotte von beinahe 1000 Kriegsschiffen bestand, und berücksichtigt, daß die Lebensdauer eines Schiffes im günstigsten Falle 40–50 Jahre, die Wuchszeit des
Bauholzes aber mindestens 200 Jahre beträgt, kann man sich vorstellen,
wie groß der Holzbedarf und damit die Waldvernichtung schon aus diesem Grunde waren» (Sass, 1970, S. 267).

England ging das Problem des für eine maritime Macht existenzbedro-
henden Holzmangels von verschiedenen Seiten an und löste es glänzend.
Auf Anregung von John Evelyns Schrift ‹Sylva› von 1664 leitete die Regierung im Dean Forest Act von 1667 ein Wiederaufforstungsprogramm
ein. Die im späten 17. Jahrhundert gepflanzten Eichen waren um 1800
hiebreif und dienen der Schiffsrüstung gegen Napoleon, konnten aber
den Bedarf auch nicht annähernd decken, da die Zahl der Marine-Eichen

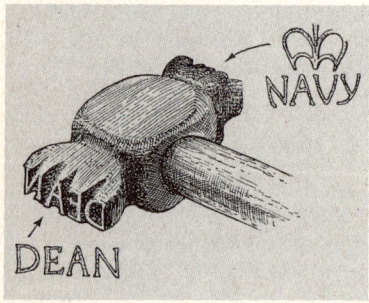

21: Gütestempel der englischen Krone
für die Marineeichen im Forest of Dean
während des 18. und 19. Jahrhunderts.
Der sog. Krähenfuß wurde unter Wilhelm III. (1689–1702) für die sechs
Kronforste in Südengland eingeführt.

in den wichtigsten sechs Kronforsten von Südengland trotz der Waldbau-maßnahmen seit 1608 von 232000 auf 51000 gesunken war (Abb. 21). England hatte deshalb frühzeitig Marinewerften nach Westindien und Neuengland verlegt und für den einheimischen Bedarf nach dem Vorbild der Niederlande den Weg des Imports beschritten. Seit 1300 schwammen Flöße der Schwarzwaldtannen über Neckar und Rhein in die holländischen Werften, aus Danzig verhandelte die Hanse ostpreußische Eichen und aus Schweden und Finnland Nadelholz nach Brügge. Diesen ozeanischen Bauholzhandel rissen die Engländer schrittweise an sich, zumal die Absatzpreise in England vier- bis sechsfach höher lagen als in den Erzeugerländern. Seit der Mitte des 17. Jahrhunderts belieferten die Neuenglandstaaten die Marinewerften in England mit den geschätzten Eichen aus Massachusetts und den Kiefern aus Maine. Hauptlieferant des Bauholzes insbesondere in den beiden Jahrzehnten nach dem Nordischen Krieg (1700–1721) war Norwegen, das aber mit dem Schwinden der Vorräte mengenmäßige Begrenzungen des Schnittholzexportes verfügte, um den Marktpreis zu halten. Nun fand England in Rußland den besten Partner im Holz- und Eisengeschäft. Zar Peter der Große (1689–1725), der 1696 als Schiffszimmermann in der englischen Werft Deptford gearbeitet hatte, förderte nach englischem Vorbild den Flottenbau, monopolisierte die Eiche für Schiffsbauzwecke und unterwarf alle Wälder im Abstand von 55 Kilometern beiderseits der großen und in 22 km Entfernung von den kleinen Flüssen der Aufsicht der Admiralität. Der 1734 abgeschlossene Handelsvertrag zwischen England und Rußland, der über ein halbes Jahrhundert hielt, sicherte Englands Versorgung mit Schiffsbaumaterialien. Danzig und Brügge als wichtigste Holzhandelshäfen wurden abgelöst durch St. Petersburg, Riga, London und Portsmouth. Die Lärchen der Wälder des nördlichen Uralgebietes und insbesondere die Kiefern der baltischen Länder, die in großen Mengen exportiert wurden, lieferten das beste Mastbaum- und Rahenholz der Welt. Die Kiefer von Riga war wegen ihrer Höhe von 20 bis 25 m, ihrer Festigkeit bei einem Durchmesser von etwa 50 cm und ihrer Elastizität berühmt. Da eine Fregatte bis zu 38 Segel und etwa 84 verschiedene Kategorien von Tau- und Takelwerk hatte und die Geschütztechnik seit dem 17. Jahrhundert besonders die Takelage unter Feuer nahm, waren große Mengen an Tau- und Takelwerk erforderlich. Flachs und Hanf der russischen Landwirtschaft wurden unentbehrlich für Seile und Segeltuch. 97–98 % der englischen Gesamteinfuhr an Hanf, der ganz überwiegend für die Schiffahrt verwendet wurde, und mehr als 75 % des Flachsimports im Durchschnitt der Jahre 1786 bis 1792 kamen aus Rußland. Mengenmäßig war der Hanfimport für die wachsende Handelsflotte im Durchschnitt der Jahre 1701–1715 von ca. 7000 t auf ca. 23000 t im Durchschnitt der Jahre 1786–1792 angestiegen. Zu den importierten ‹naval stores› gehörten weiter Holzprodukte wie Teer,

Pech und Terpentin sowie Talg zur Fabrikation von Schiffskerzen und Seife. William Pitt der Jüngere (1793–1801 und 1804–1806 leitender Minister) begründete die Notwendigkeit eines Krieges gegen Frankreichs kanadische Eroberungen insbesondere mit den handelspolitischen Erwägungen, daß Frankreich seine Bauholz-Basis verlieren und der Holz-, Fisch- und Pelzhandel in englische Hände übergehen müsse. Nach dem Ausfall der nordamerikanischen Weißkiefer durch den Unabhängigkeitskrieg und dem russischen Ausfuhrverbot von 1799, das für England 1800/1801 eine gefährliche Lage schuf, bemühte sich das Beschaffungsamt der Marine um die Erschließung der riesigen ostkanadischen Waldgebiete und um die erstmalige Einfuhr von Jute aus Indien an Stelle des russischen Hanfes zur Behebung der Hanfkrise. Um den für die maritime Nation lebenswichtigen Import an Schiffsbaumaterialien aus der Ostsee führte England wegen der Sperrung des Sundes 1807 Krieg mit Dänemark. Erst als sich in der Seeschlacht von Hampton Roads 1862 die hölzernen Kriegsschiffe den eisernen nicht mehr gewachsen zeigten, ließ das Interesse der Admiralität an Eichenzucht und Holzimport und damit auch der Nachfrage- und Preisdruck auf dem Bauholzsektor nach.

Daß gerade die holzärmste europäische Großmacht, die nach Venedig, Genua, Spanien, Portugal und Holland als letzter Staat in den Wettbewerb der Seemächte eintrat, innerhalb relativ kurzer Zeit zur größten Handels- und Flottenmacht der Welt im 18. Jahrhundert aufstieg und alle anderen Seemächte besiegte und beerbte, beweist, wie perfekt England das Problem der Holzbeschaffung gelöst hat; ebenso perfekt wie das entwaldete Athen zur Zeit des Themistokles seit 487 v. Chr. und des attisch-delischen Seebundes (477 v. Chr. gegründet), sicher besser als das waldreiche, protektionistische Frankreich.

2. Brennholz und Steinkohle

Im Gegensatz zum Bauholz konnte ein Mangel an Brennholz aus ökonomischen Gründen nicht durch Import ausgeglichen werden. Auf diesem Sektor beschritt England den Weg der Substitution. So früh wie kein anderes europäisches Land begann England mit der industriellen Kohleförderung, der Kohleverschiffung und der Verwendung von Kohle für Haushalt und Gewerbe an Stelle von Holzkohle und Brennholz. Bewohner von Städten, die nahe an Kohlengruben lagen (pit coal) oder zur See (sea coal) leicht erreichbar waren, ersetzten schon im 13. Jahrhundert Brennholz durch die billigere Kohle. Die Kohlengruben von Newcastle versorgten seit dem 13. Jahrhundert die Stadt London mit Seekohle, exportierten aber auch nach Brügge und Paris. Seit Karl I. (1625–1649) 1637 durch die Vergabe des Transportmonopols der Seekohle von Newcastle nach London für 21 Jahre an Thomas Tempert die Chance von erheblichen Einkünften sah, stieg der Kohleimport in London rapide an.

Da Steinkohle vielerorts in England wesentlich billiger war als Holz, heizten die ärmeren Schichten mit den rußenden und rauchenden Steinkohlen, die wohlhabenderen wärmten sich am angenehmen Holzofenkamin. Im Gegensatz dazu wurde in Bayern vor allem Holz verheizt, weil es trotz der Holzteuerung immer noch billiger als Kohle war. Mit der zunehmenden Verwendung der Steinkohle in der Industrie im 17. und 18. Jahrhundert wuchs die Kohleproduktion in England in starkem Maße.

Man unterschied drei Arten von Kohle mit unterschiedlichen Preisen. Die bessere schwefelarme und grobstückige fire coal mit starker und nicht glimmender hoher Flamme verwandte man für Küche und Hausbrand, zum Seifensieden, zum Erhitzen der Braubottiche und zur Herstellung von Glas. Die Glasproklamation von 1615 untersagte für die ganze Branche die Verwendung von Holzkohle. Die neuen Öfen produzierten ein billiges Flachglas, dessen Herstellung bald in Massenproduktion überging. Die kleineren Stücke der smith coal brannten in der Esse der Grobschmiede und in den Öfen der Ziegeleien und unter den Färberkesseln. Mit der schlechtesten Qualität brannte man Kalk. Steinkohle verwendete man auch zur Produktion von Salz, Salpeter, für die Herstellung von Schießpulver, Stärke und Kerzen sowie in der Kupferindustrie. Der Verbrauch an Steinkohle in der englischen Industrie zu Beginn des 18. Jahrhunderts wird auf 300 000 t geschätzt. Ein Franzose, der England bereiste, schrieb 1738, daß die Kohle «die Seele der gesamten englischen Industrie» sei (Cipolla, 1976 a, S. 268).

Die natürlichen Bedingungen des Landes, die zahlreichen Kohlelager und die Schiffahrtswege, begünstigten England vor anderen Ländern.

Da die Umstellung von Holz auf Kohle als Brennmaterial im Laufe des 17. und 18. Jahrhunderts sich fast in allen Gewerbezweigen und im Hausbrand in großem Umfang durchsetzte, nahm die Nachfrage nach Brennholz zumindest relativ ab. Dieser nachlassende Marktdruck kam jener Industrie zugute, der als einziger wichtigen Branche die Substitution aus technischen Gründen nicht geglückt war, nämlich der Eisenverhüttung.

Ein ‹grüner› Mahner im 17. Jahrhundert und die Rettung des Waldes

Nach einem Jahrhundert des imperialen, des maritimen, des gewerblichen und des landwirtschaftlichen Raubbaues an den Wäldern Englands, Schottlands und Irlands, das mit dem Regierungsantritt der Königin Elisabeth I. 1558 begann, zeichnet sich nach der Restauration 1660 eine ökonomische und technische Wende ab. Diese wird mit der bereits genannten, 1664 erstmals veröffentlichten Schrift ‹Sylva› angebahnt. John Evelyn, der erste große ‹grüne› Mahner des 17. Jahrhunderts in England, zeichnet in seinem aufsehenerregenden Werk das Schreckbild eines durch die Eisenindustrie völlig entwaldeten Englands:

«Das Übermaß und die Zunahme der holzverschlingenden Eisenhütten muß im Hinblick auf ihre Zahl und Entfernung von den Meeren oder schiffbaren Flüssen untersucht werden. Und was läge daran, wenn einige von ihnen in eine andere Welt, in das Heilige Land von Neu-England verlegt würden? Denn sie werden noch Alt-England zugrunde richten. Es wäre besser, unser ganzes Eisen aus Amerika zu beziehen, als andernfalls unsere heimischen Wälder zu zerstören ...» (Straker, 1931, S. 124).

Die neue Regierung der Restauration unter Karl II. (1660–1685) erließ daraufhin 1667 einen Wiederaufforstungsbeschluß und ordnete 1674 die Zerstörung aller königlichen Eisenwerke im Forest of Dean zum Schutze des Holzeinschlags für die Flotte an. Aber wenige Jahre später, in den Jahren von 1680–1683, wurden die Werke, soweit überhaupt zerstört, wiedererrichtet und die Hochöfen mit Ausnahme von Lydbrook wieder angeblasen. Und zu Beginn des 18. Jahrhunderts verkaufte die Krone Klafterbrennholz für Eisenwerke außerhalb des Forsts. Zeitgenössische Besucher bestätigen, daß es im 18. Jahrhundert im Forest of Dean und im Weald of Sussex immer noch reichlich Wald gegeben habe. Die prophezeite Waldkatastrophe war trotz des Aufschwungs der Eisenproduktion nicht eingetreten. Neben der Aufforstungspolitik und der Substitution von Holz durch Steinkohle in vielen Branchen und Haushalten war die Umstellung der Eisenindustrie von der Verwendung des teuren Scheitholzes auf das billigere Knüppelholz bedeutsam. Dieser scheinbar kleine Schritt brachte eine Verbesserung des Zustandes der Wälder, eine Zunahme der Rentabilität der Betriebe und eine technische Verbesserung der Produktion zugleich.

Da sich der Preis für Holzkohle in der Zeit von 1560–1670 mehr infolge von Absprachen der Grundeigentümer als wegen des Mangels an Holz vervierfacht hatte gegenüber einer Verdoppelung des allgemeinen Preisindex, gingen die Hüttenleute auf Anregung Evelyns zunächst im Weald ab 1664 und dann auch in anderen Gebieten dazu über, an Stelle des Eichen- und Buchenscheitholzes Unterholz jeder Art zur Herstellung von Holzkohle zu verwenden. Dieses nur für den Bau von Holzzäunen verwertbare Durchforstungsmaterial (Tab. 5) war erheblich billiger und für die Schmelze geeigneter als Scheitholz. Auch abgehauene Äste und Wipfel von Bäumen, die man für andere Zwecke fällte, wurden verkohlt. In South Yorkshire wie in den Midlands pflanzte man für die Holzkohleerzeugung der Eisenindustrie sogar eigene Brennholzwälder mit einem Niederwaldumtrieb von 12–20 Jahren und einer Knüppelholzerzeugung mit einem Durchmesser von 7÷14 cm (Abb. 22). «Innerhalb des Umkreises von ökonomisch vertretbaren Transportkosten gewährleistete das

Baumart	Baumzahlen pro Hektar am Anfang des Bestandslebens	am Ende	Jahre bzw. Erntealter
Eiche	bis 100 000	75	200
Buche	bis 100 000	200	140
Fichte	4 000	400	100
Kiefer	12 000	300	120
Lärche	2 500	200	140
Douglasie	2 000	200	100

Tabelle 5: Die Menge des Durchforstungsmaterials ergibt ein Vergleich der Baumzahlen pro Hektar am Beginn und am Ende des Bestandslebens.

22: Holzkohlenmeiler im Forest of Dean um 1909.
Während der Hochwald aus Samen oder Pflanzen erwächst, entwickelt sich der Niederwald aus Stockausschlägen der Laubhölzer Erle, Eiche, Hainbuche und Esche. Ohne Wiederaufforstung treiben die «schlafenden Augen» nach dem Kahlschlag sehr rasch wieder aus, da die Knospen von einem voll ausgebildeten Wurzelwerk eines großen Baumes versorgt werden.

1615	6 s 8 d je cord
1636	7 s 2 d – 11 s
1638	8 s
1642	10 s
1775	8 s
1788	6 s – 11 s 6 d
1810	7 s 3 d

Tabelle 6: Brennholzpreise für Kohlholz im Forest of Dean; cold = Klafter, 1 Shilling (s) = 12 Pence (d).

Unterholz eine beständige Versorgung mit Kohlholz zu einem festen Preis» (Flinn, 1958–1959, S. 150). Tatsächlich blieben die Brennholzpreise im Forest of Dean sogar von 1615–1810 (Tab. 6) weitgehend konstant (Hart, 1971, S. 21, 67, 178 u. 226, Anm. 51). Da der Landtransport die ferne Kohle gegenüber dem nahen Holz verteuerte, blieb man in den traditionellen Eisenhüttenzentren selbst nach der Einführung des Kokshochofens beim Holzkohleverfahren. Erst 1795 wurde im Dean der erste Kokshochofen, die Cinderford Ironworks, errichtet, aber bereits 1806 wieder stillgelegt. Im Dean erlosch der letzte Holzkohlehochofen 1816, in Sussex erst 1829, also mehr als ein Jahrhundert nach der erstmaligen industriellen Produktion von Kokseisen. Obgleich die örtliche Steinkohle für die Verkokung geeignet war, errichteten Hüttenmeister neue Hochöfen 1760 in Masborough und 1763 in Thrybergh (South Yorkshire) nach dem alten Holzkohleverfahren. Für die Wahl des Standortes war eben eine langfristig gesicherte Brennholzversorgung die entscheidende Komponente der Unternehmer.

Das Urteil, «Die Verwendung der Steinkohle an Stelle der Holzkohle bei der Eisenbereitung wurde aber ein immer dringenderes Bedürfnis, ja geradezu eine Existenzfrage für die englische Eisenindustrie» (Beck, 1891, S. 1067), ist nicht mehr vertretbar, auch wenn es für verschiedene Regionen außerhalb Englands angenommen werden muß.

Gab es eine Erzkrise?

Der italienische Metallurge Vannoccio Biringuccio (1480–1538) vertrat in seinem Feuerwerksbuch ‹Pirotechnia› von 1540 die Ansicht, daß eher die Schätze der Erde als die Wälder zur Neige gehen werden. Tatsächlich kam es in England bereits im Spätmittelalter, als noch etwa 40 % der Insel bewaldet waren, infolge der Einführung des Blashochofens zu Engpässen in der Erzversorgung und zur Schließung von Hütten im 15. Jahrhundert. Nicht wenige der kleinbetrieblichen Erzminen waren nach kurzer Zeit erschöpft. Dazu kam, daß Qualität und Gängigkeit der Erze von Lager zu Lager, aber auch in derselben Mine mit dem Abbau sich oft beträchtlich veränderten, was zu erheblichen technischen Schwierigkeiten führte. Im Forest of Dean hatten die Free Miners ihre Schächte 1758 etwa 45 m in die Tiefe und auf taubes Gestein getrieben. 1788 arbeitete im Forest keine reguläre Eisenerzmine mehr, und es gab 22 arbeitslose arme Bergleute.

Begünstigt durch die Seelage und die vielen schiffbaren Flüsse bewältigten die Engländer das Mangelproblem durch einen ausgedehnten Erztransport zwischen den einzelnen Eisendistrikten. So lieferte der Dean über Severn und Wye und das Meer Erz und Schlacke seit 1610 nach Irland, das nur schwergängige Erze förderte. Das Eisenerz aus Dean hatte einen hohen Kalkgehalt und einen niedrigen Silikatanteil, so daß es leicht schmelzbar war. Der Export von Schlacke, Überresten früherer Schmelzungen mit relativ hohem Eisengehalt, erzielte den hohen Preis von 15 Shilling je Ladung im Vergleich zu 30 Shilling je Ladung Erz. Große Mengen Schlacke wurden von 1730–1740 auch nach North Lancashire südlich von Cumberland verladen. Umgekehrt wurde mit zunehmender Erschöpfung der Vorräte im Dean Erz aus Lancashire ab 1717 und Reicheisenerz mit bis 60 % Eisengehalt aus Cumberland in den Forest of Dean transportiert. Die günstigen Bedingungen der Existenz von Wasserkraft, Holzkohle und Kalkstein glichen offensichtlich die zusätzlichen Transportkosten der Einfuhr von Eisenerz aus. Der Hochofen von Flaxley arbeitete von 1800 bis zur Schließung 1802 mit Erz aus Lancashire, das zur See bis Newham verschifft wurde. Von 1730 an wurde das nicht phosphorhaltige Cumberland-Erz in kleinen Mengen in South Yorkshire verhüttet. Dieser für das Europa des 17. und 18. Jahrhunderts einzigartige Erzverbund der Verhüttungsdistrikte ist Ausdruck einer fortschrittlichen und flexiblen Verhüttungstechnik in England.

**Das Wachstum der englischen Eisenindustrie:
Ein Quellenproblem**

Im Gegensatz zu der bislang allgemeingültigen Überzeugung einer Existenzkrise konnten die Historiker Flinn und jüngst Hyde ein Wachstum der Eisenindustrie nachweisen. Nach ihnen resultiert die irrtümliche Beurteilung aus einer unkritischen Übernahme der zeitgenössischen Roheisenproduktionszahlen in England. Da es keine statistischen Ämter gab, die Gesamterhebungen durchgeführt haben, beruhen die erwähnten 25 000 t oder 17 350 t auf regionalen Zusammenstellungen, auf Schätzungen und nachträglichen Berechnungen, bei denen die Produktionszahlen *eines* Hochofens *eines* Jahres unzulässig zur Grundlage des Durchschnitts der Gesamtproduktion vieler Jahre gemacht wurden. Sie entstammen überdies der streitbaren Auseinandersetzung der Interessengruppen innerhalb der Eisenbranche um die Zollpolitik, hauptsächlich Flugschriften aus Krisenjahren der Eisenindustrie zwischen 1717 und 1750 und Anhörungen von Eisenhändlern und Eisenproduzenten vor Parlamentsausschüssen in den 30er Jahren des 18. Jahrhunderts. Während Hüttenmeister und Hütteneigentümer an der Knappheit des Produkts interessiert waren, um die Preise hochzuhalten, und deshalb ein Einfuhrverbot forderten, kämpften Schmiedemeister, Frischbetriebe, Eisenhändler und Eisenwarenproduzenten für zollfreie Einfuhr, weil sie ihr Rohmaterial billig einkaufen wollten. Aus ihren Reihen dürften die niedrigen Produktionszahlen stammen. Nach Flinn (1958–1959, S. 152) wurden aber in England zwischen 1660 und 1760 43 Hochöfen neu errichtet oder wieder angeblasen sowie 29 Frischschmieden und zahlreiche Walz- und Schneidemühlen gebaut. Nach Hyde (1977, S. 45) betrug das Wachstum der Produktion 22 %. Die erhebliche Zunahme des Imports ging nicht zu Lasten der heimischen Produktion, sondern war eine Folge der zunehmenden Nachfrage des eisenverarbeitenden Gewerbes zur Herstellung von Eisenwaren sowohl für den einheimischen Markt wie für den Export, der sich von jährlich 1600 t im ersten Jahrzehnt auf etwa 6500 t im vierten Jahrzehnt des 18. Jahrhunderts vervierfachte (Hyde, 1977, S. 49). Obwohl die englische Roheisenproduktion um etwa 22 % wuchs, fiel ihr Anteil am einheimischen Eisenverbrauch von 54 % in den Jahren 1716–1720 auf 43 % im Jahre 1750, weil der Eisenverbrauch um 50 % stieg. Das fehlende Eisen wurde durch eine Erhöhung des Imports um 76 % gedeckt. Abgesehen von einzelnen Depressionsjahren wie 1730 stiegen deshalb die Eisenpreise der großen Nachfrage wegen in den Jahren von 1718–1735 bei teilweise fallenden Holzpreisen.

Der freie Unternehmer: Flexibilität und Rentabilität

Auch der regionale Abbau von Roheisenproduktionsanlagen kann nicht als technisch oder wirtschaftlich bedingter Niedergang der Eisenindustrie gedeutet werden, sondern war vielmehr Ausdruck der Flexibilität und des Rentabilitätsdenkens des englischen Unternehmers. Im Forest of Dean wurden seit 1700 Hochöfen in Kupferwerke, Drahtziehereien, Walzwerke und Papiermühlen umgebaut. Seit in der ersten Hälfte des 18. Jahrhunderts die großen Zeitungen Spectator, Guardian und Tatler erschienen und mit dem Journalismus, einer Begleiterscheinung des Parlamentarismus, Lesen und Schmökern in Buchläden, Clubs, Kaffee- und Teehäusern ein ‹nationaler Zeitvertreib› geworden war, stieg die Nachfrage nach Papier rapide an. 1760 gab es in London vier, 1782 achtzehn Zeitungen und in ganz England 1760 bereits mehr als einhundertdreißig. Das Gentleman's Magazin wurde rasch zu einer nationalen Institution. Die Unternehmer reagierten flexibel auf die Marktlage. Sie stellten die Produktion von Roheisen nicht wegen Holzmangels ein, sondern weil Papier-, Kupfer- und Weißblechproduktion höhere Gewinne abwarfen.

Seit der Mitte des 17. Jahrhunderts, als England elf Jahre eine Republik war, ging der Anteil der landbesitzenden Adeligen als Eigentümer und Pächter von Eisenhütten zugunsten bürgerlicher Fachleute der Eisenbranche zurück. Hundert Jahre später waren die meisten Unternehmer nicht mehr Landbesitzer, sondern Eisenhändler aus den alten Handelszentren wie London oder Bristol und Eisenmeister.

Mit dem Wandel von sozialer Herkunft, Vermögen und beruflicher Einstellung des Unternehmers änderte sich auch das Finanzierungssystem vom privilegierten Monopol zur Partnerschaft. 1640 verlieh die Krone dem Privatsekretär der Königin Henrietta Maria, Sir John Winter, nach seiner Begnadigung wegen illegalen Holzeinschlags die Eisenwerke der Krone und etwa 8000 ha Ländereien im Forest of Dean mit Ausnahme von 15000 Tonnen Schiffsholz zur alleinigen Ausbeute für sechs Jahre gegen eine jährliche Pacht von 17950 Pfund. Da nun einzelne Eisenmeister nicht über das Kapital für Anlage und Betrieb von Hochöfen, Frischbetrieben, Hammerschmieden, Schneide- und Walzwerken verfügten und die 1694 gegründete privilegierte private Bank von England Kredite fast ausschließlich an Gesellschaften im Großhandel, kaum im Produktionssektor vergab, schlossen sich mehrere Unternehmer zu einer Partnerschaft zusammen. «Die Partnerschaft war eine frühe Form der Mobilisierung großer Kapitalien in der Eisenindustrie bei gleichzeitiger Reduzierung des Risikos der Einzelpartner auf ein Minimum» (Hoselitz, 1968, S. 318). In den Midlands bestand die bedeutendste Partnerschaft 1692 aus fünf Teilnehmern, die vier brennende und einen stillgelegten Hochofen, drei Schmieden, drei Schneidewerke und ein Lagerhaus mit einem Gesamtkapital von 36277 Pfund besaßen. Im 18. Jahrhundert wurden in England fast alle Hochöfen in allen Teilen des Landes partnerschaftlich von Eisenfachleuten betrieben. Viele Eisenkaufleute wurden selbst Unternehmer und Betriebsleiter der eisenproduzierenden Betriebe und verbanden damit finanziell, betrieblich und personell Produktion und Markt.

Im Gegensatz zum Verlagswesen und zum genossenschaftlichen System wie in der Steiermark oder in Siegen herrschten in England das individuelle Eigentum, das System der freien Pacht, die private Partnerschaft, die horizontale Konzentration und der freie Markt. Die Eisenhütten waren frei verkäuflich, die Eisenhüttenbesitzer selbständige Unternehmer und nicht Genossenschaftsmitglieder, die an feste Regeln gebunden waren. Das ökonomische Kalkül, nicht soziales Ordnungsdenken bestimmte das Handeln. Frankreichs Merkantilismus und Konzessionssystem für neue Eisenhütten und Eisenhämmer in der Zeit von 1723 bis 1852 lenkte die Wirtschaft staatlich von oben; Deutschlands genossenschaftliches System lenkte die Wirtschaft gesellschaftlich von innen; in England lenkten marktwirtschaftliche Entscheidungen der privaten Unternehmer die Wirtschaft.

Die Ausdehnung der innerwirtschaftlichen Grenze nach Norden: Die Midlands als neue industrielle Region

Das Jahrhundert des langsamen Wachstums der Roheisenproduktion in England von etwa 1660–1760 war eine Zeit des Aufschwungs und der Blüte des eisenverarbeitenden Gewerbes. Die gesamte gewerbliche Wirtschaft in England erfuhr in dieser Zeit ein starkes Wachstum, das mit einer Standortverlagerung der Betriebe von den traditionellen Produktionszentren des Südens in die mittelenglischen Distrikte verbunden war, wo man Arbeitskräfte, ausbaufähige Wasserenergie, schiffbare Flüsse und reichlich Steinkohle der lokalen Minen vorfand. Im Textilbereich gingen jeweils mit ihren besten Arbeitern die Seidenweber nach Coventry und Cheshire, die Strumpfwarenwirker nach Nottingham, Derby und Leicester und die Calico-Drucker nach Lancashire.

Das eisenverarbeitende Gewerbe folgte diesem allgemeinen Trend nach Norden, wo in South Yorkshire und in den westlichen Midlands zwei große Metallregionen entstanden. Doncaster wurde Sitz der Uhrenindustrie, Sheffield berühmtes Zentrum der Messerschmiede. In den westlichen Midlands wurden Wolverhampton, Birmingham und Dudley Zentren einer Kleineisenindustrie.

Nach Dud Dudley sollen allein im Umkreis von 10 Meilen rund um Dudley, also in einem Gebiet von etwa 800 qkm, 20000 Schmiede aller Art, insbesonders Nagelschmiede, tätig gewesen sein. In diesem Raum wurden 1738 9000 Tonnen Eisen verarbeitet. Birmingham übernahm von London die Produktion von Schußwaffen und spezialisierte sich, während die alten Nagelschmiede mehr aufs Land verdrängt wurden, auf die Produktion einer Vielfalt von Metallerzeugnissen, die gegen Ende des 17. Jahrhunderts unter dem Namen ‹toys› im Lande berühmt wurden. Das Gewerbe war in verschiedene Branchen geteilt. Die Gold- und Silberschmiede produzierten Geschmeide, Siegel und Schnupftabakdosen, die Stahlschmiede Gegenstände wie Schnallen, Türschlösser, Korkenzieher, Uhrketten und Kerzenputzerscheren.

Der Markt reagierte auf den wachsenden Bedarf an Eisen mit einer Steigerung des Imports von russischem und schwedischem Eisen über die

Häfen Hull, Newcastle und London und nordamerikanischen Eisens über den Hafen Liverpool. Knight, ein Mitglied der Stour-Partnerschaft und als solcher selbst Eisenproduzent, importierte seit 1728 amerikanisches Roheisen in das Hauptverbrauchsgebiet der Midlands. Die englischen Eisenproduzenten reagierten auf die Verlagerung des eisenverarbeitenden Gewerbes und die Marktferne der Kunden zum einen mit einem Abbau der unrentablen Eisenproduktionskapazitäten in den traditionellen Eisenzentren des Weald und des Forest of Dean im Süden und zum anderen mit einer Neugründung von Hochöfen, Frischwerken und Hammerschmieden an günstigeren Standorten.

Im Süden war die Wasser- und Mühlenkapazität nicht mehr ausbaufähig, die Eisenerzlager und die Schlackenhalden waren weitgehend ausgebeutet; der Erzantransport und der Eisenabtransport in die fernen Verarbeitungszentren erhöhten die Kosten; manche Schmelzöfen waren veraltet. Es war ein großes Glück für die Engländer, daß die beiden großen eisenverarbeitenden Regionen des Nordens die natürlichen Bedingungen für die Errichtung von Eisenproduktionsstätten in ihrer unmittelbaren Nähe boten. So verlagerte sich die Eisenverhüttung nach South Yorkshire und in die wald-, wasser- und erzreichen Täler des oberen Severn, des Stour-Nebenflusses und dessen Seitentäler in den westlichen Midlands, ab 1740 auch nach Südwales, das ebenfalls Wasser, Wälder und Erz in Fülle zu bieten hatte.

In der dritten Phase ab etwa 1750 erfolgte nach der Einführung des Kokshochofens der Aufstieg der Eisenindustrie in Schottland und Nordostengland.

Die Standortverlagerung führte in wenigen Jahrzehnten zu einer grundlegenden Veränderung der Eisenindustrielandschaften und der Produktionsziffern in England. Von den etwa 30 000 t Gesamtproduktion wurden 1717 bereits ca. 6000 t Eisen im Gebiet der Midlands einschließlich Nordwales, und 1823 von den 455 000 t in den Midlands einschließlich Südwales allein 374 000 t Roheisen produziert. Um etwa 1730 lösten die Midlands den Süden als wichtigstes Eisenzentrum ab, und sie blieben es über ein Jahrhundert.

Für die Standortwahl der Midlands sprachen folgende Gesichtspunkte:
- aufstrebende Pionierlandschaften der abgeschiedenen Flußtäler mit reichen Waldungen;
- reiche, bisher kaum genutzte Wasserenergie für Blasebälge, Hammer und Walzen;
- reiche Erzlager;
- reiche Kohlevorräte als alternativer Brennstoff;
- Stour und Severn als schiffbare Flüsse mit Häfen und Schleusen;
- unmittelbare Nähe der eisenverarbeitenden Industrie in günstiger Verkehrslage.

Die Neuanlage von Hochöfen in nichttraditionellen Eisenverhüttungsdistrikten und unterentwickelten Gebieten bot strukturell die Chance zur Innovation möglicher neuer Techniken und unkonventioneller Verfahren. Auf dem Kontinent dagegen gab es in den wichtigsten Produktionsstätten keine Gründe, den Standort zu wechseln. Die kontinentale Standortträgheit war in Steyr und in Dannemora in Schweden mit den fast unerschöpflichen Eisenerzvorkommen schon geologisch bedingt. Dazu kamen die geringere Mobilität der Menschen und die eingeschränkte unternehmerische Entscheidungsfähigkeit in der genossenschaftlichen Wirtschaftsordnung, die steigende Nachfrage nach dem hochwertigen Holzkohlestahl und die wachsenden Exportaufträge für Barreneisen in Rußland und Schweden.

Die Foley-Partnerschaft

England produzierte in der ersten Hälfte des 18. Jahrhunderts zwei Hauptsorten von Roheisen, die sich auf die beiden regionalen Schwerpunkte der Eisenverhüttung in der ersten Phase verteilten: im Weald in Sussex aus dem phosphorhaltigen und eisenarmen Erz das spröde, kaltbrüchige Eisen von minderer Qualität und im Forest of Dean aus dem leicht phosphorisierten, leichtflüssigen, eisenreicheren Kalkerz das zähe, weiche, geschmeidige Schmiederoheisen. Das einzige nicht phosphorhaltige, hochwertige Inlanderz, ein Hämatiterz von 50 % Eisen, wurde daneben in Cumberland und Lancashire in kleinen Mengen gewonnen. Aus den Kohleneisensteinen in den neuen Standorten der Midlands und Wales wurde Eisen geringerer Qualität erschmolzen, so daß diese Gebiete in unmittelbare Konkurrenz zu Sussex traten.

Auf dem Verbrauchermarkt hatten sich drei Sorten von Handelseisen durchgesetzt:

1. merchant bar = gutes, weiches Schmiedeeisen (tough pig iron);
2. ordinary mill bar = kaltbrüchiges Eisen zum Gießen (brittle pig iron, coldshort iron);
3. best mill bar = Mischung aus weichem und sprödem Eisen (tough-coldshort blend).

Aus Schweden bezog man in der Regel das weichste Eisen, das zweimal gefrischte Osemundeisen; dieses brauchten die Drahtziehereien; den härtesten Stahl verarbeiteten die Sheffielder Messer- und Klingenschmiede, die deshalb fast ausschließlich schwedisches Handelseisen bezogen. Das spröde, kaltbrüchige Eisen konnte nur zum Gießen von Kanonen oder Ofenplatten verwendet werden und hatte ebenfalls, wie das Osemundeisen, nur einen geringen Marktanteil von etwa 5 %.

«Der industrielle Leitgedanke ...

... fordert die Schaffung einer nützlichen Idee und deren Vervielfältigung ins Abertausendfache, bis sie allen zugute kommt.» Ein Wort von Henry Ford.

Als Friedrich der Große den Pfandbrief einführte, wollte er eigentlich nur den Geschädigten des Siebenjährigen Krieges in Schlesien zu Krediten verhelfen. Aber wir sehen: Eine nützliche Idee ist oft nicht aufzuhalten und «vervielfältigt sich ins Abertausendfache».

Pfandbrief und Kommunalobligation

Meistgekaufte deutsche Wertpapiere - hoher Zinsertrag - schon ab 100 DM bei allen Banken und Sparkassen

Verbriefte Sicherheit

Da die meisten Produzenten kleinerer Eisenwaren Eisen mittlerer Qualität bevorzugten, hatte man höherwertige Erze zur Verhüttung minderwertiger Erze verfrachtet und gemischt, um auf diese Weise die Hochöfen besser zu nutzen. Beispielsweise bezog der Hochofen Vale Royal in Cheshire Reicheisen von Cumberland zu Schiff, Schlacke vom Forest of Dean und eisenärmeren Eisenstein von Staffordshire auf dem Landweg über eine Distanz von 15 Meilen. Diese Mischung ergab ein Roheisen mittlerer Qualität.

Die Foley-Partnerschaft aus fünf bzw. sechs Partnern ersetzte diesen Erzverbund in der ersten Hälfte des 18. Jahrhunderts durch eine Unternehmenspolitik der Eisenmischung, um Transportkapazitäten zu sparen. Sie gewann die Kontrolle über die Hälfte der Roheisenkapazität (etwa 6900 t von 10350 t) und der Barreneisenproduktion (3360 t von 6660 t) im Forest of Dean und in den nördlichen und westlichen Midlands, ließ das Roheisen des Forest und der Midlands in den Frischschmieden des Stourtales entkohlen, in Hammerwerken zu Barren ausschmieden, beide Sorten vermischen und in Schneidemühlen zu Stäben mittlerer Qualität schneiden, die der Markt in Birmingham benötigte. Mit diesem technischen Verbund versuchte das finanzstarke Unternehmen, das seine überragende Stellung in der englischen Eisenindustrie bis 1751 zu behalten vermochte, den Nachteil der Qualitätsunterschiede und der langen Transportwege durch den Vorzug einer beherrschenden Marktpolitik auszugleichen.

Der Wandel der Produktionsstruktur in der Eisenverhüttung und die Begründung der modernen Industriegesellschaft: Die Darbys in Coalbrookdale

Die industrielle Revolution ereignete sich nicht einfach in England, sondern in bestimmten Gebieten Englands, ja an bestimmten Orten. Zu diesen gehörte das 30 km westlich von Birmingham gelegene Coalbrookdale am oberen Severn in Shropshire. Und die industrielle Revolution wurde auch nicht schlechthin von den Engländern, sondern von ganz bestimmten Personen geleistet. Die Geschichte der industriellen Revolution auf dem Eisensektor ist über weite Strecken eine Geschichte der Familie Darby in drei Generationen und deren Firma in Coalbrookdale während der 83 Jahre von 1708–1791. Nach 275 Jahren besteht dieses berühmte Werk noch heute.

Abraham Darby I: Die Erfindung des Sandgusses und die Gründung des Werkes

Das Leben des Abraham Darby I (1678–1717) prägten wesentlich vier Elemente: die elterliche Herkunft, der berufliche Werdegang, die Religion der Quäker und eine gewisse gesellschaftliche Außenseiterposition. Als Stammvater des Geschlechts der berühmten Eisenhüttenleute kam er 1678 in der engsten Heimat Dud Dudleys, des berühmtesten Eisenfachmannes des 17. Jahrhunderts, in Wren's Nest bei Dudley zur Welt. Seine Eltern, die in der zweiten Generation ein kleines Pachtgut bewirtschafteten und daneben, wie fast alle Bewohner der Gegend, als Schlosser und Nagelmacher arbeiteten, gaben den Sohn zu dem Malzdarrenmacher und Glaubensgenossen Jonathan Freeth in Birmingham in die Lehre, wo dieser mit großer Wahrscheinlichkeit die Verwendung von Koks im Brauereigewerbe kennenlernte. Bald nach Abschluß seiner siebenjährigen Lehrzeit gründete der erst einundzwanzigjährige Abraham Darby 1699 mit drei Glaubensgenossen in der nach London größten Hafen- und Industriestadt des Südens, in Bristol, eine eigene Firma für Mühlenbau, die Baptist mills. In der Zeit des Gründungsfiebers von Handels- und Produktionskompanien war dieser Schritt des jungen Mannes durchaus nicht ungewöhnlich.

Als der Maschinenbauer Darby rasch die Überlegenheit metallischer Bauteile gegenüber hölzernen und die Einfachheit des Gießens gegenüber dem Schmieden erkannt hatte, gründete er als der aktivste unter den vier Gesellschaftern 1702 neben dem Mühlenwerk die Bristol Brass Wire Company, um Messingdraht sowie Kochtöpfe und Pfannen aus Messing herzustellen, die damals in Mode kamen und in erheblichen Mengen aus Holland über den Umschlaghafen Bristol in England eingeführt wurden (Abb. 23). Während einer Reise durch Holland studierte er die dortige Guß- und Formtechnik und warb mindestens sieben Facharbeiter an, die er mit nach Bristol nahm und in seinem Werk anstellte. Er hatte bald die Idee, das teure Messing durch das billigere Roheisen zu ersetzen und experimentierte in einer kleinen Gußeisenhütte hinter verschlossenen Türen und verstopftem Schlüsselloch. Am Ende fand sehr wahrscheinlich sein Gehilfe John Thomas eine Lösung, das zeit- und arbeitsaufwendige Lehmformverfahren zu ersetzen. Das Patent Nr. 380 vom 18. April 1707 bestätigte dem Erfinder «einen neuen Weg des Gusses bauchiger Eisentöpfe und anderer bauchiger Eisenwaren nur in Sand, ohne Lehm und Ton, wobei die Ware fein, mit größerer Bequemlichkeit (Leichtigkeit) und Schnelligkeit und, falls es zu leisten ist, billiger gegossen wird als auf die herkömmliche Weise» (Raistrick, 1953, S. 22).

Leider haben wir keine Kenntnis des technischen Verfahrens. Das Problem bestand darin, die Sandform in den Kästen so zu gestalten, daß diese

23: Bristols breiter Kai im frühen 18. Jahrhundert. Zeitgenössisches Gemälde von einem unbekannten Künstler.
Bristol war nach London die zweitgrößte Stadt Englands, die 1770 bereits 100 000 Einwohner zählte. 12 km vor der Mündung des schiffbaren Avon (Som.) in den Bristolkanal gelegen, konnten selbst die größten Schiffe bei Flut in den Hafen fahren. Die 1,6 km lange Mole aus behauenen Steinen bot Platz für 40 Segelschiffe mit genügender Seetiefe auch bei Ebbe. Nach dem Wollhandel betrieb Bristol den Viereckhandel: Tand nach Westafrika, Negersklaven nach den Zuckerinseln Westindiens, Melasse nach Neuengland, Fische, Holz, Pelze, Eisen nach Bristol. Der große Markt des weiten Hinterlandes mit den schiffbaren Flüssen Severn, Wye und Avon (Worcs.) machte Bristol auch zu einer bedeutenden Industriestadt mit Messing-, Zink-, Kupfer-, Glas-, Seifen-, Schnaps- und Zuckerbetrieben.

durch die Herausnahme der fertigen Töpfe nicht total zerstört wurde. Außerdem durfte das Formmaterial bei der Berührung mit dem heißen Metall keinen Dampfdruck entwickeln, der die Form zerbrach oder den Guß verdarb. Die dreibeinigen bauchigen Eisenkessel wurden jedenfalls das typische Produkt Abraham Darbys, der auch als erster die Bedeutung der Erfindung erkannte. Bei der wachsenden Nachfrage nach diesen Haushaltswaren sah er eine große Marktchance, die er nun durch eine

Erweiterung seines Betriebes produktiv nutzen wollte. Da seine Teilhaber diesem Vorhaben die finanziellen Mittel verweigerten, löste er das Geschäftsverhältnis und pachtete ein stillgelegtes Eisenwerk mit einem Hochofen und zwei Schmieden im romantischen Coalbrookdale, um dort auf eigene Faust seine Pläne zu verwirklichen. Mit dieser Neugründung und Produktionsverlagerung nach Norden folgte er dem allgemeinen Trend der Zeit.

Die von Darby 1708 gepachteten Anlagen bestanden aus der 1544 gebauten unteren und der hundert Jahre später begründeten oberen Schmiede und einem beschädigten und stillgelegten, 1658 erbauten Schmelzofen, die alle zum Gutsbesitz des Sir Basil Brooke gehörten. Der Ofen hatte unter Pächter Shadrack Fox ab 1696 Kanonenkugeln produziert, bis infolge eines Dammbruches des Wasserteiches der Hochofen explodierte und Fox zu Peter dem Großen nach Rußland auswanderte. Darby ließ Werkzeug, Material und Gußformen aus Bristol herbeischaffen, reparierte den Hochofen, die Blasebälge, Gießgruben, Schmiedeherde und Wasseranlagen und blies Weihnachten 1708 den Hochofen an. Als er sah, daß das Werk gut lief, gab er die Gießerei Cheese Lane in Bristol 1711 auf. Zur Finanzierung wählte Darby den üblichen Weg der Partnerschaft, freilich in einer unüblichen Unausgewogenheit der Partner, die aus dem Unternehmen auf Dauer ein Familienunternehmen machte. Von dem auf 2804 Pfund 4 Shilling festgestellten Gesamtwert der neuen Firma überließ Darby den Teilhabern James Peters und Griffin Prankard nur 3/16 für 525 Pfund 18 Shilling.

Zur Finanzierung eines zweiten neuen Hochofens und der entsprechenden Anlagen und eines neuen Wohnhauses im Jahre 1715 wie für die Beteiligung an den Hochöfen Vale Royal und Dolgyn verkaufte er Anteile von Coalbrookdale und nahm bei dem Bankier und Kaufmann Thomas Goldney aus Bristol eine Hypothek in der Höhe fast der Hälfte des Wertes der Anteile auf. Auch verschaffte er sich ein Darlehen von seinem Schwager Baylies. Als Darby I bereits mit 39 Jahren starb, hielt der Bankier die Majorität, Darbys sechsjähriger Sohn nur 3/16 der Anteile der Firma. Sein Schwager Richard Ford (1689–1745) leitete die Firma bis zu dessen Volljährigkeit allein.

Der Aufstieg des Werkes in Coalbrookdale und dessen Konstanz über ein Jahrhundert waren einzigartig und epochemachend; er ist unmittelbar am Wertzuwachs abzulesen (Tab. 7). Die Entwicklung von Coalbrookdale kann in drei Phasen aufgeteilt werden:

1. Die wirtschaftliche Innovationsphase unter Abraham Darby I (1678 bis 1717) von 1709–1717. Sie umfaßt die Gründung des Werkes, die Schaffung einer neuen industriellen Organisationsstruktur und Versuche mit Steinkohlenkoks.
2. Die technische Innovationsphase unter Abraham Darby II (1711 bis

1709	2 804 Pfund
1712	3 420 Pfund
1718	4 200 Pfund
1740	21 323 Pfund
1794	62 575 Pfund

Tabelle 7: Zunahme des Anlage-
vermögens in Coalbrookdale im
Laufe von 85 Jahren.

1763) von 1730–1763 mit der Einführung des ersten Kokshochofens
1735 und der ersten Dampfmaschine in der Eisenbranche 1742. Von
1763–1768 leitete Darbys II Schwiegersohn, Richard Reynolds (1735
bis 1816), die ganze Firmengruppe bis zur Volljährigkeit von Darby III
(1750–1789).
3. Die wirtschaftlich-technische Expansionsphase unter Abraham Darby
III von 1768–1791. Das Werk umfaßte 1784 acht Hochöfen, 16 Dampfmaschinen, 9 große Hämmer und viele Gießöfen, Walz- und Bohrmühlen sowie ein eisernes Schienennetz. Der Unternehmer baute 1777/78
die erste Eisenbrücke der Welt.

Die sozioökonomischen Strukturelemente

1. Der ideale Standort
Die richtige Wahl des Standortes ist eine unternehmerische Entscheidung
von größter Bedeutung für Erfolg oder Mißerfolg eines Betriebes. Abraham Darby traf nach gründlicher Überlegung eine schlechthin optimale
Entscheidung, die auch dann erstaunlich dünkt, wenn nicht alle Einzelheiten voraussehbar waren.
Coalbrookdale ist ein nördliches Seitental des Severn, 13 km nördlich
von Bridgnorth. Der Coalbrook fließt von den südöstlichen Hängen des
1334 m hohen Wrekin in raschem Lauf nach Süden in den Severn. Auf
einer Länge von etwa 4 km flußaufwärts von der Mündung, nahe der das
Eisenwerk liegt, fällt der Fluß von 700 Höhenmetern auf 200 und bringt
damit ein Gefälle von 12 %, das eine ausgezeichnete Energieversorgung
sicherte. Der untere Hochofenteich konnte deshalb in einer Entfernung
von nur 200 m vom oberen Energiespeicher angelegt werden; und für den
oberen Schmiedeteich genügten 100 m. Diese geographische Konzentration von zwei Hochöfen, vielen Gußöfen, zwei Schmieden und weiterer
Anlagen war einzigartig in der Ersparnis langer Wege.

Auf den angrenzenden Hügeln im Einzugsbereich des Coalbrook gab es in geringer Tiefe reiche Lager von Kohleneisensteinen, die wegen des bröckligen Zustandes besonders leicht reduzierbar waren. Kalk für die Gängigkeit des Möllers und Lehm für die Ziegel zum Bau der Öfen ergänzten die günstige Versorgungslage vor Ort. Schließlich bot die Umgebung noch reichlich Wald, so daß auch die Versorgung mit Bauholz und Holzkohle langfristig gesichert war (Abb. 24 und 29).

Sehr vereinfacht wurde die Materiallieferung durch die natürlichen Höhenunterschiede, die systematisch für den Transport genutzt wurden. Die Packpferde und später die Wagen beförderten Erz und Holzkohle stets bergab, bei den neu in einen Hang gebauten Öfen unmittelbar auf die Höhe der oberen Plattform des Schmelzofens, was den Mölleraufzug ersparte; das am Fuß des Ofens abgestochene Eisen floß in tiefer gelegene Gräben und Formen, und der Abtransport der fertigen Gußwaren an das Ufer des wenige hundert Meter entfernten Severn ging wieder talwärts.

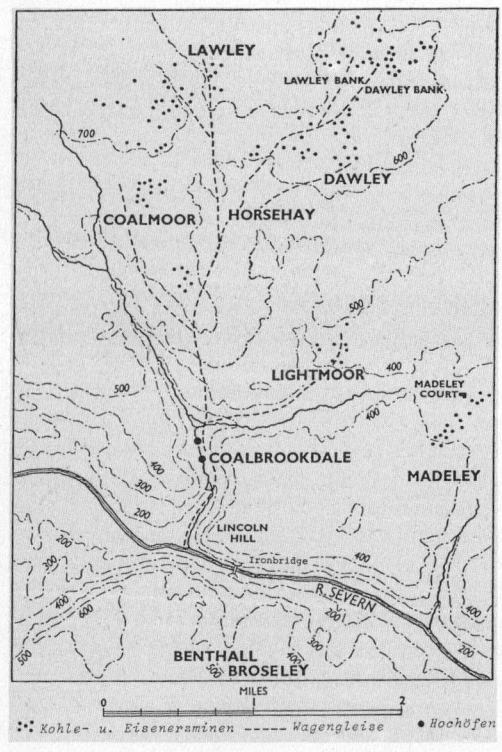

24: Kohle- und Eisenerzgruben in der Umgebung von Coalbrookdale.

98

Die topographisch ideale Lage markiert das Zusammentreffen eines reichen Energieflusses mit einem breiten Transportfluß. Der Severn war der größte und bedeutendste gewerbliche Transportfluß jener Zeit, der ab der Mündung des Coalbrook immer schiffbar war. Er verbilligte die Transportkosten enorm. Während die Beförderung von 1 Tonne Roheisenmasseln zu Lande zwischen 5½ und 8½ Pennies kostete, zahlte man dafür zu Schiff flußaufwärts einen Penny. Dabei mußten die Boote von Männern gezogen werden, da ein Treidelweg für Tiere fehlte. Günstige Winde erlaubten den Einsatz von billigeren Segelschiffen statt der üblichen Ruderboote auf den anderen Flüssen Englands.

Überdies hatten sich in dem etwa 4 Meilen südlich Coalbrookdale gelegenen Broseley seit dem 16. Jahrhundert zu beiden Seiten des Severn nicht unbedeutende Industriebetriebe angesiedelt. In Broseley wurden Ziegelsteine, Dachziegel und alle Arten von Töpferwaren hergestellt, in Madeley nördlich des Severn arbeiteten Kalköfen, Hochöfen und Schmieden. Berühmt seit der Zeit Jakobs I. (1603–1625) waren die Tabakpfeifen. Die Raucher in ganz England fragten einander gewöhnlich: «Is yours a Broseley?» (Nef, 1932, S. 231). Coalbrookdale lag zwar in einem abgelegenen romantischen Tal, aber die Region war bereits in einer aufstrebenden industriellen Entwicklung begriffen, als Darby kam.

2. Die Spezialisierung auf den Guß

Die räumliche Verteilung der Eisenproduktion durch Neugründungen in den Midlands und in Südwales und die Ausweitung der Vielfalt der Eisenprodukte verstärkten die vertikale Produktionstrennung in Hochofen, Frischbetrieb, Barrenwerk, Mischwerk, Stabwerk, Schneidewerk, Walzwerk und Schmiedeverarbeitung. Großunternehmen wie die Foley-Partnerschaft lösten das Problem durch finanzielle Verflechtung und Aufbau einer marktbeherrschenden Stellung. Demgegenüber betrieb Darby eine entgegengesetzte Unternehmenspolitik: Er beschränkte sich auf *eine* Eisensorte, das minderwertige Gußeisen, das in Friedenszeiten nur etwa 5 % Marktanteil hatte. Gußeisen braucht nicht in vielen Stufen erhitzt, bearbeitet, abgekühlt und wieder erhitzt werden. Man goß entweder aus dem Hochofen (Guß erster Schmelzung) oder aus dem unmittelbar neben dem Hochofen erbauten Flammofen (Guß zweiter Schmelzung), der mit Brucheisen oder (flüssigem) Hochofeneisen beschickt wurde. Diese von der Erfindung des Sandgusses angeregte Spezialisierung auf den Guß schuf die Konzentration der bisher getrennten Produktionsvorgänge von der Eisenverhüttung zur Produktion von Fertigwaren an einem Ort und in und in einem Prozeß. Die Produktionstrennung, die mit der Einführung der Wasserkraft in Europa vor einem halben Jahrtausend begonnen hatte, war hier durch den Sandguß technisch überwunden.

3. Verbindung von Produktion und Konsum

Mit der Entstehung industrieller Ballungsgebiete im Norden verlagerte sich auch das demographische Zentrum in die aufstrebenden Kleinstädte Sheffield, Birmingham, Dudley, Wolverhampton, Manchester. Die wachsende Kaufkraft der gewerblich arbeitenden Bevölkerung verlangte in zunehmendem Maße nach Haushalt- und Gebrauchsgegenständen, die nicht mehr aus Holz, sondern aus Metall gefertigt waren. Darby erkannte die Marktchance, ersetzte wo immer möglich das teuere Messing durch das billigere Eisen und verlegte darauf ein Schwergewicht seiner Gußproduktion. Der Warenkatalog umfaßte folgende Gegenstände des täglichen Bedarfs: Kochtöpfe, Pfannen, Kessel, Mörser, Backofensteine, Gewichte, Eimer, Schüsseln, ‹Wassersteine› zum Anwärmen des Badewassers, Eisengeschmeide, Gartenwalzen, Kamin- und Herdplatten, eiserne Kästen als Aufsatz für Wägen und andere Artikel.

Darby baute ein eigenes Vertriebssystem auf, das die Märkte und Messen in Bridgnorth, Shrewsbury, Bewdley, Welshpool, Bristol, Dudley und Birmingham direkt für die Endverbraucher belieferte. Die Barzahlung der Waren verschaffte ihm das notwendige Betriebskapital für Rohstoffe und Löhne. Permanente persönliche Kontakte mit den Einzelhändlern erlaubten eine rasche Reaktion auf veränderte Marktwünsche.

Darbys zweiter Produktionsschwerpunkt war der Guß von Maschinenteilen für die wachsende Industrie, deren Mühlen aus Holz in fortschreitendem Maße durch Metall, zuerst Messing, dann Eisen, ersetzt wurden. Der Substitutionsprozeß begann mit den Maschinenteilen, die am stärksten der Beanspruchung und Abnutzung unterlagen, also Achsen, Gestängen, Rohren, Radkränzen, Bolzen, Zapfen, Hähnen, dann auch Ventilen und insbesondere Zylindern für die neuen Feuermaschinen.

Der Quäker Darby hatte damit radikal und systematisch mit dem traditionellen Schwergewicht des Gußprogrammes der Hochöfen, der Herstellung von Waffen, gebrochen und sich der Produktion von Gebrauchsgegenständen für den Konsum breiter Volksschichten zugewandt, der dynamische Konstanz versprach und den politischen Wechselfällen der Geschichte sehr viel weniger unterlag. Viele Eisenhüttenleute hatten zeitweilig gut am Krieg verdient, viele aber waren auch wirtschaftlich und persönlich gescheitert, wie Winter und Dud Dudley während des Bürgerkrieges, aber auch noch Fox, Darbys Vorgänger in Coalbrookdale. Die Eisenhüttenleute produzierten den Rohstoff Eisen für den Handel, nicht für den Markt. Darby war Rohstoffproduzent, Warenfabrikant und Händler seiner Fertigprodukte für Haushalt und Industrie. Zur räumlichen Konzentration der Produktion kam die Verbindung von Produktion und Markt.

4. Der Erfinder-Unternehmer: Ein neuer Unternehmertypus

Seit der Mitte des 17. Jahrhunderts waren nach Bürgerkrieg und Zerstörung der königlichen Eisenwerke im Dean 1674 Besitz und Betrieb der Eisenhütten von Adel und Krone in die Hände bürgerlicher Eisenhüttenmeister und großbürgerlicher Eisenhändler übergegangen, die sich zum Zwecke der Finanzierung der aufwendigen Investitionen zu großen Partnerschaften zusammenschlossen. Abraham Darby I war weder Adeliger wie Dud Dudley oder Sir Ambros Crowley noch Bürgerlicher wie Richard Crawshaw und Anthony Bacon, die ‹Eisenkönige› und Industriekapitäne jener Zeit, sondern von sozial niederer Herkunft, nämlich Bauer. Im Gegensatz zum Kontinent war der Bauer in England freier Pächter, Farmer, der für den Markt lieferte, nicht Höriger, der seine Familie ernähren und Feudalabgaben oder Feudaldienste leisten mußte und dessen Kinder schollenpflichtig waren. Die kontinentale Trennung von Stadt und Land in Produktion gewerblicher Erzeugnisse und Nahrungsmittel, die in Preußen erst mit der Einführung der Gewerbefreiheit 1811 offiziell aufgehoben wurde, war in England seit dem 16. Jahrhundert nicht mehr vorhanden. Pächter kleiner Güter, wie die Darbys, arbeiteten daneben noch gewerblich und erzeugten in Kleinwerkstätten gewerbliche Produkte, wie zeitgenössische Besucher der Midlands übereinstimmend schildern.

«Ein Reisender, der im frühen 18. Jahrhundert von Birmingham nach Wolverhampton und über Walsall nach Stourbridge wanderte, muß erstaunt gewesen sein, daß überall die Bewohner in der Industrie beschäftigt waren. Das Black Country hatte schon sein charakteristisches Aussehen. Es gab Bergwerke, Glashütten, Kalköfen, Ziegeleien und Malzdarren im Überfluß. Aber der Ruhm der Gegend gründete sich auf die Hersteller jeder Art von Eisen, Kupfer und Messingwaren. ‹Wohin wir auch reisen, nirgendwo können wir dem Klang des Nagelhammers entrinnen.› ‹Jede Farm›, schrieb Defoe, ‹hat eine Schmiede oder mehrere. So können die Bauern zwei ganz verschiedene Berufe ausüben; wenn sie nicht auf den Feldern beschäftigt sind, arbeiten sie als Schmiede. Und alle Waren, die sie herstellen, bringen sie auf den Markt, wo sie die Großhändler kaufen und nach London schicken»» (Nef, 1932, S. 231).

Diese fortgeschrittene dualistische Struktur von ökonomischer Landwirtschaft und kleingewerblicher Produktion prägten den jungen Abraham, den bäuerliche Zähigkeit, handwerkliche Geschicklichkeit und technische Fähigkeit auszeichneten. Der Aufstieg Abraham Darbys I aus kleinen Verhältnissen ist ein Lehrstück für die soziale Mobilität der englischen Gesellschaft etwa einhundert Jahre vor der kontinentalen Liberalisierung und ein Lehrstück für das Erfolgsgeheimnis der wirtschaftlichen Tüchtigkeit eines Pioniers, der Innovationsfreudigkeit mit genau kalkuliertem Risiko und technischem Sachverstand verband. Der Gießereifachmann ging als Neuling unvoreingenommen an die Probleme der Verhüttung des Eisenerzes heran. Darby war Handwerker, Erfinder, Techniker, Unternehmer und Händler in einer Person. Damit entfiel die Verbesserungsrate, d. h. die Zeitdifferenz zwischen der Erfindung (des Sandgusses), der versuchsweisen Auswertung im Experimentierstadium und der Einführung in die Serienherstellung fast ganz. Nahezu alle Pioniere der industriellen Revolution waren Erfinder-Unternehmer wie Darby: Watt, Boulton, Huntsman, Wilkinson, Wedgwood, Maudslay, Arkwright, Cort. In der Steiermark war der Verleger betriebsfern, der Eisenproduzent marktfern. Während die Teilhaber der großen Aktiengesellschaften in England als außenstehende Geldgeber oft nur ein finanzielles Interesse an der Gewinnausschüttung der Firma hatten, lenkte Darby die Firma sachverständig von innen. Erst 1823 entstanden dann die ersten Aktiengesellschaften in der englischen Eisenindustrie, die Kapital und Arbeit trennten. Für den Aufsteiger Darby ging es nicht um Gewinnmaximierung, sondern um persönlichen Erfolg, Leistung und Lebenserfüllung in ernster Arbeit. Deshalb operierte er vorsichtig mit einem relativ bescheidenen Anfangskapital von 2300 Pfund, für das er sich nur ein aufgelassenes Werk leisten konnte. Und er setzte seinen Fuß erst von Bristol, als er sah, daß das Werk in Coalbrookdale lief. Damit unterschied er sich von den großen Gesellschaften wie der Foley-Partnerschaft, aber auch von den zahlreichen Glücksrittern der Zeit (projectors), die durch Firmengründung rasch zu Geld kommen wollten und es oft ebenso rasch wieder verloren. Der spektakuläre Zusammenbruch der Südseegesellschaft 1720 brachte hier eine gewisse Ernüchterung. Von nun an bedurften alle Neugründungen von Aktiengesellschaften der parlamentarischen Genehmigung. Darby war auch nicht der Typ des großen Einzelgängers wie Richard Crawshaw, der von sich sagte: «Ich werde keine Partner aufnehmen, solange ich lebe» (Hoselitz, 1968, S. 321), weil er als Quäker in einer Gemeinschaft lebte. Coalbrookdale blieb deshalb ein Familienunternehmen mit wenigen Teilhabern und den üblichen Schwierigkeiten mit den Verwandten.

5. Der neue Facharbeiter

Eine weitere, aber nicht die unwichtigste Ursache für den industriellen Erfolg Abraham Darbys muß in der Entstehung einer neuen Schicht von industriellen Arbeitern gesehen werden. Darby holte die besten Gießer und Former aus Holland nach Bristol und nahm von Bristol die besten mit nach Coalbrookdale. Hohes handwerkliches Können, große regionale Mobilität, Interesse am technischen Fortschritt, berufliches Engagement, Berufsstolz und Betriebstreue sind die hervorstechendsten Eigenschaften, die am Lebensweg des Arbeiters John Thomas abzulesen sind. Über das Elternhaus schrieb dessen Schwester Hannah Rose voller Stolz:

«Vor einigen Jahren beschloß ich, etwas über meine Vorfahren zu hinterlassen, soweit ich von meinen Eltern darüber gehört habe. Manche mögen entgegnen, es sei hochmütig, über die Vorfahren zu schreiben, die alle arme Leute waren; aber da sie ehrsame und nüchterne Leute waren und meine Eltern mir das Lesen und Schreiben beibrachten, sollte ich wirklich ihretwegen ihr Leben schriftlich niederlegen, denn die Schrift sagt, an den Rechtschaffenen soll man sich immer erinnern» (Raistrick, 1953, S. 20).

John Thomas war 1679 nahe Welshpool als Kind dieser armen Quäkerfamilie geboren, die unter der Religionsverfolgung erheblich zu leiden hatte. Der Großvater Edward starb im Gefängnis. Beim Tode seines Vaters mußte sich der Elfjährige als Hüterbub bei einem Glaubensgenossen verdingen, der später nach Pennsylvanien auswanderte, schließlich bei einem befreundeten Farmer und Eisenmeister als Hilfsarbeiter. In ständiger Furcht vor den Soldatenhäschern der Königin Anna wagte er sich nach Bristol, wo ihn Abraham Darby als Malzdarrenlehrling aufnahm. In seinen letzten Lehrjahren hatte er maßgeblichen Anteil an der Erfindung des Sandgusses, lehnte einem Abwerber das verlockende Angebot der Verdoppelung seines Gehaltes ab und ging mit Darby zu dem neuen Werk in Coalbrookdale. In einem Dreijahresvertrag von 1707 erhielt er ein Jahresgehalt von 7 Pfund im ersten und 8 Pfund im zweiten und dritten Jahr bei freiem Wohnen, Essen, Trinken und Waschen. Er verpflichtete sich, die neuen Sandgußmethoden niemandem preiszugeben, hielt sein Wort und blieb bis zu seinem Lebensende 1760 in Coalbrookdale.

Da nur die wenigen technisch fortschrittlichen Betriebe hochqualifizierte Arbeitskräfte ausbildeten, war der Mangel an Facharbeitern groß, was die Ausbreitung der technischen Errungenschaften verzögerte, aber Ansehen und Lohnniveau der Facharbeiter erheblich steigerte.

6. Die calvinistische Quäkerethik und das industrielle Arbeitsethos

Diese berufsbildende Funktion mit der Entwicklung einer normativen Berufsethik und diese schichtenbildende Funktion mit der Entwicklung eines Selbstbewußtseins und Sozialprestiges wurde in Coalbrookdale durch die Religion der Quäker in einer einzigartigen Weise gefördert. Die Anhänger der 1643 von George Fox ins Leben gerufenen Glaubensgemeinschaft der ‹Gesellschaft der Freunde›, die nach dem Stil der Zeit wie die Tories und Whigs den ursprünglichen Spottnamen Quaker, d. h. Zitterer, behielten, wurden wegen ihrer Verweigerung des Kriegsdienstes, des Eides und der Anerkennung der bischöflichen Hierarchie und ihrer Beharrung auf dem Standpunkt des theologischen Subjektivismus schwer verfolgt, so daß ein Teil unter William Penn nach Nordamerika auswanderte. Der Toleranz-Akt von 1689 befreite sie von religiöser Verfolgung, der Bestätigungs-Akt von 1696 gab ihnen die Freiheit wirtschaftlicher Betätigung im Erzbergbau und Hüttenwesen. Da ihnen Offiziers- und Beamtenstellen noch bis 1829, aber auch Cambridge und Oxford verschlossen und ihre eigenen Dissidentenakademien stark auf Wirtschaft und Technik ausgerichtet waren, verschafften sich die Quäker eine überrepräsentative Stellung in der Wirtschaft im allgemeinen und einen ganz überragenden Anteil in der Eisenindustrie im besonderen. Denn der asketisch ernste Lebensstil der Glaubensgemeinschaft, die Alkohol, Tanz, Glücksspiel, Lotterie, finanzielle Spekulation und alle anderen Lustbarkeiten mied, entsprach genau dem rationalen Arbeitsstil der modernen industriellen Organisation, die wie dargelegt gerade in der Eisenverhüttung seit dem Spätmittelalter am weitesten vorangeschritten und ausgeprägt war. Lebensgewohnheiten und Arbeitsgewohnheiten deckten sich hier voll und ganz.

Da die Medici und die Fugger eine kapitalistische Wirtschaft praktizierten, ehe Calvin in Genf auftrat, kann die calvinistische Ethik nicht für die Entstehung des Kapitalismus verantwortlich sein; die calvinistische Lehre bot dann freilich eine gewisse Rechtfertigung für die kapitalistische Wirtschaftshaltung im nachhinein. Im übrigen war das Gewinnstreben im England des 18. Jahrhunderts längst gesamtgesellschaftlich legitimiert.

Der Zusammenbruch des frühkapitalistischen Systems durch den Widerstand der Zünfte und teilweise durch den Aufstand der Arbeitermassen darf nicht nur sozialrevolutionär gesehen werden. Er hat auch eine arbeitsethische Komponente. Die jahrhundertealten Lebensgewohnheiten der Menschen im Gefüge der Subsistenzwirtschaft gingen auf Erhaltung und Genuß des Lebens, nicht auf Verbesserung des Daseins und Fortschritt durch Arbeit. Noch die Gewerbegesetze des 18. und 19. Jahrhunderts geben Zeugnis von den Schwierigkeiten der Erziehung der Menschen zur Arbeit. Zitiert sei die Preußische Hütten- und Hammerordnung vom Jahre 1769:

«Kap. V. Von Frischfeuern und Staabhämmern

§ 13. An sämtlichen Hammerwerken sollen die Hammerschmidte Sonntags Abends um 10 Uhr zu arbeiten anfangen und die ganze Woche hindurch bis des Sonnabends gegen Mittag ohnablässig continuiren, alsdann bey der Schicht das in der Woche gefertigte Eisen abgewogen, probiret und in das Magazin geschaffet werden muß.

§ 14. Sollten die Frischer und Hammerschmidte diesem nicht pünctlich nachleben und zur gesetzten Zeit zu arbeiten nicht anfangen, sondern sich bey denen eingerissenen Missbräuchen nach 10 Uhr, oder gar später, in den Bierhäusern betreten lassen und dem schändlichen Trunk nachgehen, welcher sie nicht allein zur Arbeit, sondern auch zum Gehorsam unfähig machet, soll der Hammerschmidt zum erstenmal in einen Thaler, und der Schenkwirth in eben so viel Strafe verfallen seyn, welche zur Hüttenarmencasse eingezogen werden soll. Daferne aber diesem Unwesen da-

durch nicht abgeholfen, und einer und der andere von denen Hammer-
schmidten von dergleichen widernatürlichen Vollsaufen ein Handwerk
machen würde, soll derselbe als ein incorrigibler und unnützer Mensch
von dem Hüttenwerk gejaget werden» (W. Ebel, 1964, S. 233).

Der Gegensatz zur Arbeitsethik der Quäker in Coalbrookdale ist ekla-
tant.

Die Antike verachtete die Handarbeit; Benedikt schätzte die Arbeit als
Mittel der asketischen Tugendübung und Gegengewicht zu Gebet und
Muße; für Marx hatte die Arbeit später Ausbeutungscharakter, und das
Reich der Freiheit begann erst jenseits der Fron. Für die Masse der Men-
schen war Arbeit ein notwendiges, nicht selten hartes Mittel der Selbst-
versorgung und Lebenserhaltung. Das Leistungsprinzip verschaffte dem
Bürgertum seit dem Spätmittelalter wirtschaftlichen und gesellschaftli-
chen Aufstieg und geistige Überlegenheit gegenüber dem Adel, der dem
Lebensgenuß zuneigte. Aber das Leben des Müßiggangs, wie es die englische Gentry pflegte, blieb auch das Ideal des arrivierten bürgerlichen
Engländers, der mit seinem Geld ein Landgut erwarb und das Leben eines Landadeligen führte.

Die Ethik der Calvinisten brachte als neues Element die rationale Berufsarbeit. «Nicht die Arbeit an sich», schreibt Max Weber, «sondern rationale Berufsarbeit ist das von Gott Verlangte. Auf diesem methodi-
schen Charakter der Berufsaskese liegt bei der puritanischen Berufsidee
stets der Nachdruck, nicht, wie bei Luther, auf dem Sichbescheiden mit
dem einmal von Gott zugemessenen Los» (Weber, 1972, S. 166). Die calvinistische Quäkerethik sieht in der Arbeit kein Mittel zum Zweck des
Gelderwerbs, sie macht die Arbeit zum Selbstzweck und den Beruf zum
Lebensinhalt, zur Lebensform und zum Lebensziel im Diesseits. Muße ist
Zeitvergeudung. Gewissenhaftigkeit, Sorgfalt, Methode und Systematik
der Berufsarbeit sind die Maßstäbe der Gottgefälligkeit. Die puritanische
Ethik bringt die Professionalisierung der Arbeit. Arbeit ist nicht Verwal-
tung einer Sache, Arbeit ist vielmehr persönliche Berufung, Anruf Got-
tes; systematische Berufsarbeit wird im wahrsten Sinne Gottesdienst. Da
in Coalbrookdale Unternehmer und Arbeiter dieses gemeinsame
Arbeitsethos verband und Individual- und Arbeitsethik sich deckten,
minderte weder die hierarchische Ordnung von Befehl und Gehorsam die
Effizienz, noch gab es Streit oder gar Streik wegen der Arbeitszeit oder
der Arbeitslöhne. Über die Religionsgemeinschaften der Calvinisten und
Quäker hinaus war für das gesamte englische liberale Bürgertum des
18. Jahrhunderts eine betont moralische Einstellung zur Arbeit und zu
den Armen charakteristisch, die in den Bildern des genialen englischen
Malers und Kupferstechers William Hogarth (1698–1764) den künstle-
risch stärksten Ausdruck fand (Abb. 25).

25: Der Stich ‹Die Lehrlinge an ihren Webstühlen› zeigt eine Szene in einer Seidenweber-Manufaktur in Spitalfields bei London. «Der Säufer und der liederliche Mensch verarmt; die Dirne kleidet dich in Lumpen» (Sprüche 23,21), steht unter Thomas Idle (d. h. der Faule). Unter Frank (Francis) Goodchild (d. h. der Brave) ist geschrieben: «Die Hand des Fleißigen schafft Reichtum» (Sprüche 10,4). Oberhalb Idles Kopf eine Kopie von Moll Flanders, der Geschichte eines gefallenen Mädchens von Daniel Defoe, unter Goodchild eine guterhaltene Kopie des Lehrbuches für Lehrlinge. Der Stich war das erste Bild einer Serie von 12 Bildern mit dem Titel ‹Fleiß und Faulheit›, die Hogarth im Oktober 1747 gestochen, gedruckt und zum Stückpreis von 1 Shilling verkauft hat, um die moralische Aufklärung voranzutreiben und die (selbstverschuldete) Armut verringern zu helfen.

7. Ein Modell des modernen Sozialstaates

Die Quäker waren mit dem Staat in Konflikt geraten, weil ihre Verhaltensmuster auf die traditionale Ordnung desintegrierend wirkten. Nach ihrer Tolerierung konnten sie ihre Sozialutopie verwirklichen. In Coalbrookdale entstand zu Beginn des 18. Jahrhunderts ein vorbildliches soziales Gemeinwesen der neuen Industriegesellschaft im Kleinen. Einrichtungen, wie sie vielfach erst in der zweiten Hälfte des 19. Jahrhunderts als Folge der Not der Arbeitermassen geschaffen wurden, begleiteten den Aufbau der Firma in Coalbrookdale von Anfang an. Die Darbys und die Reynolds errichteten kirchliche Versammlungsräume in ihrem großen Wohnhaus und in den Büros der Firma. Reynold baute eine große Werktags- und zwei Sonntagsschulen und viele solide Häuser für alte und in Not geratene Werksangehörige. Die Firmenleitung erwarb das Gut Madeley und andere Güter in der Nachbarschaft und verwandelte die Parks der Adeligen in öffentliche Anlagen mit Spazierwegen und Bänken an Aussichtsplätzen. Große Landflächen wurden in Grundstücke von 1/8 Acre (= 500 m^2) parzelliert und an Arbeiter gegen eine Abgabe von 5 Guineas (105 Shilling) und eine jährliche Pacht von 5 Shilling für 99 Jahre in Erbpacht vergeben. Mit dem Anstieg der Gemeinde Madeley, zu der Coalbrookdale gehörte, von 2690 Einwohnern im Jahre 1782 auf 3677 Personen im März 1793 wuchs die Zahl der Wohnhäuser um 314. Die 851 Familien lebten 1793 in 754 Häusern – ein hoher Standard individueller Wohnkultur für eine industrielle Gesellschaft. Coalbrookdale ist ein Beweis dafür, daß kapitalistische Wirtschaft nicht mit der Wirtschaftsethik des ungezügelten Erwerbstriebes gleichgesetzt werden kann.

Der Prozeß der technischen Revolution: Der Kokshochofen

Die Unternehmerziele

Abraham Darby I verfolgte mit der Gründung seiner Firma in Coalbrookdale das Ziel, sein neues Sandgußverfahren industriell zu verwerten. Das Formen ging einfacher, das Gießen schneller, das Produkt wurde billiger, die Nachfrage größer. Damit war das bisher ausgewogene Bedarfsverhältnis zwischen Gießen und Schmelzen gestört. Für das komplizierte und zeitraubende Lehmformverfahren hatte man bisher genügend Roheisen zur Verfügung. Nun kam das Schmelzen mit dem Gießen nicht mehr nach. Von hier aus wurde eine Initialkette in Bewegung gesetzt, welche die Veränderung der herrschenden Technik immer weiter vorantrieb. Eine Generation nach dem Anstoß im Eisensektor durch das Sandgußverfahren von 1707 setzte mit der Erfindung des Schnellschützen durch John Kay 1733 eine parallele Entwicklung in der Beziehung von Weben und Spinnen in der Textilbranche ein. Wenngleich hier die Ursachen für die erste Erfindung etwas anders gelagert waren als in der Eisenbranche, setzte die technische Veränderung in beiden Fällen nicht in der Rohstoff-, sondern in der Mitte oder gegen Ende der Warenerzeugung ein.

Um den steigenden Bedarf an Roheisen für seine Gießöfen zu decken, mußte Darby mehr Eisen erschmelzen als bisher. Während die übrigen Eisenhüttenleute möglichst hochwertiges Eisen zu produzieren suchten und mit dieser Zielsetzung ihren Standesehrgeiz verbanden, hatte für den Gießereifachmann Darby die Quantität Vorrang vor der Qualität. Zur Lösung des Problems beschritt der Unternehmer zwei Wege, einen traditionellen und einen experimentellen. 1715 errichtete Darby einen zweiten

Hochofen, mit dem die Produktion mehr als verdoppelt werden konnte, weil die neue Anlage verbessert war. Im Durchschnitt der Jahre von 1719 bis 1727 produzierte der neue Hochofen 1963 t gegenüber 1674 t Roheisen im alten Hochofen, also um 17 % mehr.

Neben der tatkräftigen Erweiterung und Verbesserung der Produktionskapazität im Rahmen der herkömmlichen Produktionstechnik arbeiteten Abraham Darby I seit 1709 und seit 1730 auch sein Sohn Abraham Darby II mit Eifer und Zähigkeit an der Veränderung des über Jahrhunderte bewährten Hochofenverfahrens. Wie kein anderer Hüttenmeister der Zeit erkannten die Gießereifachleute Darby von ihrer Zielsetzung her, größere Mengen Roheisen schneller zu produzieren, die Störfaktoren und technischen Mängel des herrschenden Verfahrens, welche diesem Ziel im Wege standen: den Mangel an Treibstoff (die Wassernot als Energieknappheit) und die Mängel des seit über 3000 Jahren verwandten Brennstoffes.

Die Mängel der Holzkohle in der Hochofentechnik

Der Holzkohlenbedarf einer Hütte mußte im Sommer in wenigen Wochen für das ganze Jahr gedeckt werden, da die Meiler nur saisonal während der warmen Jahreszeit brannten und der Transport der Holzkohle nicht bei Regen erfolgen sollte. Für eine lange und erfolgreiche Hüttenreise von 30–40 Wochen reichte deshalb der Vorrat oft nicht aus, zumal auch die Lagerhaltung schwierig war; denn das leichte Gut brauchte große Hallen und vorsichtige Schüttung, damit es nicht in kleine Stücke zerbröselte. Auch dem naheliegenden Vorschlag, den Hochofen in Höhe und Weite zu vergrößern, setzte die Holzkohle Grenzen, da das Gewicht des Erzes die Holzkohlen zerdrückte, was die völlige Austrocknung des Ofens verhinderte und die Reduktion des Eisens erheblich verminderte.

Die Holzkohlehochöfen hatten ihre maximale Größe längst erreicht. Mit dem Übergang vom weicheren Scheitholz zum härteren Knüppelholz gegen Ende des 17. Jahrhunderts in England verlängerte sich zwar die Chargenzeit, also die Durchsatzzeit des Möllers, wodurch sich die Reduktion verbesserte, aber die Rinden, die jetzt nicht mehr geschält wurden, erhöhten den Aschengehalt der Holzkohle, so daß die Temperaturen im Ofen etwas sanken. Nicht der Mangel an Holzkohle, sondern diese Mängel des Brennstoffes drängten Darby I nach Substitution.

Es mußte also ein Brennstoff gefunden werden, der folgende Bedingungen erfüllen konnte:
– ein stärkeres Feuer,
– eine höhere Temperatur,
– eine größere Festigkeit,

- eine saisonale Unabhängigkeit der Versorgung,
- eine einfachere Lagerhaltung.

Es lag nahe, statt der Holzkohle die Mineralkohle für den Schmelzprozeß zu verwenden.

Substitutionsversuche

Versuche, im Eisengewerbe die Holzkohle durch Steinkohle zu ersetzen, wurden in Europa seit Jahrhunderten durchgeführt. Bereits Ende des 12. Jahrhunderts arbeiteten Hammerschmieden in Sheffield und Newcastle mit Kohlefeuerung. Gegen Ende des 17. Jahrhunderts hatte die Mineralkohle die Mehrzahl der Produktionsprozesse bei Eisen von einfacher und mittlerer Qualität erfaßt: das Rösten der Erze, das Brennen des Kalks, das Ausheizen für Barreneisen, den Schneidebetrieb, die Bohrmühle und das Walzwerk. Die Holzkohle blieb nur beim Schmelzen und Frischen unersetzbar.

Die Idee, Mineralkohle statt Holzkohle beim Hochofenprozeß zu verwenden, war alt, und Substitutionsversuche im Hochofen gab es überall, wo Steinkohle in der Nähe vorhanden war, häuften sich aber im 17. Jahrhundert in England. Am erfolgreichsten erwiesen sich die Bemühungen des Berg- und Eisentechnikers Dud Dudley (1599–1684), der als illegitimer Abkömmling der reichen Adelsfamilie einen Teil der Eisenwerke seines Vaters in Dudley bei Birmingham leitete. Über seine Versuche schrieb er in seiner Abhandlung ‹Mettallum Martis› (Dudley, 1664, S. 5/6; Übers. nach Beck, 1893, S. 1258): «Nachdem ich einen zweiten Wind angebracht hatte und durch ein zweites Versuchsschmelzen die Ausführbarkeit der Schmelzung von Eisen mit Steinkohle erprobt hatte, fand ich das nach meiner neuen Erfindung erzeugte Eisen gut und vorteilhaft: aber die Menge, welche ich erhielt, überstieg nicht 3 Tonnen in der Woche.» Er erhielt wie viele andere Zeitgenossen, die sich ebenfalls intensiv mit Steinkohleverhüttung beschäftigten, 1619 auf den Namen seines Vaters ein Patent für 31 Jahre, erzielte aber keine industrielle Produktion. Die Frisch- und Barrenschmiede boykottierten sein billiges Mineralkohleeisen und neidische Konkurrenten ließen seinen neuen Hochofen aus Bruchsteinen und mit großen Blasebälgen zerstören. Beim Neuaufbau mit drei Partnern geriet er in finanzielle Schwierigkeiten und landete im Schuldgefängnis.

Während des Bürgerkrieges unterstützte der Eisenfachmann und Royalist die Sache Karls I., den er als Meister des Geschützwesens und der Bewaffnung auf allen Feldzügen und Schlachten begleitete. Er wurde 1643 Kriegsingenieur, rüstete die Festung Worcester in Staffordshire mit Geschützen aus und wurde zum General der Artillerie des Prinzen Moritz ernannt. Seine Eisenwerke wurden zerstört, er selbst geriet 1648 im Bosco-Bello-Wald (auch Bishops Wood genannt) bei Madeley unweit Coalbrookdale in Gefangenschaft der Republikaner. Am Abend vor der Hinrichtung gelang dem auf Krücken humpelnden Kriegsverwundeten die Flucht. Nach Kriegsende mißlangen seine Versuche, sich in Bristol eine neue Existenz aufzubauen. Man hat gesagt, Dudley habe sein Geheimnis mit ins Grab genommen. Sehr viel wahrscheinlicher ist, daß sein empirisches Verfahren nicht übertragbar war. Seine Schrift ‹Mettallum Martis› gibt keine technische Erklärung, enthält aber sein metallurgisches Programm: mehr, billigeres und besseres Eisen produzieren. Intensive, aber erfolglose Anstrengungen wurden während des 17. und 18. Jahrhunderts auch im Forest of Dean gemacht, und es entbehrt nicht der Pikanterie, daß einer der Teilhaber der königlichen Eisenwerke im Dean, der 1614 die Patente William Ellyotts und Matthias Meyseys über die Verwendung von Kohle statt Holz für den Eisenhochofen übernahm und im Wald von Dean experimentierte, Sir Basil Brooke of Coalbrookdale war. Erfolg aber hatten nur die Darbys in Coalbrookdale.

Warum die Substitution in Coalbrookdale gelang

1. Eisenerz und Kohle lagerten im selben Flöz
Während fast überall in Europa Erz- und Kohlelagerstätten oft Hunderte von Kilometern auseinanderliegen, befinden sie sich in Coalbrookdale in unmittelbarer Nähe. Frankreich hatte in Lothringen hervorragende Eisenerzvorkommen, aber keine Kohle, in Flandern und der Artois reichlich Kohle, aber kein Eisenerz. Ein Zusammenvorkommen in derselben Mine war damals in England auch nur an zwei Orten bekannt: in der Umgebung von Coalbrookdale und von Dudley. Es ist kein Zufall, daß nur an diesen beiden Orten die Steinkohleverhüttung erstmals glückte. Die mit Kohle durchsetzten schwarzen Kohleneisenerze in Coalbrookdale konnten vermutlich ohne weitere Brennstoffzusätze geröstet werden, und nichts lag näher, als die Kohle auch für den Schmelzprozeß zu verwenden.

2. Die ‹Thick Coal› verbürgte reiche Versorgung
In den nur 30 km voneinander entfernten Kohlerevieren von Dudley und Coalbrookdale fällt die Mächtigkeit der Flöze ins Auge. In Dudleys Besitzungen stieß man nach der Ausbeutung der 9–11 m dicken Kohlenflöze auf 3,5 m starke Eisenerzschichten in Ton, Lehm oder Sand und darunter wieder auf 9 m dicke Kohleschichten. Im nahen Sedgley erreichte der Kohlenflöz 13 m Stärke. Die Mächtigkeit der dem Hüttenwerk Coalbrookdale zunächst gelegenen, nur eine Meile entfernten und beisam-

menliegenden Flöze von Kohle und Eisenerz in Lightmoor betrug 12,5 m und 7,5 m. Von hier wird es verständlich, daß die Kohlebergwerke von Shropshire das ganze Gebiet des Severntales und der Seitentäler von Shrewsbury bis Stourbrigde, Stratford on Avon und Bristol mit 100 000 Einwohnern versorgten und fast ein Monopol im Flußhandel mit Kohle hatten. Als Abraham Darby I 1708 die Firma gründete, förderten allein die drei großen Bergwerke Broseley, Madeley und Benthall des Coalbrookdale-Distrikts 100 000 t jährlich. Die Mächtigkeit der Flöze sicherte aber nicht nur eine reiche Versorgung, sondern auch eine relativ gleichbleibende Qualität von Kohle und Erz, was für die Zusammenstellung des Möllers und die kontinuierliche Produktion eines Hochofens noch wichtiger war. Die Dicke der Schichten machte schließlich den Transport in der Grube mit Wägelchen auf Schienen, den Tramways, rentabel, die erstmals in den Kohlebergwerken in Shropshire eingeführt wurden.

3. Die fortschrittliche Abbautechnik
Das Kohlebachtal hatte seinen Namen zu Recht. Denn die Kohlenflöze zogen sich eng an den beiden Uferhängen des Severn über einige Meilen des Flußbetts hinweg, und zwar an der schluchtartig eingeschnittenen Stelle der berühmten Eisenbrücke und radikal durchbrochen vom Coalbrookdale. Einige Flöze lagen so nahe an der Oberfläche, daß Einheimische beim Aushub des Kellers ihres Hauses auf Kohle stießen. 1730 wurden zwei Bergwerksmeister wegen eines Einbruchs der high-road angeklagt. Man gewann Kohle zunächst im billigen Tagebau und trieb im 17. Jahrhundert an den Flußhängen nahe Broseley horizontale Stollen manchmal einige hundert Meter in den Berg, so daß hier aufwendige Förderanlagen mit Winde und Seilzug und Entwässerungsanlagen entfielen. Ein Team von vier bis sechs Hauern brach Seite an Seite die Kohle frontal aus der Wand, stützte die Arbeitsstelle mit Grubenholz ab und füllte den wenigen Abraum in die Seiten des abgebauten Stollenganges, wo die Holzstützen wieder entfernt werden konnten. In der Mitte des Stollens ließ man einen offenen Gang zur Beförderung von Menschen und Kohle. Diese ‹longwall mining› genannte Bergwerkstechnik wurde hier in den Kohlefeldern von Shropshire zuerst entwickelt und angewandt, ersetzte schrittweise im 18. Jahrhundert in ganz England mit Ausnahme von Northhumberland und Durham die herkömmliche verschwenderische ‹pillar and stall›(Pfeiler und Stall)-Methode und wurde bis in die Mitte des 19. Jahrhunderts beibehalten (Abb. 26). Im Coalbrookdale-Distrikt arbeiteten die tüchtigsten und begehrtesten Bergleute Englands. Der als Finanzier Watts bekannt gewordene Unternehmer Roebuck holte 1760 für seine Minen in Kinneil und Schottland ebenso Bergarbeiter aus Shropshire wie ein Jahrzehnt später der berühmte Duke of Bridgewater für seine Gruben nach Worseley in Lancashire.

26: Kohleabbau in einem dicken Flöz einer Grube in Staffordshire. An der Höhe der Pfeiler, welche die Decke tragen, ist die Mächtigkeit des Flözes zu ermessen.

Die Kohlen aus den oberen Flözen der Minen waren schwefelhaltiger und deshalb minderwertiger, und man verwandte sie für das Kalkbrennen und die Salzherstellung. Es galt, was Robert Plot schon im 17. Jahrhundert über die Kohlegewinnung in Staffordshire geschrieben hatte, fast allgemein: «Je tiefer die Kohle gefördert wird, desto härter und besser ist sie» (Nef, 1932, S. 114). In den relativ geringen Tiefen von 20–30 m stieß man bereits auf die falling coal, die sich zur Verkokung besser eignete als die top coal vom Dach des Flözes.

4. Geeignete Kokskohle
England war und ist mit Kohle reichlich gesegnet. Auch in dem traditionellen Haupterzeugungsgebiet hochwertigen Eisens, im Forest of Dean, gab es genügend, wenn auch die Erz- und Kohlegruben getrennt waren. Ein Reisender beschrieb seine Eindrücke anläßlich seines Besuches 1781: «Der Forst ist voll von Kohle. Die Ströme hier fließen ganz braun von den benachbarten Kohlegruben, durch welche die glücklichen Einwohner mit Kohle zum Preis von nur einem Penny je bushel (= 36,5 l) versorgt werden» (Hart, 1971, S. 265). 1788 gab es im Dean 121 Kohlegruben (davon 31 brachliegende), aus denen die 662 genossenschaftlich organisierten und privilegierten Bergarbeiter wöchentlich 1816 t Kohle förderten, die sich aber für die Eisenverhüttung als ungeeignet erwies. In jedem größe-

ren Kohlerevier waren im 18. Jahrhundert Bergleute angestellt, um das Material nach Größe, Farbe, Rauch- und Geruchsentwicklung sowie Art der Flamme zu prüfen und zu sortieren. Die einzig sichere Methode war die Brennprobe.

Für die Verhüttung des Eisens eignet sich nur jene zwischen der Gas- und Fettkohle liegende Kokskohle, die im Coalbrookdale-Distrikt lagerte und als ‹clod›-Kohle bezeichnet wurde. Sie hatte nur 0,5 % Schwefelgehalt gegenüber etwa 1–3 % in anderen Kohlerevieren Englands.

Die Verkokung der Mineralkohle im 17. Jahrhundert

Es ist unbekannt, ob und inwieweit Abraham Darby die Standortwahl auch im Hinblick auf die Kohlevorkommen in Coalbrookdale getroffen hat. Da in Bristol große Mengen der Shropshire-Kohle verkauft wurden, darf man annehmen, daß der Gießereifachmann informiert war. Als gelerntem Malzdarrenmacher war ihm mit an Sicherheit grenzender Wahrscheinlichkeit auch die Verkokung der Steinkohle im Braugewerbe nicht unbekannt.

Die Verwendung der Mineralkohle statt der Holzkohle als Brennstoff mußte überall dort große Schwierigkeiten bereiten, wo Rauch, Ruß, Schwefel und giftige Gase der Steinkohle die Produkte beeinträchtigten, wie zum Beispiel beim Trocknen von Flachs und Brennen von Ziegeln, aber insbesondere in der Lebensmittelbranche. Im Braugewerbe konnte die Rohkohle zwar zum Erhitzen der Bottiche, nicht aber zum Darren des Hopfens und Mälzen der Gerste verwendet werden, wollte man den Geschmack des Bieres nicht verderben. Nur in Pembrokshire heizten die Mälzer mit rauchlosem Anthrazit. So war Stroh der Hauptbrennstoff bis etwa zur Mitte des 17. Jahrhunderts, als es Mälzern in Derbyshire gelang, die Steinkohle von den schädlichen Stoffen und Gasen zu reinigen. Mit diesem ‹coaks› genannten Brennstoff, einem Koks, der aus einer außergewöhnlichen Sorte besonders harter Kohle von einer Mine nahe der Stadt Derby gewonnen wurde, brauten sie Bier, das in ganz England einen besonderen Ruf genoß. Die Steinkohlen wurden wahrscheinlich geröstet oder auch geschwelt. Damit buk man Brot, destillierte Alkohol und Essig und raffinierte den Cider (Apfelmost) und andere Getränke. Auch die berühmten Tontabakpfeifen aus Broseley nahe Coalbrookdale wurden sehr wahrscheinlich nicht mit Rohkohle, sondern gereinigter Kohle gebrannt.

Die neue Methode der Kohleaufbereitung verbreitete sich nach Schottland, wo man allerdings Torf bevorzugte, nach Staffordshire und Ende des 17. Jahrhunderts auch an die Küste Lincolnshires.

Das Verfahren zur Erzeugung von Koks, Pech und Teer durch Erhitzung der Steinkohle unter Luftabschluß ist wahrscheinlich dem deutschen Chemiker J. Becher aus Speyer (1635–1682) zu verdanken, der es 1680 entwickelt haben soll, nachdem er die Hütten und Bergwerke in Schottland und Cornwall besucht hatte. Das früheste der zahlreichen Patente, die alle keine technischen Angaben enthalten und weniger die Erfolge als die verbreiteten Versuche bezeugen, wurde am 25. April 1620 u. a. Sir William St. John und Sir Giles Mompesson gewährt, «Steinkohle zu verkoken und den so entstandenen Brennstoff in jedem offenen oder geschlossenen Schmelzofen zum Gießen und Frischen von Eisen zu verwenden» (Raistrick, 1953, S. 24; Becher, 1682, S. 67, 68).

Noch vor 1700 begannen einige unternehmungsfreudige Gewerbeleute in Coalbrookdale in großen Kesseln, die nahe den Straßen von den Bergwerken zum Fluß aufgestellt waren, aus der Kohle Teer, Pech und Öl zu destillieren.

Die neue Technik der Eisenverhüttung mit Koks

Über die jahrelangen Schmelz- und Gießexperimente von Darby I mit den Brennstoffen Torf, Steinkohle und Koks ist wenig bekannt. Gesichert erscheint, daß das Werk ein Jahr nach seinem Tod ab 1718 bereits fortlaufend Koksgußeisen in kleineren Mengen und ab 1735 in einem neugebauten Kokshochofen in größeren Mengen produzierte. Für die umwälzende Innovation gilt sicher das Wort Edisons, daß nur 1% der Inspiration, aber 99% dem Fleiß und dem Schweiß der Beteiligten zu danken sind.

Förderung und Transport der für die Verkokung sorgfältig ausgewählten Kohle waren saisonal unabhängig. Die Verkokung erfolgte, ähnlich wie bei der Holzkohlegewinnung, in Meilern unter Luftabschluß im Freien bei Temperaturen von 1000° C und mehr, die wesentlich höher lagen als beim Schwelen der Kohle. Nachdem Jahrzehnte später der benachbarte Eisenmeister John Wilkinson den gemauerten Quandelschacht einführte, gewann man mit dem Übergang von der Meilerverkokung zum sogenannten Bienenkorbofen als Nebenprodukte Teer, Benzol und Ammoniak; das entweichende Gas nutzte 1792 erstmals der Chefmechaniker der Firma Boulton & Watt zur Beleuchtung einiger Räume seines Hauses in Redruth in Cornwall. Am 31. März 1802 illuminierten seine Gaslampen die Hauptfront des Werkes in Soho zur Feier des Friedens von Amiens. Die Lagerhaltung des Kokses machte freilich ähnliche Schwierigkeiten wie die der Holzkohle. Er mußte vor Sonne und Witterung geschützt und durfte wegen der Brandgefahr und der Grusbildung höchstens 4–6 m hoch aufgeschüttet werden.

Im Vergleich zur Holzkohle verschaffte der Koks (Tab. 8)

Schüttgewicht	Holzkohle	$150-22$ kg/,^{3}
	Koks	$480-570$ kg/m^3
	Steinkohle	$840-550$ kg/m^3
Heizwert	Holz	$3000-4500$ kcal/kg
	Koks	7000 kcal/kg
	Steinkohle	$3500-8300$ kcal/kg
Zündtemperatur	Eichenholzkohle	200 Grad C
	Pechkoks	550 Grad C
Schwefelgehalt	Holzkohle	0 %
	Kohle	etwa 1,7 %
	Koks	etwa 1,5 %

Durchsatzvermögen Je cbm wiegen		Durchsatzzeiten wie
weiche Holzkohle	140 kg	100
harte Holzkohle	240 kg	100 : 170
Koks	480 kg	100 : 340

Tabelle 8: Holzkohle und Koks im Vergleich.

– größere Druck- und Abriebfestigkeit,
– das zweieinhalbfache Schüttgewicht,
– doppelte Durchsatzzeit gegenüber harter Holzkohle,
– höhere Temperatur,
– stärkeres Feuer,
– geringen Wasser- und Aschegehalt bei langer Garung,
– Grobstückigkeit von etwa 80 mm,
– große Porosität und daher bessere Gas- und Luftdurchlässigkeit.

Diese Qualitäten des neuen Brennstoffes ermöglichten die erstrebte Vergrößerung des Hochofens und der Produktion, veränderten aber den gesamten Verhüttungsprozeß, so daß eine Neukonstruktion des Hochofens aus hitzebeständigerem Material, eine andere Möllerzusammensetzung, ein stärkeres Gebläse, mehr Windformen und eine größere Antriebskraft erforderlich wurden.

Der neue Kokshochofen in Coalbrookdale erhielt einen Schmelzherd mit einer Tiefe von 2,5 m und einem Durchmesser, der von 1,6 m an der Basis bis 2,3 m an der Oberseite anstieg. Vom Gestell aus weitete sich die 1,4 m hohe Rast auf die ungewöhnliche Weite von 4,5 m. Der folgende Schacht verengte sich dann auf 2,3 m im Durchmesser. Mit dieser Konstruktion war eine langsame Durchsatzzeit bei einer annähernden Verdopplung der Quantität des Möllers erreicht. Der große Herd ermöglichte eine gute Verteilung der Gebläsedüsen. Die äußere Form des Hochofens war ein rechteckiger gemauerter Schaft in den Ausmaßen 9 m × 7,70 m, der ab 4,4 m Höhe von gußeisernen Bändern zusammenge-

27: Ein um 1800 in Moira (Leicestershire) in den östlichen Midlands errichteter Kokshochofen. Die Blindfenster in der Schachtummauerung entlasten das Abstichgewölbe. Die Engländer waren nicht nur die Pioniere der industriellen Revolution, sondern auch die Begründer der Industriearchäologie bald nach dem Ende des Zweiten Weltkrieges. In Deutschland haben Kriegszerstörung, Demontage, Wiederaufbau und mangelndes Traditionsbewußtsein die industriellen Zeugen der Vergangenheit in stärkerem Ausmaß beseitigt.

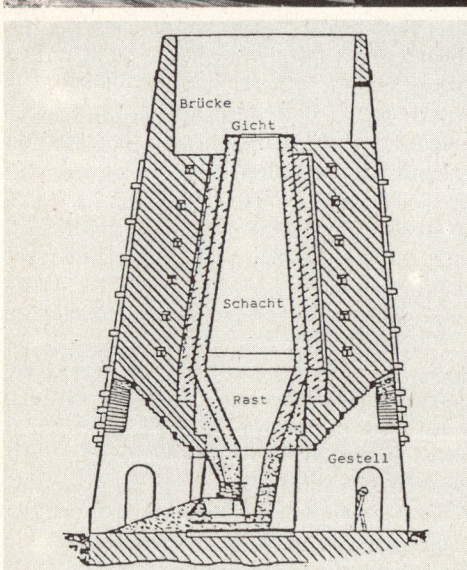

28: Schema des ersten Kokshochofens Deutschlands. Auf Anregung des preußischen Ministers Heinitz wurde er nach mehrjährigen Verkokungsversuchen und einer Beratungsreise John Wilkinsons durch Oberschlesien 1796 in der staatseigenen Gleiwitzer Hütte angeblasen. Er war etwa 13 m hoch, sein Rastdurchmesser etwa 3,5 m, seine Tagesleistung 1 t. Der erste laufend betriebene Kokshochofen im Ruhrgebiet, die Friedrich-Wilhelm-Hütte in Mülheim a. d. Ruhr, arbeitete ab 1849.

halten wurde. Die zwei Bühnen an der Spitze des Hochofens waren mit der Bodenhöhe südlich des Hochofenteiches niveaugleich, so daß sich ein Mölleraufzug erübrigte. Der erste außerhalb Coalbrookdales 1750 erbaute Kokshochofen bei Durham hatte eine Höhe von fast 12 m (Abb. 27, 28).

Das neue Koksgußeisen hatte gegenüber dem Holzkohlegußeisen den Nachteil eines größeren Phosphor- und Schwefelgehalts, den man durch die Beimengung größerer Mengen stückigen Kalksteins in den Möller zu vermindern suchte. Die dadurch gewonnene leichtflüssige, hellgrüne, basische Schlacke, die Schwefel band, wurde für die Glasproduktion und die Bodenverbesserung in der Landwirtschaft verwendet. Andererseits war mit der Quantitätssteigerung auch eine Qualitätsverbesserung verbunden. Die gleichmäßigere Zusammensetzung des mengenmäßig verdoppelten Möllers, die höheren Ofentemperaturen und der höhere Silikongehalt des Kokses erschmolzen ein reineres und flüssigeres Eisen, so daß die Darbys Töpfe und später Zylinder wesentlich dünnwandiger gießen konnten als bisher, ohne daß die Schmelze vorzeitig erstarrte oder nach dem Erstarren zu Bruch ging. Mit dem Verkauf ihres um die Hälfte leichteren Eisengeschirrs machten die Darbys ihren Gewinn. Das neue Verfahren breitete sich äußerst langsam aus. 1775 waren in England insgesamt erst 30 Kokshochöfen in Betrieb (Tab. 9), von denen die meisten Coalbrookdale und drei weiteren Großbetrieben gehörten. Erst nachdem Cort das Puddelverfahren erfunden hatte, begann ab 1790 eine raschere Ausbreitung, weil der Weg zum Schmiedeeisen geöffnet war.

Die Gründe für die Nichtverbreitung in der ersten und die langsame Ausbreitung in der zweiten Hälfte des 18. Jahrhunderts sind technischer und finanzieller Natur. In Coalbrookdale brauchte man viele Jahre, bis das Verfahren ausgereift und weniger störanfällig war. Das produzierte Roheisen hatte nicht immer die erwartete Qualität, und man mußte es dann nochmals schmelzen oder umschmelzen, was sicher dazu beitrug, daß die Produktionskosten je Tonne bis zum Bau des neuen Kokshochofens höher lagen als beim Holzkohleroheisen, obgleich Koks billiger als Holzkohle war. Dazu kam, daß die Frischbetriebe kein Koksroheisen kauften, da «Frischen und Ausschmieden zu Barreneisen bei Koksroheisen wegen des höheren Siliziumgehalts 25 Shilling gegenüber 20 Shilling bei Holzkohleroheisen kostete» (Flinn, 1961–62, S. 70). Erst als wegen der Schließung der meisten Holzkohlehochöfen im Forest of Dean ab 1750 eine Knappheit an Roheisen eintrat, konnte das Werk ab 1754 vom Hochofen Horsehay Koksroheisen an Frischwerke verkaufen. Auch erforderte die Errichtung eines Kokseisenbetriebes mit der modernen Technik vertraute und besonders qualifizierte Techniker und Facharbeiter und größere Anlage- und Betriebskapitalien als der Holzkohlebetrieb sowie zusätzlich die Installierung der neuen Dampfmaschine (Abb. 29).

29: Ansicht des oberen Werkes in Coalbrookdale mit dem alten Hochofen an dem hier erstmals aufgestauten Coalbrook, etwa 1,5 km von der Mündung in den Severn entfernt. Das wichtigste Bauwerk ist das unauffälligste: Die viereckige Öffnung des Hochofens, dem weißer Rauch entströmt, kann unter den höheren Schloten und Gebäuden kaum wahrgenommen werden. Unterhalb des großen Wohnhauses der Darbys und des links daneben gebauten Gebetshauses jenseits des Teiches verläuft talwärts die Hauptversorgungsstraße, auf der ein pferdebespannter Karren gerade Erz, Kalk, Steine, Sand oder Kohle zum Werk transportiert. Die Zeit der vielen Packpferde ist vorbei. Ein Lasttier trug maximal 3,5 Zentner, ein Wagen bis 35 Zentner. Der 1749 erstmals zwischen dem Werk und dem Severn angelegte und 1750 bis 1752 auf die Strecke zu den Bergwerken erweiterte hölzerne Schienenweg ist nicht zu erkennen. Die für die Kokserzeugung ausgewählten Steinkohlen wurden im Freien am Ufer des Energieteiches in Haufen aufgeschüttet, wie Holzmeiler abgedeckt, gezündet und nach 10 bis 12 Stunden mit Wasser gelöscht. Arbeiter zogen den Koks mit Stangen und Rechen heraus und transportierten ihn in die Kohleschuppen oder gleich zum nahen Hochofenmund auf gleicher Höhe. Für den Guß zweiter Schmelzung dienten drei Gießöfen in unmittelbarer Nähe, die an den hohen, mit Eisenbändern armierten Schloten erkenntlich sind. Die Gußformen verfertigte man in dem Formhaus rechts neben dem Hochofen, die Bohrarbeit leisteten die drei Bohrmühlen im linken Talhintergrund. Ein Brauhaus (wahrscheinlich links neben dem Teichabfluß), ein großes Warenhaus, zwei Webhäuser, zwei Schmieden, Remisen und ein Büro vervollständigten die Werksanlagen. Im Vordergrund transportiert ein mit 6 Pferden bespannter Wagen einen fertigen Newcomen-Eisenzylinder vermutlich zum Zweigwerk Horsehay oder Ketley, wo Darby II 1755 bzw. 1758 eine Dampfmaschine aufstellen ließ. Der Zylinder hatte einen Durchmesser von 1,5 m und eine Hublänge von 3 m. Ein Zylinder mit einem Durchmesser von 1 m wog bereits 54 Zentner.
Der Künstler, der Franzose Francis Vivares (1709–1780), zeichnete nicht das Bild einer rußigen und düsteren Industrie- , sondern einer anmutigen Naturlandschaft. Zu beiden Seiten des etwa 150 m breiten Tales erheben sich mit Wald und Niederholz überzogene Hügel, um den landwirtschaftlich genutzten Hang im Bildhintergrund gruppieren sich Farmhäuser und Cottages.

118

	Holzkohle			Koks				
	Zahl der Holzkohle-hochöfen	Geschätzte Durchschnitts-produktion	Geschätzte Gesamt-produktion	Zahl der Koks-hochöfen	Geschätzte Durchschnitts-produktion	Geschätzte Gesamt-produktion	Gesamte industrielle Produktion	Koks-Roheisen-produktion in % der Gesamt-produktion
um 1750	71	375	26 625	3	500	1 500	28 125	5
um 1760	64	400	25 600	14	700	9 800	35 400	28
um 1775	44	450	19 800	30	800	24 000	43 800	55
um 1780	34	500	17 000	43	850	36 500	53 550	68
um 1785	28	500	14 000	53	900	47 700	61 700	77
1788	26	558	14 500	60	925	55 500	70 000	79
Mai 1790	25	500	12 500	81	925	74 925	78 425	86
Dez. 1791	22	432	9 500	85	950	80 700	90 200	90

Tabelle 9: Holzkohle- und Kokshochöfen in Betrieb, 1750–1791, und deren geschätzte Produktion (in Tonnen).

V. Von der Wassernot zur Wasserkrise

Herausforderung und Antwort: Die atmosphärische Dampfmaschine

Die Wassernot des ‹hydraulischen› Zeitalters

Die Bedeutung des Wassers für die Menschen der Epoche der Wasserkraftwirtschaft wird in der traditionellen Technikgeschichte mehr vernachlässigt als gewürdigt. Sie kann kaum überschätzt werden. Wasser brauchte man zum Waschen der Erze, zum Löschen der Meiler, zum Härten des Eisens in der Hüttenindustrie, zur Bewässerung der Wiesen, zu Forellenzucht, Perlmuschelhaltung und Holztrift in Land- und Forstwirtschaft, zur Trinkwasserversorgung der wachsenden Stadtbevölkerung und zur Bierherstellung. Andere Großverbraucher an Wasser waren Salzsiedereien, Färbereien, Gerbereien, Wollwaschanlagen und Papiermühlen. Die mit mechanischen Arbeitsmaschinen produzierende gewerbliche Wirtschaft, die Hüttenindustrie und der Bergbau waren zu 90–95 % von dem natürlichen Vorkommen, dem Gefälle und der Menge des strömenden Energiewassers zum Antrieb der Wasserräder abhängig. Die Regenfälle bestimmten die Kapazität der Energiezufuhr und damit der Produktion. Sommerliche Dürre und winterlicher Frost behinderten oder unterbrachen monatelang den Produktionsprozeß. Die Kälte legte beispielsweise den 329 Pfund schweren Hammer der Firma Kruppe in der Zeit vom November 1829 bis Februar 1830 am Flüßchen Berne still, das ein geringes Gefälle hatte. Andererseits brachten starke Regenfälle Überschwemmungen und Vermurungen, welche die Wasserbauanlagen beschädigten oder zerstörten und die Betriebe ebenfalls zwangsstillegten. Auch Treibeis richtete große Schäden an.

Da strömendes Wasser naturgemäß nur begrenzt zur Verfügung stand, kam es frühzeitig und mit dem Ausbau der Wasserwirtschaft in zunehmendem Maße zur Konkurrenz um die Wassernutzung zwischen den verschiedenen Interessenten. Es stritten Mühlenbesitzer mit Bauern, die ihre Wiesen bewässern wollten; Wiesenbesitzer mit Inhabern von Fischwasserrevieren; Mühlenbesitzer mit Mühlenbesitzern und Mühlenbesitzer mit Unternehmern von Schiffstransporten am selben Fluß. An Vils und Naab hatten sich 1475 über 200 Eisenhämmer angesiedelt, die sich in einer 1387 gegründeten Genossenschaft zusammengeschlossen hatten. In Hütten- und Hammerordnungen setzten die Landesherren, denen in Deutschland die nichtstädtischen Gewerbe im Rahmen des Bergrechts unterstanden, das Konzessionssystem durch, erhoben Gebühren für die Wassernutzung und erließen Vorschriften für die zeitliche Nutzung der Wassermenge. Wasserrechtliche Bestimmungen waren ein wichtiger Bestandteil des Ausbaus der Landeshoheit im Hoch- und Spätmittelalter. Jede Hütte hatte eine oder zwei ‹Reisen› zu je etwa 60 Tagen. Bei den Siegener Gewerken blieb die alte Ordnung, die den vier Stahlhämmern je zwei ‹müßige Zeiten› vom 15. Juli bis 1. September und vom 21. Dezember bis 20. Januar vorschrieb, noch bis 1873 in Kraft. Hütten am selben Bach oder Fluß durften wegen der unregelmäßigen und unzureichenden Wasserführung oft nicht gleichzeitig betrieben werden. In manchen Gegenden wie in Waldeck zogen deshalb die Hüttenarbeiter von Hütte zu Hütte.

Im hydraulischen Zeitalter bestand weniger eine Holz-, als eine Wassernot. Diese Wassernot erstreckte sich im wesentlichen auf vier Bereiche. Es gab

1. die Wassernot als Trinkwassermangel der Bevölkerung in den wachsenden Städten;

2. die Wassernot als Transportbeschränkung an Flüssen, die gleichzeitig als Transportmittel für Schiffe mit Schleusen und als Energiewasser zum Antrieb von Mühlrädern angelegt waren, so daß sich Produktion und Handel gegenseitig hemmten;

3. die Wassernot als technische Energiebeschränkung und Produktionsbeschränkung der Wirtschaft durch Mangel an ‹Tagwasser›;

4. die Wassernot als Überflutung der Gruben in den Bergwerken durch Einbruch des ‹Nachtwassers›.

Die gemeinsame Lösung aller Wasserprobleme brachte die Neueinführung (Innovation) der atmosphärischen Dampfmaschine Newcomens.

Die Wasserkrise – Existenzkrise des Bergbaus

Mit der Beseitigung des Grubenwassers waren oft mehr Leute beschäftigt als mit dem Erzabbau. Am Falkenstein bei Schwaz in Tirol waren 1515 allein 600 Menschen bedienstet, das Grubenwasser in Eimerketten aus den Schächten zu befördern. Und in der Grube Oberbiberstollen im Schemnitzer Revier im Slowakischen Erzgebirge (damals Ungarn, heute ČSSR) arbeiteten 1696 etwa 800 Männer und 576 Pferde an der Hebung des zufließenden Grundwassers. An die Stelle der Schwengelhandpumpe, der Kübelförderung durch menschliche Arbeitskraft und des Göpels traten die Bulgenförderung und die ‹Heinzenkünste›. Wasser wurde zunehmend mit Wasser gefördert (Abb. 30).

Mit dem fortschreitenden Kohleverbrauch in England drangen gegen Ende des 17. Jahrhunderts die Kohlenschächte in Tiefen über 40 m, im

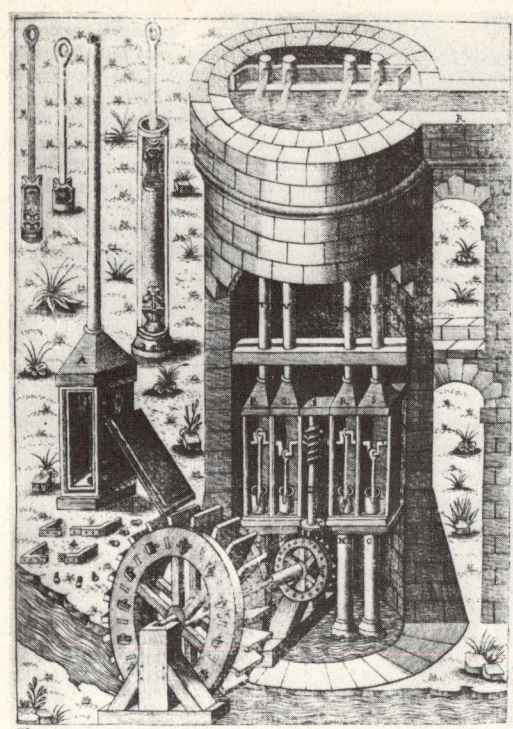

30: Eine wassergetriebene Pumpanlage mit unterschlächtigem Wasserrad, mit Kamm-, Stock- und Schneckengetriebe und Exzenterwelle zum Antrieb von vier (geöffnet dargestellten) Kolbensaugpumpen, gezeichnet von Ramelli 1588. Die Nebenbilder zeigen Einzelheiten der Ventile.

Tyne-Tal in Durham und in Northumberland über 70 m, an der tiefsten Stelle bis 120 m vor. Die Wasserhaltung bereitete immer größere Schwierigkeiten, da man für die vielen und vergrößerten Gruben zu wenig und zu unregelmäßig Energiewasser hatte und teuere Wasserzubringungsanlagen bauen mußte. Außerdem reichte die Stärke der wassergetriebenen Pumpen für die größeren Tiefen nicht mehr aus, da sich mit der Länge auch das Eigengewicht des Pumpengestänges vergrößerte. Viele Gruben ersoffen im Wasser. Da die Wasserhebemaschinen mit der Energie Wasser arbeiteten, Wasser mit Wasser gepumpt wurde, war die Grubenwasserüberflutung durch den Energiewassermangel und die technische Begrenztheit des Energiesystems verursacht, d. h., das Problem war nur von der Energieseite her zu lösen. Es war das drängendste technische Problem der Zeit in England. Hier und nur hier entstand eine wirkliche Krisensituation. Für viele Besitzer von Kohle-, Blei- und Zinngruben ging es um die wirtschaftliche Existenz, für die Wirtschaft und den Haushalt um die Versorgung mit der lebensnotwendigen Kohle. Es mußte in absehbarer Zeit eine Lösung gefunden werden, sollten nicht das ganze Versorgungssystem und große Teile der Wirtschaft zusammenbrechen. Während man auf dem Kontinent, insbesondere im Oberharz, das bewährte System der wassergetriebenen Wasserhaltungsmaschinen und Kraftübersetzungsanlagen (Stangenkünste) mit großem finanziellem Aufwand zur höchsten technischen Perfektion ausbaute, entwickelten englische Ingenieure ein neues System mit einer Maschine, die nicht Wasser mit Wasser, sondern mit Feuer heben konnte.

Thomas Newcomens atmosphärische Dampfmaschine

Den alexandrinischen Mechanikern der Antike waren Zylinder und Kolben wie die Eigenschaften des Druckes und der Bewegungskraft des Dampfes bekannt, die sie zu Experimenten nutzten. Den Grundgedanken der atmosphärischen Dampfmaschine zum Zwecke der Entwässerung der Gruben entwickelte und verwirklichte im Modell erstmals der französische Arzt und Naturforscher Denis Papin (1647–1712) 1690 in Marburg: Durch die Abkühlung von Wasserdampf in einem Zylinder entstand ein luftverdünnter Raum und damit ein Unterdruck, so daß der atmosphärische Luftdruck einen Kolben im Zylinder nach unten schob. Acht Jahre später, 1698, gelang dem englischen Militäringenieur und Mitglied der Royal Society Thomas Savery (1650–1715) die Entwicklung einer Dampfpumpe ohne Kolben, die im Wechsel von direkter expansiver Kraft des Dampfes und indirekter Wirkung durch Erzeugung eines Vakuums erstmals praktische Pumparbeit leistete. Sie vermochte Wasser aus einer Tiefe von nicht mehr als 10 m zu heben und konnte deshalb in Landhäusern zur Versorgung mit Trinkwasser, aber nicht zur Entwässerung tiefer Gruben eingesetzt werden. Die Bezeichnung ‹Des Bergmanns Freund› in der 1702 erschienenen Schrift des Ingenieurs aus Cornwall ‹The Miner's Friend, or an engine to raise water by fire› war also etwas verfrüht. Weder die 1706 von Papin in Kassel entwickelte Hochdruckdampfmaschine mit schwimmendem Kolben noch Saverys kombinierte Druck-Saug-Maschine ohne Kolben konnten zu größerer Leistung gesteigert werden, da Hochdruckdampfkessel und Hochdruckzylinder, die mehrere Atmosphären Druck aushalten mußten, mit der für Erhitzung und Abkühlung notwendigen dünnen Wandstärke nicht hergestellt werden konnten. Bei einem Versuch, die Förderleistung der Savery-Maschine durch stärkeren Dampfdruck zu erhöhen, explodierte ein Kessel und verwüstete den Schacht, in dem die Maschine aufgestellt war. Der Bau der Dampfmaschine war also bereits im Anfangsstadium von der Material- und Werkzeugtechnik der Zeit abhängig.

Der Bau der ersten für Grubenzwecke leistungsfähigen Dampfma-

31: Zinn- und Kupfermine ‹Vorsehung› in Cornwall mit Ausbeutung unter dem Meer. Holzstich aus dem Jahre 1867.

schine gelang 1711/12 dem Eisenhändler und Eisenmeister Thomas Newcomen (1663–1729) aus Dartmouth bei Plymouth (Devon), dessen Werkstatt die tiefen Zinnminen im benachbarten Cornwall mit Werkzeugen und wahrscheinlich auch Pumpenteilen zur Wasserhaltung versorgte (Abb. 31). Sie pumpte Grubenwasser aus den Coneygree-Kohlegruben in Tipton nahe Dudley Castle, etwa 40 km von Coalbrookdale entfernt. Aus technischen Gründen und weil Saverys Patentrechte noch nicht ausgelaufen waren, hatte Newcomen eine atmosphärische Maschine mit Kolben nach dem Papinschen Prinzip entwickelt (Abb. 32a, b).

Die Bedeutung der neuen Maschine für die industrielle Revolution ist außergewöhnlich und weitreichend.

1. Mit der Erfindung der Dampfmaschine war der Menschheit erstmals der qualitative Sprung von der Nutzung vorhandener ‹natürlicher› Wasser- und Windkraft zur künstlichen Erzeugung von industriell nutzbarer Bewegungskraft gelungen. Sie war eine grundlegende richtungändernde Neueinführung, eine Basisinnovation, die den Prozeß der Veränderung des bestehenden Produktionssystems von der Energieseite her in Gang setzte.

2. Die Erfindung der atmosphärischen Dampfmaschine war die bedeutendste Einzelleistung der *Synthese* in der Geschichte der Dampfmaschine. Nicht ein einzelnes Element, sondern ein neues System wurde

124

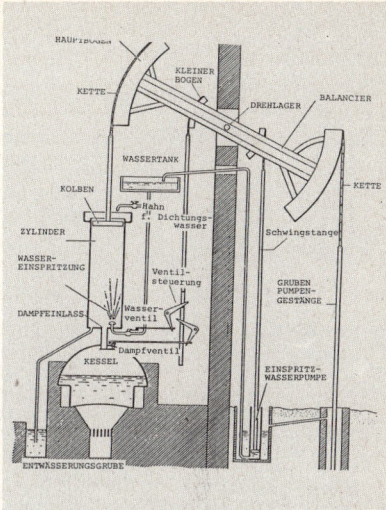

32a: Kupferstich einer atmosphärischen Newcomen-Dampfmaschine aus dem Jahre 1734, errichtet in einer Eisenerzmine in Dannemora nördlich von Uppsala in Mittelschweden. Er stammt von dem schwedischen Ingenieur Märten Triewald, der 1726 nach zehnjährigem Aufenthalt in England nach Schweden zurückkehrte. Im waldreichen und kohlearmen Schweden wurde die Maschine mit Holz beheizt.

32b: Schema einer Newcomen-Maschine zur Erklärung ihrer Funktionsweise.

geschaffen. «Die bedeutende Leistung Watts und seiner Zeitgenossen war eher kritisch als synthetisch, und obwohl neue Erfindungen gemacht werden mußten, handelte es sich letztlich um Verbesserungen der Newcomen-Maschine, die deshalb kaum als bedeutendere Erfindungsleistungen gewertet werden können» (A. P. Usher, zit. bei Kerker, 1975, S. 98).

3. Die neue Maschine war bereits zu Beginn leistungsfähiger (Tab. 10) als das alte System. Die Bergleute in Cornwall konnten 40 m tiefer als bisher in die Erde vordringen. 1777 entwässerte sie dann eine 183 m tiefe Bleimine nahe Winster in Derbyshire, 1779 ein Bergwerk in Yaterstoop (Derbyshire) mit 278 m Grubentiefe.

4. Mit der Substitution des Treibstoffes Wasser durch die Steinkohle war die technisch unbegrenzte Vermehrbarkeit der Energie gelungen. Sie schuf damit die Voraussetzung für eine Produktionssteigerung, die sich qualitativ vom alten System unterschied.

5. Die neue Maschine arbeitete unabhängig von den Naturbedingungen. Sie konnte überall aufgestellt und ganzjährig ununterbrochen betrie-

Erfinder	Zeitpunkt der Erfindung (E) bzw. der Innovation (I)	Erfindung	Arbeitstakte pro Minute
Papin	1690 (E)	Kolbenhub durch atmosphärischen Luftdruck	1
Newcomen	1702/05 (E)	atmosphärische Dampfmaschine	3−4
Newcomen	1710 (E) 1712 (E) 1718 (I)	Einspritzung von kaltem Wasser in den Messingzylinder, in den Eisenzylinder	12 10−11
Newcomen	1718 (I)	mechanische Steuerung der Dampf- und Wasserventile durch Schwinghebel statt durch Handbetätigung	12−13
Newcomen	1720 (?) (I)	Begrenzung des Hubes über die volle Länge des Zylinders durch Einbau eines Auffanghakens für den Kolben	13−14
Smeaton	1765, 1767 1772 (E u. I)	Verbesserung der Kesselanlage, Verminderung des Zylinderdurchmessers, Katarakt u. a.	
Watt	1765 (E) 1775 (I)	Getrennter Kondensator, Luftpumpe, Dichtung des Zylinders	14−15
Watt	1774 oder 1775 (E) 1783 (I)	doppeltwirkende Kraftmaschine mit Drehbewegung	(17 Doppelhübe) 34

Tabelle 10: Geschwindigkeitssteigerung der Arbeitstakte der Dampfmaschine.

ben werden. Sie war zeit- und ortsunabhängig, aber wirtschaftlich transport- und preisabhängig von der Kohle.

6. Die Erfindung der atmosphärischen Dampfmaschine durch Newcomen war die notwendige und notwendende Antwort der technischen Intelligenz auf die Herausforderung durch die Existenzkrise der Grubenindustrie im Sinne Arnold Toynbees des Jüngeren. Für die Wasserhaltung der Bergwerke entwickelt, konnte die für die Pumparbeit konstruierte Maschine in allen anderen Bereichen der Wassernot unmittelbar eingesetzt werden und bewies damit von Beginn an ihre vielseitige Verwendbarkeit, so daß sie sich rasch in England ausbreitete. Von 1712 bis 1800 dürften nach einer zuverlässigen Schätzung 1500 Newcomen-Maschinen errichtet worden sein.

Die Anwendung in der Trinkwasserversorgung

Der Ausbau der Wasserversorgung reicht in den Hansestädten ins 13. Jahrhundert zurück, wo ‹Pipenbruderschaften› und ‹Borngesellschaften› gerade gewachsene Eichenstämme zu Rohren ausbohrten und zu kilometerlangen geschlossenen Leitungen mit freiem Gefälle zusammensetzten, in denen das frische Quellwasser floß. Er war entscheidend durch die Bedürfnisse der Brauereien gefördert worden, seit der Hanse Bier als unentbehrliches Nahrungsmittel der christlichen Seefahrt galt. Wo frisches Quellwasser in ausreichendem Maße fehlte, trank man wie in Bristol, Nottingham, Norwich, Sheffield, London und anderen größeren Städten Englands Flußwasser. In London wurde unter einem Bogen der London Bridge 1582 eine Wasserpumpanlage errichtet, die ein unterschlächtiges Wasserrad antrieb. Das zu Beginn des 18. Jahrhunderts neu installierte Wasserwerk mit vier Wasserrädern und insgesamt 52 Kolbenpumpen soll nach einer Schätzung aus dem Jahre 1731 mehr als 11,25 Millionen Liter Wasser täglich auf eine Höhe von 36 m in die Vorratsbehälter gepumpt haben, aus denen das Netz der Verteilerrohre für die etwa 130000 Bewohner der City gespeist wurde (Abb. 33). Da sich dank des inneren Friedens die englischen Städte früher als auf dem Kontinent über die mittelalterlichen Grenzen hinaus ausbreiteten, wuchs mit der Zunahme der Bevölkerung auch der Bedarf an Trinkwasser. Die Einwohnerzahl Londons stieg von 250000 um 1600 auf 675000 um 1700 und näherte sich nach der ersten zuverlässigen Volkszählung 1801 der Millionengrenze. In der rund 2,5 qkm großen City lebten wie seit alters nur etwa 130000 Menschen. Außerhalb der City gab es 1835 172 unabhängige und unkontrollierte Gemeindeversammlungen und mehrere hundert andere Behörden, die für Pflasterung, Reinigung, Beleuchtung, Brückenunterhaltung, Parks, Abwasser, Armenwesen u. v. a. verantwortlich waren. Für die überörtliche Trinkwasserversorgung wurden Gesellschaften gegründet. Seit 1785 versorgte ein etwa 60 km langer Trinkwasserkanal, der New River, die nordwestlichen Teile der Stadt. Um den Quellfluß Lea stritten die Mühlenbesitzer und die Wassergesellschaft, die sich schließlich durchsetzte. Die 1676 gegründete York Buildings Company hatte ihre Pumpen an der Themse, vermutlich an der Stelle, die jetzt die Charing Cross-Eisenbahnstation zum Teil einnimmt, zuerst wie andere Gesellschaften mit einem Pferdegöpel betrieben und 1712 eine Savery-Maschine ohne großen Erfolg aufgestellt. Kurz vor dem spektakulären Zusammenbruch der Südsee-Gesellschaft 1720 geriet auch die Wassergesellschaft in den Strudel der Spekulation, der die Einlagen von 10 auf 305 Pfund Wert in die Höhe schnellen ließ, nachdem der Plan zur Errichtung einer Newcomen-Maschine bekannt geworden war. Charakteristische Zeugnisse der zeitgenössischen Stimmung sind die Gelegenheitsge-

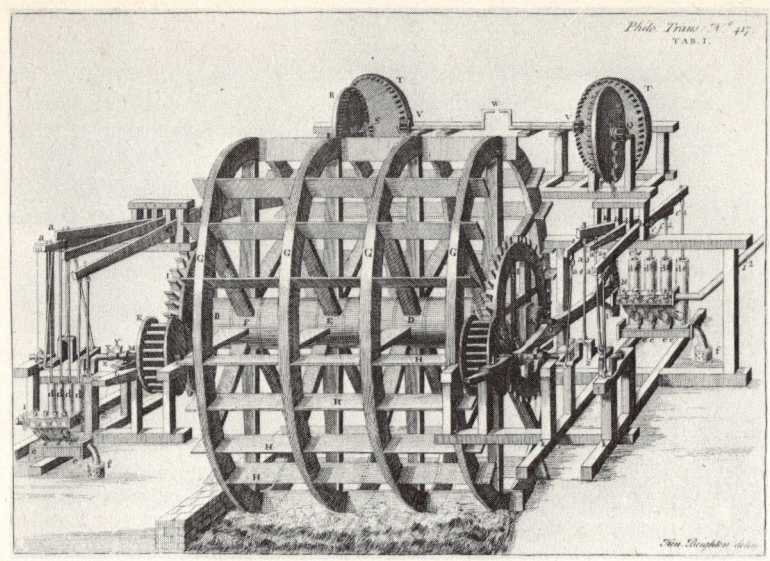

33: Die Wasserpumpmaschine mit 8 Kolbenpumpen war Teil des großen Wasser-
werkes unter einem Bogen der London-Brücke an der Themse in London, welche
die Bevölkerung zu Beginn des 18. Jahrhunderts mit Trinkwasser versorgte. Der
Antrieb der unterschlächtigen Wasserräder geschah durch die Strömung des Flusses und durch die Bewegung von Ebbe und Flut. Der damals bekannte Ingenieur
George Sorocold, der auch in vielen anderen Städten Englands Wasserwerke
baute, lagerte die Anlage beweglich, so daß die Räder dem veränderten Wasser-
stand des Flusses angepaßt werden konnten. Sie wurde 1767 von John Smeaton
erneuert und 1822 wegen des Brückenneubaues abgerissen.

dichte, mit denen Londoner Publikationen den Vorgang warnend glos-
sierten:

«Du, der du mit Reichtum vom Schöpfer gesegnet bist,
und dein Geld in Themsewasser ertränken willst,
kaufe nur York Buildings, und die Zisterne dort
wird mehr Pence versenken als irgendein Narr vergeuden kann.

Warum muß meine dumme Einbildung bewundern
den Weg, wie man Wasser mit Feuer hebt?
Diese verfluchte Maschine pumpt meine Taschen trocken,
und hinterläßt kein Feuer, um meine Finger daran zu wärmen»
(Jenkins, 1923, S. 126).

34: Ansicht der Chelsea-Wasserwerke an der Themse mit den beiden Newcomen-Dampfmaschinen, welche die City von Westminster versorgten. Holzschnitt aus dem Jahre 1752.

Die Aufmerksamkeit der Öffentlichkeit war ganz auf die berühmte Maschine gerichtet, als sie 1726 aufgebaut wurde. Zum Preis von einem Shilling konnte man eine Schrift mit der getreuen Darstellung und einer genauen Erklärung der Maschine erwerben. Das gleiche Wasserwerk installierte 1752 eine zweite größere Newcomen-Maschine (Abb. 34).

Die Lösung der Transportbeschränkungen

An schiffbaren Mühlenflüssen bestand ein schwerer Interessenkonflikt zwischen dem Mühlen- und dem Transportgewerbe, da entweder die Mühlen arbeiten oder die Schiffe fahren konnten. Wegen der vielen Staustufen für die Mühlen mußten Schleusen für die Schiffe gebaut werden. Seit um 1564 die erste Kammerschleuse in England am Exeter Canal errichtet worden war, verdrängte sie in zunehmendem Maße die Flutschleuse, die wesentlich mehr Wasser verbrauchte. Häufig konnten Schiffe nur an Sonntagen verkehren, wenn die Betriebe nicht arbeiteten. Auf dem Höhepunkt der Wasserkraftwirtschaft in der zweiten Hälfte des 18. Jahrhunderts mußte es gerade in den Zentren der gewerblichen Wirtschaft zu einer dramatischen Zuspitzung der Auseinandersetzung kommen, als gleichzeitig der Güterverkehr zu Wasser und die gewerbliche Produktion rapide anstiegen. Ein klassisches Beispiel liefert das Eisen-Kohle-Gebiet von South Yorkshire mit seinen Flüssen Trent, Idle und Don, auf denen 1769 allein schätzungsweise 300 000 t Kohle zum Export nach Boston und anderen Häfen der amerikanischen Ostküste verschifft wurden, während neuerrichtete Nagel- und Drahtziehereien, Eisenschleifereien und Schmelzhütten, insgesamt 130, diesen immer mehr Wasser entzogen. Als der Eisenunternehmer Samuel Walker in Thrybergh am Don nahe unterhalb eines Betriebes der British Steel Corporation und der alten Mühle 1763 einen neuen Holzkohlehochofen und 1768 ein neues Walzwerk am Fluß installierte, stauten sich hier ein Jahr später mehr als 70 Boote, weil das Walzwerk auch sonntags arbeitete. Da Walker selbst auf den billigen Schiffstransport angewiesen und Eigentümer einer Schiffsbauanlage in Masborough am Don war, müssen seine Auseinandersetzungen mit der Don-Schiffahrtsgesellschaft zwiespältiger Natur gewesen sein. Die unternehmerische Lösung dieser Interessenkollision fand Walker in der Aufstellung einer Newcomen-Maschine um 1780 und einer Wattschen Dampfmaschine 1782 für die Gebläse seiner drei Öfen. So beseitigte die Substitution der Wasserenergie durch die Dampfenergie die gegenseitige Hemmung von Produktion und Handel und ermöglichte den Aufschwung der modernen Wirtschaft im Einzugsgebiet der schiffbaren Mühlenflüsse in den ‹vorindustriellen› Produktionszentren.

Das hydraulische Produktionssystem und der Prozeß seiner Veränderung: Not und Krise

Im herkömmlichen Holzkohle-Wasserrad-Hammer-System der Eisenverhüttung entsprachen die Knappheit der Rohstoffe, der Verschleiß der Baustoffe und die Begrenztheit des Kraftstoffes funktional und strukturell einander. Der die Produktionsbeschränkung primär bestimmende Faktor des Gesamtsystems war die Energienot der regengelenkten Wasserradwirtschaft. Dieses hydraulische Produktionssystem könnte im Unterschied zu dem von technischen Faktoren bestimmten, also ‹technokratischen› Wirtschaftssystem der zweiten industriellen Revolution des 18. Jahrhunderts auch als ‹physiokratisches›, also von der Natur bestimmtes Wirtschaftssystem bezeichnet werden, wäre nicht der Begriff ‹Physiokraten› für die Vertreter der volkswirtschaftlichen Bodentheorie des 18. Jahrhunderts gebräuchlich geworden.

Während der Regenzeiten hatte man genügend Betriebsenergie, konnte aber keine Holzkohle brennen und keine Rohstoffe zu Lande transportieren. Während der durch Wassermangel erzwungenen Stillstandsperioden schlug man Holz, versorgte sich mit Holzkohle und brachte die Ernte ein. Waren genügend Betriebsmittel und Wasser vorhanden, verhinderten oft Mängel der Betriebsanlagen die Produktion, beispielsweise wenn Wasseranlagen brachen, Blasebälge rissen oder die Mauerung des Herdes oder des Hochofens barst. Man brauchte Wochen und Monate, um Wehre, Schleusen, Dämme und Wasserräder zu warten und zu reparieren. Die ledernen Blasebälge hielten kaum länger als zwei oder drei Jahre; neue aus Schafleder mußten mit Öl, Talg, Lehm und Getreidemehl präpariert und vom Zimmermann an Laden befestigt und an die Nockenwelle angeschlossen werden. Nach jeder ‹Reise› mußte das Futter der Innenausmauerung ausgebessert, alle zwei Jahre gewöhnlich der alte Herd abgebrochen und ein neuer aus Lehm, Sand und Natursteinen aufgebaut werden.

Die Dauer der Betriebszeiten wechselte deshalb erheblich von Jahr zu Jahr und Ofen zu Ofen. In den 6 Jahren von 1720–1725 brannte der alte Hochofen in Coalbrookdale 36, 44, 32, 40, 48 und im letzten Jahr 28 und 12 Wochen mit zwei Unterbrechungen im Februar/März und 12 Wochen im Sommer. 49 Wochen Betriebszeit waren das Optimum. Zwangsläufig ergaben sich erhebliche Schwankungen der jährlichen Produktion. Der Hochofen Blakeney im Forest of Dean erzeugte beispielsweise 1692/93 273 t und 1700/1701 1251 t.

Es war das Ziel der Eisenmeister, die notwendigen Wartungsarbeiten in den durch Wassermangel erzwungenen Stillstandsperioden durchzuführen, um die Kapazität optimal zu nutzen. Aber die Produktionsschwankungen waren grundsätzlich nicht aufhebbar. Die Unregelmäßigkeiten der regengelenkten Wirtschaft waren systemregulär. Man mußte aus klimatischen Gründen immer mit Stillstandszeiten rechnen, und man brauchte längere Stillstandszeiten, um betriebliche Mängel zu beheben. Lebens- und Arbeitsrhythmus der Menschen folgten weitgehend dem Rhythmus der Natur. Jahreszeitlich folgten vor allem die Arbeiten des Außenbetriebes der Hütten aufeinander.

Dieses von den Bedingungen der Natur und dem Verschleiß der Baustoffe Holz, Leder und Stein bestimmte ‹Mangelsystem› der Eisenproduktion blieb über ein halbes Jahrtausend gerade deshalb stabil, weil alle Einzelelemente instabil waren und die Gesamtfunktionalität auf der wechselseitig sich ergänzenden oder ausschließenden, aber technisch und zeitlich immer begrenzten Funktionalität aller Einzelelemente beruhte.

‹Mangel› ist ein relativer Begriff. Nur wer mehr will, empfindet das wenige als Mangel. In der vorindustriellen landwirtschaftlichen Subsistenzwirtschaft, die der Erzeugung des notwendigen Lebensunterhalts diente, und in der regengelenkten gewerblichen Bedarfsdeckungswirtschaft lebte man mit der Not. Und die strukturelle Knappheit der materiellen Güter korrespondierte mit der ökonomischen Bescheidenheit der

Menschen. Erst aus der Sicht der Moderne wurde aus der Not ein ‹Mangel› oder gar eine ‹Krise›. ‹Krise› in der gewerblichen Produktion ist ein Element der Überschußwirtschaft im Bewußtsein der Fähigkeit zur Behebung der Krise; Not war ein Element der Bedarfsdeckungswirtschaft im Bewußtsein der Abhängigkeit von der unveränderbaren Natur. Ebensowenig wie unsere moderne Gesellschaft die Tötung von etwa 12 000 Menschen, darunter etwa 1300 Kindern, im Straßenverkehr der Bundesrepublik Deutschland in einem Jahr als eine Krise empfindet, sah der Mensch der ‹vorindustriellen› Zeit in der Produktionsschranke und in den Produktionsschwankungen eine ‹Krise›. Es gab aus dieser Sicht trotz immer wieder auftretender regionaler Engpässe weder eine Holz-, noch eine Erz-, noch eine Wasserkrise, weil die Produktionsunterbrechungen und die Produktionsgrenzen strukturbedingt waren und nicht behebbar oder veränderbar erschienen. Bei den Siegerländer Hammerschmieden ging der Spruch: «Haben wir Wasser, trinken wir Wein; haben wir kein Wasser, trinken wir Wasser» (Hütten- und Hammerordnung, 1963, S. III).

Erst nachdem mit Darbys Innovation des Brennstoffes Koks *ein* Element die bisherige Begrenztheit gesprengt hatte, war das ganze System aus dem Gleichgewicht gekommen, und es mußte eine Kette von Veränderungen einsetzen, die sukzessive alle anderen Elemente des Systems erfaßte und darauf hinauslief, alle Beschränkungen und Mängel, die man nun erst als solche empfand, zu beseitigen, bis das Ziel einer Dauerproduktion in großen Mengen erreicht war. Dies erklärt Umfang, Dauer, Beschleunigung und Intensität der technologischen Revolution der Eisenverhüttung. Die Vielfalt der Erfindungen war keine zufällige Anhäufung von unzusammenhängenden Einzelleistungen, die sich dann wieder zufällig zum Ganzen fügten; vielmehr standen einzelne Menschen jener Zeit vor der Aufgabe, die Elemente der funktionalen Ordnung eines Produktionssystems durch schöpferische Leistungen so zu verändern, daß sie dem neuen Gesamtzweck dienten. Die beabsichtigten Einzelerfindungen bewirkten zusammen die unbeabsichtigte und unvorhersehbare Systemänderung. Zug um Zug, Erfindung um Erfindung wurde der Veränderungsprozeß vorangetrieben, bis das neue System voll funktionsfähig war. Eine Technikgeschichte sollte deshalb nicht nur den Prozeßcharakter der industriellen Revolution sehen, sondern von einem ganzheitlichen Funktions- und Organisationssystem der Wirtschaft ausgehen.

Die Substitution der Holzkohle durch Koks war die richtungändernde Basis- und Initialinnovation in der Eisenverhüttung. Nun waren der Hochofen zu klein, das Ofenbaumaterial zu schlecht, der lederne Blasebalg zu wenig dauerhaft, der Luftdruck zu schwach, die Luftmenge zu gering und die Energiewasserversorgung zu unregelmäßig und ungenügend, die Rohstoffmengen Erz und Kalk zu gering, die Transportkapazität der Packpferde und Karren unzureichend.

Die Lösung des Energieproblems
durch die Vermehrung der Wassermenge

Im Gegensatz zum Kontinent erlaubten die besseren klimatischen Bedingungen in England einen Winterbetrieb, so daß die Ofenkapazitäten besser genutzt werden konnten. Der saisonale Winterregen ermöglichte in den Monaten von Dezember bis März in Coalbrookdale sogar die Spitzenproduktion, die man damals mit der kalten Luft zu erklären versuchte.

Als das Werk 1733 einen Großauftrag für den Guß von Maschinenteilen am Markt in Bristol geordert hatte, verhinderten die ungewöhnlich trockenen Sommer 1733 und 1734 dessen termingerechte Lieferung, was die ehrgeizigen Eisenmeister in arge Verlegenheit brachte. Man produzierte nicht nur zuwenig Eisen, weil die Blasebälge über viele Monate hinweg ganz stillstanden, sondern auch zu schlechtes Eisen, weil die Blasebälge wegen des geringen Wasserstandes zu langsam bliesen. Richard Ford schrieb an den Werksvertreter Thomas Goldney in Bristol im Jahre 1733:

«12. Juni 1733: Das Wasser ist sehr knapp, deshalb laufen die Hochöfen nur schlecht, aber ich erhoffe noch in Bälde Regen.

13. Juli: Gestern war ich gezwungen, den neuen Hochofen auszublasen, da gar kein Wasser mehr da war. Aber ich muß in höchster Eile beide Öfen in Betrieb setzen, auch wenn das Wasser nicht kommt.

November 1733: Das Wasser hier ist immer noch sehr knapp; das wird sich zum Jahresende als großer Schaden erweisen. Es gab noch nie so viele Klagen wie in diesem Jahr; ich glaube kaum, daß eine Schmiede in diesem Land auch nur halbe Arbeit verrichten kann; aber es gibt kein Mittel dagegen, nur Geduld» (Raistrick, 1953, S. 111).

Als nach einem trockenen Sommer 1734 auch der ersehnte Frühjahrsregen 1735 ausblieb, empfand man die Situation als bedrohlich. Aus der Wasserknappheit wurde eine Wasserkrise; intensive Überlegungen und aktives Handeln zur Bewältigung der Krise lösten erstmals die ‹vorindustrielle› Tugend des geduldigen Wartens auf bessere Zeiten ab.

Die Reihenfolge der getroffenen Maßnahmen markiert den industriellen Fortschritt von Verbesserungen innerhalb des Systems bis zur Übertragung einer Basisinnovation als richtungändernder Lösung des Problems.

1. Die Hochöfen Bersham in Nordwales und Willey in Shropshire wurden 1734 hinzugemietet.
2. Das Wasserrad wurde von 7 auf 10 m Durchmesser vergrößert und damit die Energieleistung von 7 auf 10 PS gesteigert.
3. Ein Pferdegöpel wurde errichtet, der das Energiewasser von Unterwasser auf Oberwasser hochpumpte, damit es wiederverwendet werden konnte. Dadurch verkürzte sich die Stillstandsperiode von bisher 8

bis 12 Wochen im Jahr auf 4–6 Wochen, weil man auch im Juni und Juli genügend Wasser zur Verfügung hatte, und die Produktion erhöhte sich von 400 auf 600 t pro Hochofen im Jahr.

4. Ein Pferdegöpel wurde errichtet, der die Blasebälge unmittelbar und nicht auf dem Umweg über das Wasser antreiben sollte.

5. 1742 errichtete Darby II eine Newcomen-Dampfmaschine am oberen Hochofen als Pumpmaschine zur Wiederverwendung des Energiewassers, welche die saisonalen Schwankungen der Wasserversorgung weiter abbaute.

6. 1776 errichtete John Wilkinson eine Watt-Boulton-Dampfmaschine als unmittelbare Antriebsmaschine für das Zylindergebläse seines New Willey-Hochofens bei Broseley. Damit war die Eisenverhüttung ganz von der Energiewasserversorgung gelöst.

Die Revolution der Eisenhüttentechnik vom System Holzkohle–Wasserrad zum System Koks–Dampfmaschine beruhte auf der Kombination einer Basis- und einer Übertragungsinnovation. Sie geschah an *einem* Ort, in dem Eisenwerk Coalbrookdale und in der letzten Phase in dem 5 Meilen entfernten Eisenwerk Broseley. Sie wurde vorangetrieben und geleistet von der Energie der Familien Darby und Wilkinson und den tüchtigsten Eisenarbeitern Englands, die sich in diesem Raum konzentrierten. Von hier aus erfolgte durch Abwanderung und Abwerbung der Eisenfachleute die Verbreitung der neuen Technik in England und auf dem Kontinent.

Die Erfindung des Zylinder- und des Heißluftgebläses

Die gegenüber der Holzkohle höhere Entzündungstemperatur und die langsamere Brennweise des Kokses wie die Vergrößerung des Herdes erforderten eine größere Luftmenge und einen größeren Luftdruck als bisher. Die 1742 in Coalbrookdale installierte Newcomen-Maschine ermöglichte die Vergrößerung der Blasebälge und die Vermehrung der Zahl der Düsen im Hochofen von bisher zwei auf vier bis sechs. Der erfindungsreiche Ingenieur John Smeaton (1724–1792) baute erstmals 1768 statt der anfälligen Lederbälge einen gußeisernen Zylinder mit Kolben als Gebläse für den 1759 errichteten und am 1. Januar 1760 angeblasenen Kokshochofen der Carron-Werke in Falkirk (Stirlingshire). Der dort gewonnene Koks wie der Kohleneisenstein erforderten eine noch stärkere Luftzufuhr als in Coalbrookdale. Zum Antrieb eines solchen Zylindergebläses benutzte John Wilkinson 1776 für seinen Hochofen in Broseley erstmals eine Dampfmaschine, die dritte aus der Werkstatt Watt-Boulton. Über dieses Gebläse berichtet Isaac Wilkinson 1777 in der ‹Cumberland Pacquet›: «Ein Paar Eisenblasbälge wurden am Netherall Furnace

35: Chinesische gußeiserne Pagode in
Yü Chhüan Ssu in der Provinz Hupei,
wahrscheinlich aus dem Jahre 1061.
Das oktogonale, 13stöckige Bauwerk
ist 21,3 m hoch und wiegt 53 t. Es war
Teil eines buddhistischen Tempels. Auf
den Metalltafeln der Pagode sind die
Namen von 115 Mönchen und 57 Novi-
zen eingegossen.

135

aufgestellt; sie wurden in Bersham gegossen und wiegen einschließlich der Kolben 146 Zentner. Die Menge der eingepreßten Luft ist erstaunlich. Jeder Kolbenhub produziert nach Berechnung 126 000 cubic inches (= etwa 2 cbm) Luft; eine Umdrehung des Rades senkt den Kolben achtmal, und das Rad dreht sich fünfmal pro Minute» (Lister, 1960, S. 99).

Sechzig Jahre nach den ersten Experimenten mit Warmluft in Coalbrookdale verwirklichte James Beaumont Neilson (1792–1865) 1829 seine damals revolutionäre, ja absurde Idee des Heißluftgebläses in den Clyde-Eisenwerken in Glasgow. Man war nämlich allgemein der Ansicht, daß kalte Luft für den Hochofenprozeß wesentlich günstiger sei als warme, da die Hochöfen im Winter mit gleichen Brennstoffmengen mehr Eisen produzierten. Nicht selten führte man deshalb die Luft im Sommer zur Kühlung über kaltes Wasser. Neilsons Experimente bewiesen das Gegenteil. Die größere Winterproduktion war nicht der Temperatur, sondern trotz der niederen Temperatur der in dieser Jahreszeit geringeren Luftfeuchtigkeit in England zu verdanken. Neilson führte die Luft vom Gebläse durch eine 1,3 m × 1 m × 1 m große Kammer aus schmiedeeisernen Platten, die in Ziegeln gefaßt durch ein Kohlenfeuer erhitzt wurde. Von dort gelangte die erhitzte Luft unmittelbar in die Düsen. Nachdem das oxidationsanfällige Schmiedeeisen durch gußeiserne Gefäße ersetzt worden war, stieg die Temperatur der Luft von 93° auf 138° C. Während man bisher für die Produktion von einer Tonne Eisen 8 t 1¼ Ztr. Brennstoff benötigte, genügten bei 149° C 5 t 3¼ Ztr. Bei 315° C konnte mit der gleichen Menge Brennstoff dreimal so viel Eisen produziert werden. Durch weitere Erhöhung der Temperatur bis auf 800° C sank die Koksrate bis heute auf 12 Ztr. pro t. Als unbeabsichtigte Nebenwirkung ergab sich, daß nun auch die zur Kokung wenig geeignete schottische Kohle als Brennstoff verwendet und das schottische Blackband-Eisenerz verhüttet werden konnte.

Sieht man von den Erfindungen der Dampfmaschine und der Warmluft ab, so hatte als einzige Kultur der Welt China den europäischen Stand der Eisenverhüttung des 18. Jahrhunderts vor dem Westen, bereits 1700 Jahre früher erreicht. Es besaß phosphorreiche Eisenerze und guten Ofenlehm für Hochöfen und Schmelztiegel und produzierte mit einem doppeltwirkenden Zylindergebläse spätestens seit dem 4. Jahrhundert v. Chr. Gußeisen. Die Wasserkraft für das Gebläse verwandte man seit dem 1. Jahrhundert v. Chr., Anthrazit und Kohle für den Schmelzprozeß seit dem 4. Jahrhundert n. Chr. Die Technik des Luftfrischens von Gußeisen (‹Hundert-Frischen›) und damit Herstellung von Schmiedeeisen aus Gußeisen dürften bei den Chinesen seit dem 2. vorchristlichen Jahrhundert in Gebrauch gewesen sein. Vom einzigartig hohen Standard der Gießkunst im alten und mittelalterlichen China zeugen Plastiken und Bauwerke (Abb. 35).

VI. Die Begründung des modernen Maschinenbaues: Das Koksgußeisen verbündet sich mit dem Dampf

Der Zylinderbau stiftet die Newcomen-Darby-Verbindung: Der Durchbruch des Koksgußeisens

Mit der Innovation der Dampfmaschine war eine doppelte Substitution verbunden. Einmal ersetzte die Kohle das Wasser als Energieträger und befreite damit die Wasserwirtschaft von den strukturellen und saisonalen Engpässen. Erst mit der Erfindung der Turbine im 19. Jahrhundert kam die Wasserkraft wieder neben der Wärmekraft zur Geltung. Zum anderen mußte für Feueranlagen, Dampfkessel, Zylinder, Kolben, Dampfrohre, Ventile und Hähne der neuen Feuermaschine der bisherige Werkstoff für den Maschinenbau, das Holz, durch das Metall ersetzt werden. Die Überlegenheit des Metalls gegenüber dem Holz liegt in der großen Dichte im Verhältnis zu Gewicht und Umfang, in der Formbarkeit, in der Härte und in der Feuerbeständigkeit des Materials.

Die ersten Maschinen Newcomens hatten mit Gußeisen nichts zu tun. Die Zylinder waren aus Messing, die Rohre und Hähne aus Blei, Ketten, Schrauben, Eisenhaltungen für Kessel und Pumpen aus Schmiedeeisen, die Kessel aus Kupferblech oder Schmiedeeisen, der Balancier aus Holz. Bis 1800 wurden die meisten Teile sukzessive durch Gußeisen ersetzt.

Der große Hohlzylinder der neuen Dampfpumpe konnte nicht geschmiedet, sondern mußte aus Messing gegossen werden, was sehr teuer war. Von den Gesamtkosten in Höhe von 1007 Pfund für eine bestimmte Newcomen-Maschine entfielen allein auf den Zylinder 250 Pfund. Da von den Bergwerksbesitzern immer leistungsfähigere Maschinen verlangt wurden, stiegen die Ausmaße der Zylinder von 2,3 m Länge und 52 cm Durchmesser bei der ersten Maschine 1712 auf 3,2 m Länge und 187 cm Durchmesser um 1760 an. Als Newcomen 1715 in Griff Colliery in den Midlands eine neue Maschine installierte, traf er sehr wahrscheinlich dort erstmals mit einem Vertreter des Eisenwerkes Coalbrookdale zusammen, der für seine Firma Aufträge für die neue Feuermaschine suchte. Nach jahrelangen Versuchen gelang es wahrscheinlich 1718 erstmals, ab 1722 fortwährend, den Zylinder aus Eisen zu gießen. Erst das dünnflüssige Koksgußeisen ermöglichte den Guß eiserner Zylinder mit einer so dünnen Wandstärke, daß die Dampfmaschine bei der wechselweise aufeinanderfolgenden Erhitzung und Abkühlung des Zylinders wärmetechnisch und wärmeökonomisch arbeitsfähig war. Von diesem Zeitpunkt an hatten die Eisenwerke in Coalbrookdale zwei Jahrzehnte fast ein Auftragsmonopol für gußeiserne Zylinder der Newcomen-Maschine. Zwischen 1724 und 1781 produzierte das Werk Zylinder, Pumpenteile und Rohre für 51 Newcomen-Maschinen. Damit war vom Beginn des Innovationsprozesses an und personifiziert in den Eisenfachleuten Darby und Newcomen die wechselseitig sich befruchtende Verbindung zwischen Eisen und Dampf geschlossen, die den modernen Maschinenbau gebar. Das Zeitalter des Eisens, der Kohle und des Dampfes löste das Zeitalter des Holzes und des Wassers ab.

Mit dieser Verbindung vollzog sich ein für den weiteren Prozeß der industriellen Revolution folgenreicher und bedeutsamer Schritt: Der neue Maschinenbau verwandte nicht das alte Schmiedeeisen, sondern das neue Gußeisen. Die schlechteste Qualität des Gußeisens, das neue Koksgußeisen bezwang das hochwertige Schmiedeeisen und das alte Holzkohlegußeisen gerade auf dem modernsten und technisch schwierigsten Sektor der Wirtschaft, dem sensationellen Dampfmaschinenbau, im ersten Anlauf. Die höchsten Qualitätsansprüche verbanden sich mit dem minderwertigsten Material. Der Koks überholte die Holzkohle; das Gießen überholte das Hämmern; die Sand-Former überholten die Eisen-Former, die Schmiede. Im Prinzip war damit, wenn auch zu jener Zeit noch nicht erkennbar, die von Darby I innovierte Herausforderung der Eisenbranche zu seinen Gunsten entschieden. Schätzungsweise 70 % der gesamten Eisenhütten-, Eisenhammer- und Eisenbearbeitungsbetriebe waren mit einem Schlage veraltet.

Die geglückte Substitution des teuren Messings durch das billige Gußeisen reduzierte zwar die Herstellungskosten für den Zylinder von 250 Pfund auf 20–30 Pfund, also auf ein Zehntel, beeinträchtigte aber die Wirtschaftlichkeit der Maschine, da Eisen nicht so dünn wie Messing gegossen werden konnte. Die Stärke der Zylinderwand stand in umgekehrt proportionalem Verhältnis zur Ökonomie der Maschine, da die Dauer der abwechselnden Erhitzung und Abkühlung des Zylinders mit der Masse zu- und die Hubgeschwindigkeit dadurch abnahm. Messingzylinder hatten eine Wandstärke von 0,8 cm, die Eisenzylinder konnten zunächst nicht unter 2,5 cm gegossen werden. Newcomen-Maschinen mit Gußeisenzylindern machten deshalb statt 12 Hüben nur 10 oder 11 in der Minute, pumpten also $\frac{1}{8}$ oder $\frac{1}{9}$ Wassermenge weniger als Messingmaschinen. Die Mehrzahl der Käufer entschied sich für den niedrigeren Anschaffungspreis und damit für Coalbrookdale.

Der durch die Erfindung der Dampfmaschine wichtig gewordene Zylinderguß verlangte große Mengen an reinem und flüssigem Gußeisen, das nach dem Erkalten nicht zu Bruch gehen durfte. So forcierte der Zylinderbau die Verbesserung der Gußeisenproduktion. Man lernte, das erschmolzene Roheisen durch entsprechende Beimischungen von Gußbruch, Stahl und anderen Zusätzen im Gießofen weiter zu verbessern. Mit der Steigerung der Qualität und den damit verbundenen Erfolgen im Maschinenbau vollzog sich in der Eisenbranche um die Mitte des 18. Jahrhunderts ein grundsätzlicher Wandel der Einstellung zum neuen Schmelz- und Gußverfahren. Nach dem Vorbild Coalbrookdale gründeten aus bescheidenen Anfängen zwei Familien und eine Partnerschaft drei Firmen zur Erzeugung von Koksgußeisen in England, die untereinander als Konkurrenten auftraten: die Wilkinsons in unmittelbarer Nachbarschaft, die Walkers im Osten Englands bei Sheffield und Roebuck mit Partnern im Norden bei Glasgow.

Das Gußzeitalter

Hatten die Darbys in Coalbrookdale einfache Gebrauchsgegenstände des Haushalts für die einfachen Schichten des Volkes produziert, die sich die teuren Kupfer- und Messinggegenstände nicht leisten konnten, so begann die 1759 gegründete Carron Company in Schottland erstmals Ziergitter und Nippes auch für die gehobeneren Schichten zu gießen. Die drei Gründer der Carron Company, der Birminghamer Arzt John Roebuck, der

36: Beispiele gußeiserner ornamentaler Lüster und Laternen. Coalbrookdale produzierte verzierte Straßenlaternen für den Trafalgar Square in London.

Birminghamer Kaufmann Samuel Garbett und der Eisenmeister William Cadell nahmen 1764 als Partner ihrer Gesellschaft den Designer John Adam, einen Abkömmling der berühmten Architektenfamilie, auf und zogen noch William und Henry Haworth, zwei Schüler der Royal Academy Schools, als Entwurfzeichner und Mustermacher zur freien Mitarbeit heran. Die Unternehmer setzten ihren Ehrgeiz daran, den dekorativen Stil und die Genauigkeit der Goldschmiede auf das Eisen zu übertragen und gossen Medaillen, militärische Trophäen, Schäferfiguren, pfeifenrauchende Kobolde, Karyatiden, Vasen und viele andere Ziergegenstände. Das rohe, minderwertige und in Massen gegossene Eisen kostümierte sich aristokratisch im eleganten Rokokostil des 18. Jahrhunderts. Eisen verlor den Geruch der armen Leute und schmückte die Kommode des bürgerlichen Salons. Wie Seiden- und Tapetenmuster gerippte und gewellte Eisenpaneele zierten die Gitter und Tore der reicheren Leute (Abb. 36).

John Wilkinson: ‹Eisenverrückt›

John Wilkinson hatte in Broseley, wenige Meilen südlich von Coalbrookdale, ein großes Eisenwerk (Abb. 37) mit Zweigbetrieben aufgebaut. Er war von der Idee besessen, alle Gegenstände aus Eisen herzustellen. Die

37: Ansicht des Bedlam-Eisenwerks am nördlichen Ufer des Severn, 2 km südlich der Mündung des Coalbrook. In diesem Zweigwerk von Broseley ließ Wilkinson Kanonen gießen und bohren. Der Stich nach einem Gemälde wurde 1788 veröffentlicht.

38: Fußeisen und Handfesseln, wie sie im Sklavenhandel benutzt wurden. Die Eisenmeister verkauften große Mengen von Fesseln, Ketten, Vorhängeschlössern und Brandeisen für die etwa 40 000 Neger, die in der zweiten Hälfte des 18. Jahrhunderts jährlich aus Afrika verschifft wurden. Mit 10 großen Kaufmannshäusern und 349 weiteren Firmen wurde in England Liverpool zum Zentrum dieses Sklavenhandels, der im Dreiecksgeschäft abgewickelt wurde: Barreneisen, Messingwaren, grell gefärbte Baumwollwaren, Gewehre, Schießpulver, billiger Rum, Glaskugeln und Muschelschalen aus den Malediven gingen von Liverpool nach Guinea in Westafrika, Negersklaven nach Westindien, Zucker und Baumwolle nach Liverpool.

Substitution durch Eisen setzte in der ganzen Breite der Möglichkeiten ein. Sein Produktionssortiment umfaßte neben den üblichen Eisenwaren Schaufeln, Hacken für die Plantagen in Westindien, Zylindergebläse, Eisenstifte, Sargnägel, Waschzuber, Körbe, Henkel und Füße für schmiedeeiserne Gitter und Kessel aus anderen Metallen, Kästen, Mörser für Küche und Apotheke, Scharniere und Türangeln, Schöpflöffel, Punschschüsseln, Kerzenleuchter, selbst Knöpfe und Tabakspfeifen. Zum Ärger der Sheffielder Messerschmiede produzierte er auch gußeiserne Gabeln, Messer, Scheren und Rasiermesser, zum Ärger der Birminghamer Metallwarenhersteller Bohreisen, Schlüsselbärte und Steigbügel. Für die von seiner Firma gestiftete Kirche Wesley in Bradley goß er eiserne Türen, Fensterrahmen, Pfeiler, Tore und die Kanzel. Zum Transport von Torf goß er das erste gußeiserne Boot, und in seinem Garten hatte er für sein Begräbnis einen gußeisernen Sarg versteckt, der ihm beim Tode aber versagt blieb, weil sein Körperumfang zugenommen hatte. In Bristol erhielt John Turton ein Patent auf gußeiserne verschließbare Armfesseln für die Negersklaven in Übersee und die 15 000–20 000 schwarzen Diener in England. Diese trugen den Namen des Sklaven, den Schlüssel verwahrte der Herr oder die Herrin (Abb. 38).

Die erste eiserne Brücke der Welt: Gußeisen als Baustoff

In den Jahren zwischen 1768 und 1771 ersetzte Richard Reynolds die bruchanfälligen hölzernen Schienen des Transportweges in Coalbrookdale durch gußeiserne im Gewicht von 800 t, die sich sehr gut bewährten. Die Einzelschiene hatte eine Länge von 1,8 m und ein Profil in den Maßen 9,38 cm × 3,17 cm gegenüber 11,25 cm × 8,75 cm bei den Holzschienen. 1785 hatte das gesamte Streckennetz des Werkes eine Ausdehnung von über 32 km. Der umständliche Fährentransit über den Severn legte den Gedanken nahe, zwischen den beiden hochindustrialisierten und volkreichen Fabrikorten Madeley im Norden und Broseley im Süden eine Brückenverbindung zu schaffen. Darby III und John Wilkinson, die beiden Repräsentanten der berühmtesten Eisendynastien und der bedeutendsten Eisenwerke der Zeit, verbanden sich mit dem Landeigentümer Thomas Harries zu einer Company und beauftragten Thomas Farnolls Pritchard, einen Architekten aus Shrewsbury, mit dem Entwurf. Abraham Darbys Berufsstolz erstrebte ein ausschließlich aus Gußeisen erstelltes Bauwerk, weshalb man den ersten Entwurf des Architekten ablehnte, in dem nur einzelne Teile aus Gußeisen vorgesehen waren. Das Material hatte die Belastungsproben auf den 32 km langen Schienenwegen in Darbys Werk bestanden, und man wollte beweisen, daß es auch für konstruktive Zwecke geeignet war.

Während man 1777/78 die steinernen Widerlanger baute, wurden gleichzeitig die Brückenteile in offenen Sandformen gegossen, die kleineren unmittelbar aus dem Hochofen, die großen Rippen im Gewicht von je $5\frac{3}{4}$ t aus dem Flammofen. Die schweren Gußteile, deren Gesamtgewicht $378\frac{1}{2}$ Tonnen betrugen, wurden in die Höhe gewunden, zusammengefügt und ohne einen einzigen Bolzen oder eine einzige Niete nur durch Keile gesichert. Nach drei Monaten Montagearbeit wurde die Brücke 1779 dem Verkehr übergeben. Die 8 m breite Straßenbrücke wurde mit Eisenplatten von 6,35 cm Stärke belegt und dient heute noch dem Fußgängerverkehr. Die Brücke überspannt in einem einzigen fast halbkreisförmigen Bogen von 30,60 m Spannweite und 13,70 m Bogenhöhe den Fluß, so daß die Schiffe ungehindert darunter verkehren konnten. Die Hauptlast tragen die im Abstand von etwa 1,5 m nebeneinanderliegenden fünf halbkreisförmigen Rippenbögen, die in je zwei Hälften gegossen wurden. Im Vergleich mit den 1,8 m langen Tramway-Schienen hatten diese zehn Bogenstücke ein Ausmaß von je 21,30 m Länge. Die drei konzentrischen Ringe werden durch radiale Teile zusammengehalten. Die Spandrille, den Bogenzwickel zwischen dem Bogen und dem senkrechten Stützgerüst, füllt ein großer Eisenring. Der Entwurf ist einfach und gefällig, die wenigen Schmuckteile wie die Ringe haben konstruktive Funktion (Abb. 39).

39: Die erste gußeiserne Brücke über den Severn 1779.

Die Brücke war bald ein vielbestauntes Wunderwerk der Zeit und ein beliebter Gegenstand der Maler. Sie wurde auf Feuerrosten, Kannen, Bechern, Krügen, Schüsseln und Schnupftabakstüchern abgebildet (Abb. 40). Sie fand die Anerkennung der Society of Arts, die Abraham Darby III ihre Goldmedaille überreichte. Ein Modell der Brücke befindet sich in der Sammlung der Gesellschaft. Im Juli 1782 widmete die Coalbrookdale Company König Georg III. einen Umrißstich der Brücke. Auf einem Holzschnitt im Kupferstichkabinett des Britischen Museums steht am Ende der langen Beschriftung: «Die Gemeinden Madeley und Bethal

40: Vorderseite einer 1792 herausgegebenen Medaille.

sind die Atlanten, welche die ungeheure Last tragen, denn der eine Fuß steht in der ersten, der andere in der letztgenannten Gemeinde; allwo sie jetzt steht als unwiderlegbarer Beweis für die Tüchtigkeit unserer Mechaniker und Arbeiter» (Klingender, 1974, S. 79).

1796 goß Coalbrookdale auch die Teile für eine Eisenbrücke über den Severn stromaufwärts von Coalbrookdale in Buildwas mit einem Gesamtgewicht von 178 Tonnen für insgesamt 6034 Pfund 13 Shilling und 3 Pennies. Die von Thomas Telford (1757–1834) entworfene Brücke hatte eine Spannweite von 43 m und eine Breite von 6 m und stand bis 1906, als sie einem Neubau weichen mußte. Thomas Paine (1737–1809), der Verfasser des ‹Common sense› und Vorkämpfer der amerikanischen Unabhängigkeit, entwarf zum Ruhm des Unabhängigkeitssieges eine Eisenbrücke mit 13 Bögen für die 13 Staaten, die er in Philadelphia bauen wollte, aber nicht ausführen konnte. Im Jahre 1796 wurde eine gußeiserne Brücke mit 79 m Spannweite über den Wear gebaut, deren Teile in Walkers Eisenwerk in Rotherham gegossen wurden. Nur große Firmen waren zu solchen Unternehmungen imstande. Die vier großen Eisenhüttenwerke der Zeit waren alle Neugründungen des 18. Jahrhunderts aus kleinen Anfängen. Wie die Darbys waren auch die Walkers puritanischer Herkunft. In Samuel Walkers Tagebuch wird der Anfang geschildert:

«1741: Samuel und Aaron Walker bauten einen Schmelzofen in der Werkstätte des alten Nagelschmiedes, an der Rückseite von Samuels kleinem Bauernhof; sie fügten die eine oder andere Hütte hinzu, die sie mit Rasenstücken abdeckten … Nachdem sie den Schornstein einmal und den Schmelzofen mehrmals erneuert hatten, begann die Sache Fortschritte zu machen. Samuel hielt Schule in Grenoside und Aaron machte Nägel, soweit ihm das Mähen und die Schafschur dazu Zeit ließen. –

1743: Aaron war jetzt schon ganz schön ins Geschäft gekommen und hatte pro Woche vier Shillinge zum Leben. –

1745: Samuel sah sich in diesem Jahr wegen der Geschäftsausweitung gezwungen, das Schulehalten aufzugeben. Er baute sich am Ende der alten Hofanlage ein Haus …; fortan billigten wir uns pro Woche zehn Shillinge zu, um unsere Familien zu ernähren» (Altrichter, 1969, S. 151).

Bei seinem Tod 1782 hinterließ Samuel Walker ein Betriebsvermögen von 182 000 Pfund.

Der Kristallpalast der ersten Weltausstellung 1851 in London

Das heroische Zeitalter der industriellen Revolution baute nicht nur Wehranlagen, Kanalschleusen, Fabrik- und Werkshallen, Fördertürme, Kräne und Gaskessel, sondern auch Markthallen, Justizpaläste, Kunst-

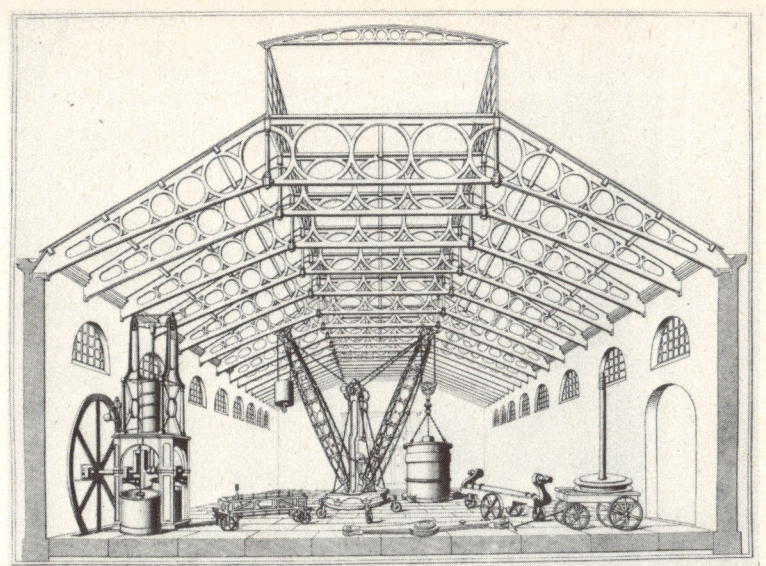

41: Werkhalle der Fabrik für Schiffsdampfmaschinen von Maudslay,
Sons und Field in London. Stahlstich 1834.

42: Der Kristallpalast der
ersten Weltausstellung
in London 1851.

43: ‹Ornamentaler Guß-
eisen-Dom› in der Welt-
ausstellung in London
1851. Das prätentiöse
Werk der Coalbrookdale-
Kompanie war eine be-
sondere Attraktion. «Ob-
wohl es Dom genannt
wird, ist es mehr ein rusti-
kales Gartenhaus»,
schrieb ein Kritiker.

hallen und Eisenbahnhöfe aus Gußeisen (Abb. 41). Als Höhepunkt des
Gußzeitalters kann der Bau des Ausstellungsgebäudes der ersten internationalen Industrieausstellung in London gelten. Die Halle mit den gewal-
tigen Ausmaßen von 554 m Länge und 42 m Höhe war ein Entwurf des
Gartenarchitekten des Herzogs von Devonshire, Joseph Paxton (1801 bis
1865), der ihn aus den Plänen für ein gläsernes Gewächshaus im Park des
herzoglichen Schlosses Chatsworth zum Zweck der Aufzucht einer bestimmten tropischen Wasserlilie entwickelt hatte. Das Gebäude «bestand
aus 2300 gußeisernen Trägern im Gewicht von 3500 Tonnen, 358 geschmiedeten Gerüsten im Gewicht von 550 Tonnen und 100 000 qm Glas
(Abb. 42). Das Grundstück für den Bau wurde am 30. Juli 1850 erworben, der erste Träger am 26. September aufgestellt, das vollendete Gebäude am 1. Mai 1851 eröffnet. Die Zahl der beschäftigten Arbeiter stieg
von 39 in der ersten Septemberwoche auf 2260 in der ersten Dezember-
woche und sank bis März selten unter 2000. Ihre Arbeitsweise war so

sorgfältig berechnet und das ganze Vorhaben so ausgezeichnet organi-siert, daß in einer einzigen Woche achtzig Mann nicht weniger als 18 000 Glasscheiben einsetzen konnten. Über dem Bestaunen dieser sinnbild-haften Leistung und über den bunten Lärm der großen Messe vergaß das bürgerliche England sogar für einige Zeit die Nöte und Kämpfe der hung-rigen vierziger Jahre» (Klingender, 1974, S. 123). «Die Ausstellung war das Symbol der handfesten Errungenschaften frühvictorianischen Unter-nehmertums – billiger Produktion und erleichterter Kommunikation» (Klingender, 1974; S. 123; Abb. 43). Paxtons Bauwerk wurde zerlegt und in Sydenham als ‹Kristall-Palast› wiederaufgebaut; 1936 fiel es einem Brand zum Opfer.

VII. Entwicklung und Struktur der modernen Maschinenbauindustrie

Die Industriestadt Glasgow in Schottland

Neben den Midlands hatte sich in Schottland in der zweiten Hälfte des 18. Jahrhunderts ein zweiter Schwerpunkt der aufstrebenden Industriekultur entwickelt. Seit der 1707 vollzogenen Union zwischen England und Schottland begann ein rascher Aufstieg Glasgows von einer verschlafenen Dom- und Universitätsstadt zu einer blühenden Industrie- und Handelsstadt, die mit ihrem günstig gelegenen Hochseehafen 1771 allein 55 % des gesamten britischen Tabakimports an sich zog. «Rings um den wachsenden Hafen entstanden Manufakturen, die alle Arten von Gebrauchsgütern herstellten, mit der Eröffnung der Carron-Eisenwerke 1760 und mit der Entwicklung der Bergwerke im Gefolge dieses großen Unternehmens hielt die modernste Schwerindustrie ihren Einzug. Für die östlichen Gebiete wurde der Anbau von Flachs und die Herstellung von Leinwand wichtig; später folgte die Baumwollindustrie im Westen, und seit der Mitte des Jahrhunderts holte auch die Landwirtschaft des schottischen Tieflands schnell den früheren Rückstand auf.

Diese fortschrittliche Aktivität, unterstützt durch ein beispielhaftes Schulsystem und billige Universitäten, bildete den Hintergrund für Schottlands außergewöhnlich glänzendes Geistesleben im 18. Jahrhundert. In enger Berührung mit der Gedankenwelt des europäischen Festlandes nahm Schottland auf dem Gebiet der Philosophie, der Ästhetik, der Medizin und der Naturwissenschaften einen führenden Platz ein» (Klingender, 1974, S. 33). Während die mit reichen Stiftungen dotierten und von der Kirche kontrollierten Universitäten Oxford und Cambridge abseits von den neuen Industriegebieten meist nur Studenten aus den alten Landbesitzer- und Kaufmannsfamilien aufnahmen und die Royal Society seit ihrem Höhepunkt unter der Präsidentschaft Isaac Newtons (1703–1727) an Bedeutung verlor, übernahmen die Dissidenten-Akademien Mittelenglands und insbesondere die Universität Glasgow die geistig führende Rolle in der Welt der modernen Technik. Sie hatte als erste Universität eine Professur für Ingenieurwissenschaften, ein chemisches Versuchslaboratorium und ein physikalisches Kabinett eingerichtet. Adam Smith (1723–1790), Hochschullehrer in Glasgow von 1751 bis 1763, schloß von der industriellen Arbeitsteilung auf die wirtschaftliche Arbeitsteilung und stiftete die Gemeinschaft der Produzentenklasse gegenüber den Müßigen: «Die Einkünfte, die dem faulen Grundherren ein vornehmes Leben im Müßiggang ermöglichen, werden alle vom Fleiß der Bauern verdient. Ein Mann mit Geld erlaubt sich alle Arten niedriger und schmutziger Sinnesgenüsse auf Kosten des Kaufmanns und des Handwerkers, denen er Geld gegen Zinsen leiht. Das ganze träge, leichtfertige Gefolge eines Fürstenhofes wird gleichermaßen durch die Arbeit derjenigen ernährt, gekleidet und behaust, welche die Steuern zahlen, die jenen zugute kommen» (Klingender, 1974, S. 34).

Im ersten Entwurf zu seinem Werk ‹Wealth of Nations›, das Schule machte, schrieb er über die Dampfmaschine 1763: «Nur ein echter Philosoph konnte die Feuermaschine erfinden und als erster auf den Gedanken kommen, eine so große Nutzleistung mit Hilfe einer Kraft zu erzielen, an die man nie zuvor gedacht hatte. Viele geringere Künstler, die sich mit der Herstellung dieser wunderbaren Maschine weiter beschäftigen, werden später vielleicht bessere Methoden zur Anwendung dieser Kraft entdekken, als ihr vortrefflicher Erfinder zunächst benutzte» (Klingender, 1974, S. 33). «Während Smith diese Zeilen diktierte, ermutigte sein Freund Joseph Black (1728–1799), der Entdecker des Prinzips der latenten Wärme, den jungen Instrumentenmacher James Watt zu den Versuchen, die er unter dem Dach desselben Colleges zur Verbesserung der Dampfmaschine anstellte» (Klingender, 1974, S. 34).

James Watt (1736–1819)

Der Laborant als Forscher am untauglichen Modell

Watts Leben und Werk spiegelt den Wandel der Zeit. Am 19. Januar 1736 in Greenock in Schottland als Sohn eines Schiffszimmermanns geboren, überlebte er als einziges von fünf Kindern die Jugendzeit. Da er unter häufigen Kopfschmerzen litt, die ihn bis zum Ende seiner Geschäftstätigkeit im Jahre 1800 fast ständig begleiteten, wurde er zeitweise nicht zur Schule geschickt. Die Mutter lehrte ihn lesen und schreiben, der Vater rechnen, fachzeichnen und später konstruieren. Mit 18 Jahren kam er nach Glasgow, mit 19 Jahren gegen 20 Pfund Lehrgeld zur Instrumentenbaufirma Morgan nach London. Den 650 km langen und beschwerlichen Weg von Glasgow nach London legte er 1755 zu Pferd in 12 Tagen zurück. Nach seiner Rückkehr aus der Hauptstadt 1757 verweigerte ihm die Zunft der Blechschmiede eine Geschäftseröffnung in Glasgow, weil er keine Lehre in der Stadt bestanden hatte und kein Bürgersohn war. Da erhielt er an der Universität eine Stelle als Betreuer der physikalischen Sammlung mit der Genehmigung zur Eröffnung eines Verkaufsladens nach der Straße. Die Geschäfte mit den Quadranten gingen aber schlecht, und so widmete er sich mit Hingabe dem Auftrag, anläßlich des akademischen Jahres 1763/64 ein Modell der Newcomen-Maschine funktionsfähig zu machen, das für Lehrzwecke benutzt worden war.

Während zu diesem Zeitpunkt schätzungsweise etwa 300 Feuermaschinen bis etwa 150 m Tiefe ziemlich erfolgreiche Pumparbeit leisteten, funktionierte das Modell zum Glück des mathematischen Instrumentenbauers James Watt nicht (Abb. 44). Nach wenigen Arbeitstakten blieb die Maschine stehen. Einer der besten Instrumentenwerkstätten Englands, der Firma Sisson in London, war es nicht gelungen, das Gerät in Gang zu bringen, obgleich sie es selbst hergestellt hatte. Es wurde nach Glasgow zurücktransportiert, und auch Watt suchte eineinhalb Jahre vergeblich nach dem Fehler, den er nie erfuhr.

Watt war kein Wissenschaftler, auch wenn er formellen Kontakt und

44: Modell der atmosphärischen Newcomen-Dampfmaschine, von der Fa. J. Sisson in London für Lehrzwecke der Universität Glasgow hergestellt. Länge des Zylinders 14 cm, Durchmesser des Kessels 57 cm.

45: Maßstabgetreuer Längsschnitt
des Messingzylinders von Watts Versuchsmodell.

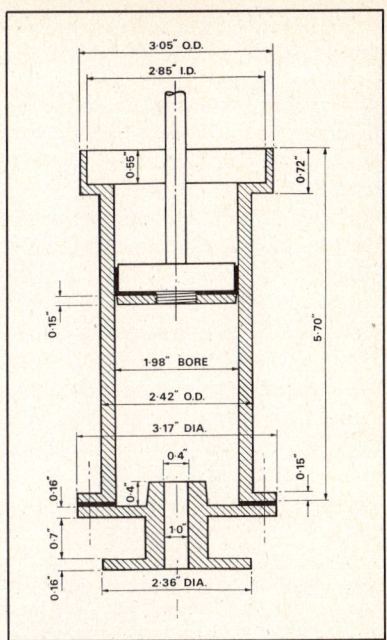

enge Freundschaft mit vielen Gelehrten der Universität pflegte, die ihn
schätzten, aber er ging bei der Untersuchung des Modells wissenschaft-
lich vor: Er beobachtete, maß Dampfverbrauch und Temperatur mit dem
1714 erfundenen Quecksilberthermometer, verglich Siedetemperatur
und Dampfdruck sowie Dampfdruck und Rauminhalt, rechnete und
überprüfte diese Ergebnisse wieder systematisch. An der Universität
Glasgow war Watts handwerkliche Praxis theorienäher und die wissenschaftliche Theorie praxisnäher als anderswo.

Watt erkannte, daß der Stillstand der Maschine durch einen unverhält-
nismäßig hohen Wärmeverlust verursacht wurde und suchte nach Abhilfe. Er vergrößerte die Heizfläche des Kessels, verminderte das Pump-
gewicht der Wassersäule und vergrößerte das Zylindervolumen, damit
auf der vergrößerten Innenfläche der Dampf selbst bei weniger einge-
spritztem kalten Wasser schneller kondensierte. Watt kannte auch den
Transport von Wärme im Material und wußte, daß die spezifische Wär-
meleitung vom Material abhängt. Da das Versuchsmodell einen Messingzylinder hatte, der die Wärme wesentlich besser leitete als das gußeiserne
Material der großen Zylinder, die überdies innen mit einer harten Kalk-

151

kruste bedeckt waren, verkleidete er Zylinder und Dampfrohre mit Holz, um die Oberflächenausstrahlung zu vermindern.

Aber alle diese Verbesserungsmaßnahmen blieben zu Watts Glück ohne Erfolg, weil ihm der proportionale Zusammenhang zwischen Wärmekapazität und Masse nicht bekannt war. Das handwerklich hervorragend gearbeitete Glasgower Newcomen Modell war die im Maßstab 1 : 24 erstellte getreue Nachbildung einer Dampfpumpe mit einem Zylinder von etwa 120 cm Durchmesser und 216 cm Hub. Dementsprechend hatte der Messingzylinder des Modells nach einer genauen Vermessung im Jahre 1968, die von Watts Bericht aus dem Jahre 1813/14 geringfügig abweicht, 5 cm Durchmesser und 9 cm Hub bei einer Gesamtlänge von 14 cm. Der Kupferkessel besaß einen Durchmesser von 57 cm. Das Gerät hatte nur einen gravierenden Fehler, der aber in geradezu idealer Weise Watts Aufmerksamkeit auf den Hauptmangel der atmosphärischen Maschine, den Wärmeverlust, lenken mußte: Die Wandstärke des Messingzylinders war mit 5,6 mm im Maßstab 6½mal so dick wie ein 2 cm starker Eisen- und 16mal so dick wie ein 8 mm starker Messingzylinder (Abb. 45). Hier verlor die Maschine den größten Teil an Wärme. Hätte Watt diesen Fehler erkannt, hätte er ihn rasch beheben und die Maschine in Gang setzen können. Daß er ihn nicht erkannte, ist dem Stand der Wissenschaft zu verdanken, die keine Kenntnis von der statischen Wärmekapazität hatte. Wie schon Adam Smith die Erfindung der atmosphärischen Maschine den Philosophen zugeeignet hatte, so vereinnahmten manche Wissenschaftler bis zum heutigen Tag Watts Erfindung für die Wissenschaft. Dies gilt aber nur in einem paradox negativen Bedingungszusammenhang. Gerade weil Watt die statische Wärmekapazität nicht kannte, die Hauptquelle des Wärmeverlustes nicht erkannte und deshalb die Maschine nicht reparieren konnte, suchte er nach einer prinzipiell neuen Lösung des Wärme-Kälte-Problems. Im Mai 1765 kam Watt der geniale Gedanke, wie der Zylinder immer so heiß wie der einströmende Dampf und gleichzeitig immer so kühl wie die notwendige Kondensationstemperatur gehalten werden konnte: Es mußte ein zweiter Zylinder als Kondensator mit Wasserkühlung und Luftpumpe eingebaut werden (Abb. 46, 47). Aus dem zeitlichen Nacheinander von Erhitzung und Abkühlung *eines* Zylinders schuf Watt durch das räumliche Nebeneinander von *zwei* Zylindern die Gleichzeitigkeit der Vorgänge. Die unmittelbare Abkühlung des Dampfes ersetzte den Umweg über die Abkühlung des Zylinders. Die Erfindung veränderte den Wärmehaushalt und erhöhte die Effektivität der Maschine um 80 %, da ⅘ des in den Zylinder einströmenden Dampfes bisher zur Erhitzung des auf Kondensationstemperatur abgekühlten Materials aufgewendet werden mußten und damit wirtschaftlich verlorengingen.

Innerhalb von zwei Tagen hatte Watt die durch seine Basiserfindung

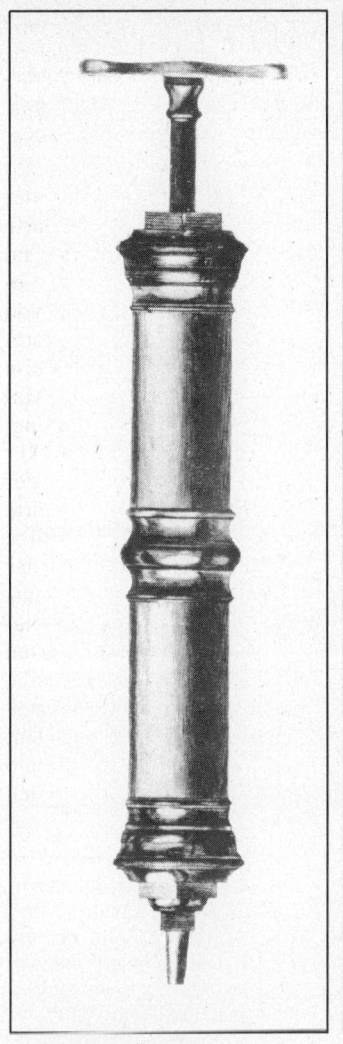

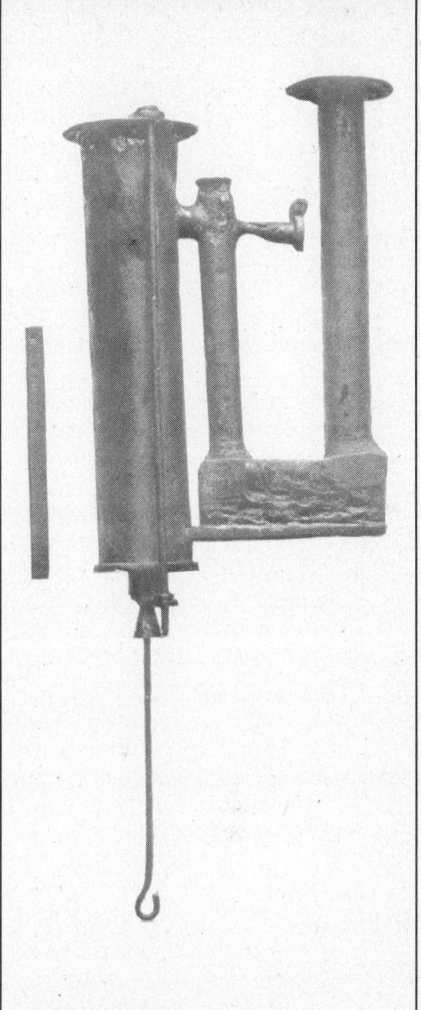

46: Injektionsspritze, mit der Anatomen Tieren flüssiges Wachs oder gefärbten Alkohol zum Zwecke der Sektion und des Studiums des Körperbaues einspritzten. Ein solches Gerät diente Watt als Zylinder.

47: Original des zweiten Modells mit getrenntem Kondensator und Luftpumpe von James Watt, 1765, Science Museum, London. Kondensator und Luftpumpe standen in einem mit kaltem Wasser gefüllten Becken.

notwendig gewordenen Folgeveränderungen gedanklich bewältigt und ein neues System entwickelt: die Schließung des Zylinders mit einem luftdichten Deckel, ein Dichtungsgehäuse für den Zugang der Kolbenstange in den Zylinder, einen Dampfzutritt an beiden Enden des Zylinders, dichte Ventile und dichten Kolben an einer glatten Zylinderwand, einen doppelwandigen Zylinder mit Dampfmantel zwischen den Zylinderwänden und Holzverkleidung zur Vermeidung von Wärmeverlusten, Schmierung des Kolbens mit Öl statt der Abdichtung mit Wasser. Aus der atmosphärischen Dampfmaschine hatte er die direktwirkende Dampfmaschine entwickelt.

Vom Apparatebau zum Maschinenbau 1765–1775: Zehn harte Jahre

Für den ersten Versuchsapparat nahm Watt als Zylinder eine 25 cm lange und 4,3 cm weite Injektionsspritze aus Messing, wie sie Anatomen verwendeten, um Tieren farbige Flüssigkeiten in die Gefäße zu spritzen und deren Strukturen zu studieren (Abb. 48). Deckel und Boden wie Kondensator und Luftpumpe fertigte er aus dünnem Zinnblech. Den Messingkolben versuchte er mit ölgetränkten und mit Talg eingefetteten Hanfschnü-

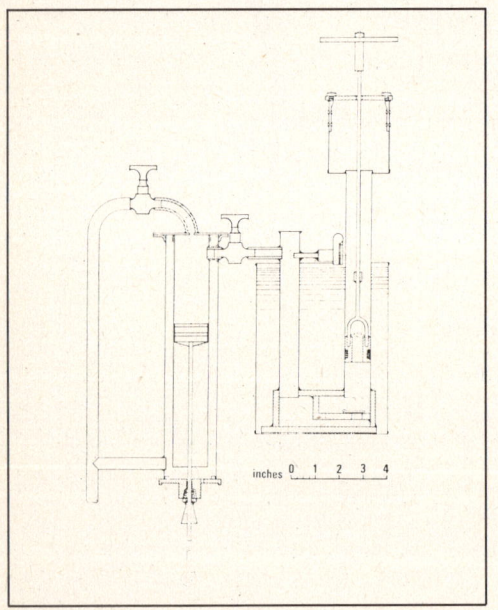

48: Schnitt durch das zweite Modell mit getrenntem Kondensator und Luftpumpe, mutmaßliche Rekonstruktion. Die Luftpumpe mit Bodenventil erzeugte ein Vakuum im Kondensator. Den Zylinder verband ein Dampfeinlaßhahn mit dem Kessel, ein Dampfauslaßhahn mit dem Kondensator. Um die schwierigen Dichtungsprobleme zu lösen, experimentierte Watt mit Pappe, Bindfaden, Messingdraht und Hanf. Für die Abdichtung des Kolbens erwies sich dann 1775 im Maschinenbau talggetränkter Hanf am geeignetsten.

ren, die zwischen zwei Ringen eingepreßt waren, abzudichten. Zur Vereinfachung der Anlage drehte er den den Zylinder nach unten und hängte an den dicken Messingdraht der Kolbenstange ein Gewicht von 18 Pfund, was den Balancier ersetzte. Für das zweite Versuchsgerät, das aber möglicherweise das erste war, verwendete Watt einen Zylinder aus Weißblech mit 3,6 cm Durchmesser, einen Boden und Kolben aus gegossenem Blei und eine Lederdichtung. Watt experimentierte und arbeitete vier Jahre, bis er 1769 einen zufriedenstellend funktionierenden Apparat gebaut hatte, den er als Patent anmeldete.

Nun begann die zweite Entwicklungsphase, die Herstellung einer arbeitsfähigen Maschine, deren Finanzierung der Unternehmer Roebuck der Carron-Werke bei Falkirk in der Hoffnung übernahm, Watts Maschine werde seine tiefen Kohlengruben am Firth of Forth entwässern können, die zu überfluten drohten. Watt hatte inzwischen sein Geschäft verloren, sein ganzes Geld für die Experimente verbraucht, von Freunden Geld geborgt und als Kanalvermesser gearbeitet, um seine Familie zu ernähren.

In der Werkstätte Kinneil House nahe Roebucks Wohnhaus stand Watt vor einer völlig neuen Aufgabe. Gegenüber 1763 hatte sich die Situation 1769 für Watt genau umgekehrt. Während damals die großen Maschinen draußen arbeiteten, aber das Modell stillstand, hatte nun der mathematische Instrumentenbauer ein funktionsfähiges Modell und sollte erstmals in seinem Leben eine große und zugleich völlig neue Maschine bauen, die gleichzeitig die komplizierteste war, die es damals gab, obwohl er keine Erfahrung im Maschinenbau hatte. Der erfahrenste und fähigste Maschinen-Ingenieur Englands jener Zeit, der auch als beratender Ingenieur für die Carron-Werke tätige John Smeaton, hielt den Bau von Watts Apparat technisch für undurchführbar. Er hatte zur gleichen Zeit (1765) und in einer ähnlichen Weise wie Watt mit einem Modell der Newcomen-Dampfmaschine in einer Werkstatt in Austhrope nahe Leeds experimentiert und dabei den Balancier durch ein schwingendes Rad ersetzt, wodurch die Maschine transportabel werden sollte, einen Kessel mit einem inneren Rauchfang konstruiert und den Zylinderdurchmesser im Vergleich zu dessen Länge verkürzt. Smeatons Modell aber war kein kleiner Apparat, sondern eine Werkstattmaschine mit einem Zylinder von 25 cm Durchmesser und 95 cm Hub im Maßstab etwa 1:3, die funktionierte, so daß er die Maschine nicht veränderte, sondern verbesserte. Smeatons mehrmalige Verbesserungen verdoppelten die Stärke, verminderten den Kohleverbrauch und erhöhten die Effizienz der Newcomen-Maschine erheblich.

Für Watt waren die handwerklich technischen Probleme in Kinneil tatsächlich unüberwindlich. Es fehlte an geeigneten Werkzeugen, geeigneten Metallbearbeitungsverfahren und fähigen Facharbeitern, um die schwierigen Dichtungsprobleme zu lösen. Er bemühte sich, die Schmiede und Gießer in der Handhabung von Feinmeßgeräten, wie dem Mikrometer, anzuleiten; der Bau der Maschine kam aber nicht voran. Es mußten neue Metallbearbeitungsverfahren entwickelt werden, um die Dichtungsprobleme zu lösen. Die Verbindung des Feinmechanikers Watt mit dem Montanindustriellen Roebuck mußte scheitern. Das Wasser in den Kohlengruben und damit die Schulden des Unternehmers stiegen schneller, als Watts Arbeit an einer funktionsfähigen Maschine vorankam. Aus der Konkursmasse des Unternehmens übernahm einer der Gläubiger, der Birminghamer Metallwarenfabrikant Matthew Boulton, für seine 1200 Pfund Guthaben Roebucks Zweidrittelanteil an Watts Dampfmaschinenpatent, dem andere Gläubiger nach den gescheiterten Versuchen keinen Wert beimaßen. Watt hatte Boultons Firma auf seiner Reise nach London 1767 erstmals besichtigt, ein Jahr später hatten sich beide Männer in Birmingham kennengelernt. Ende des Jahres 1773 wurde die Maschine von Kinneil, genannt ‹Beelzebub›, nach Birmingham transportiert, 1774 im Frühjahr folgte Watt nach. 1775 pumpte die Maschine mit ihrem 45-cm-Zylinder erstmals für eine betriebseigene Schleifmühle ‹Energiewasser› hoch.

49: James Watt (1736 bis 1819), Ölgemälde um 1813. Der berühmte zeitgenössische Physiker Humphry Davy stellte bewundernd fest: «Man bestellt bei Watt Erfindungen wie beim Schneider einen Rock.» Professor Robinson, Glasgow, urteilte: «Ich suchte einen Handwerker und war erstaunt, einen Forscher zu finden.»

50: Matthew Boulton (1728–1809), Gemälde von C. F. von Breda, um 1792. Boulton verband mit Watt nicht nur der 25jährige Geschäftsvertrag von 1775 bis 1800, sondern lebenslange Freundschaft. Als sich der geschäftliche Erfolg der Firma einstellte, beteiligte er Watt anstatt des diesem vertraglich zustehenden Drittels zur Hälfte am Reingewinn.

64 Jahre nach der ersten Newcomen-Maschine, 12 Jahre nach Beginn von Watts Experimenten, 10 Jahre nach Erfindung des getrennten Kondensators arbeitete die erste Watt-Boulton-Dampfmaschine (Abb. 49, 50).

Die Revolution der Produktion:
Von der Metallwarenmanufaktur zur Maschinenfabrik

Als Matthew Boulton (1728–1809) die väterliche Metallwarenmanufaktur zur Herstellung von Knöpfen, Schuhschnallen, Uhrketten und ähnlichen ‹toys› 1759 übernahm, stellte er das Produktionsprogramm der Firma grundlegend um. Statt einfache und billige und meist auch schlechte und geschmacklose Waren zu produzieren, wie man sie aus dem verächtlich ‹Brummagem› genannten Birmingham gewohnt war, entwickelte Boulton den Ehrgeiz, mit den besten Facharbeitern und den modernsten Maschinen kunstlerisch hochwertige Luxusgegenstände aus bestem Material und in vollendeter Ausführung für den Bedarf der gehobenen Schichten in Europa zu produzieren.

Die Revolution des Geschmacks

Mit Beginn des 18. Jahrhunderts rückten die außereuropäischen Kultur-
räume wie Exoten bestaunt näher an Europa heran. Man bewunderte das
chinesische Porzellan und die indischen Baumwollgewebe. Man trank
türkischen Kaffee und indischen Tee, rauchte amerikanischen Tabak und
spielte Schach. Die vornehme Welt des feudalen Kontinents huldigte der
Rokokomode, als sich etwa gleichzeitig um die Mitte des 18. Jahrhunderts im demokratischen England eine bewußte Abkehr vom Rokoko,
das in England ohnehin nie ganz angenommen worden war, und eine Hin-
wendung zur Einfachheit durchsetzte. In der Herrenmode traten der
schwarze Frack, das Halstuch, die lange Hose und die Stiefel an die Stelle
der Farbenpracht von Strumpf, Kniehose, Weste, langschößigem Rock,
Schnallenschuhen und Zopf. Industriepioniere wie Boulton, Wilkinson,
Roebuck, Wedgwood und Pioniertechniker wie Watt und Murdock bedienten sich als erste der neuen Mode. Bezeichnenderweise wird der ernste Quäkerhut, der Zylinder der calvinistischen Eisenmeister und Zylin-
dergießer, mit einer Verzögerung von zwei Generationen Berufsattribut
der neuen Unternehmerschicht. Die verzögerte Anpassung der Menschen an die technisch veränderte Welt geschah weder allgemein noch
gleichzeitig, sondern schichten- und klassenspezifisch und in Phasen. Und
die Verzögerung bedeutete auch Veränderung des Arbeitszweckes vom
religiös bestimmten Ethos der Quäker über den technischen Ehrgeiz der
ersten Pioniere zum bloßen Gewinnstreben der nächsten und übernäch-
sten Generation. Der Modewandel war Teil des Kulturwandels in England. Die von Inigo Jones (1573–1652) inspirierte Wiederbelebung der
Architektur des Italieners Palladio (1508–1580) begünstigte die Abkehr
vom höfischen Rokoko und die insulare Renaissance der griechisch-römi-
schen Klassik, die der sich ausbreitenden bürgerlichen Gesellschaft und
deren Leistungsprinzip entsprach. Während Johann Joachim Winckel-
mann (1717–1768) mit seiner ‹Geschichte der Kunst des Altertums› 1764
die literarische Klassik auf dem Kontinent einleitete, studierten die Designer Boultons die klassischen Kunstwerke des im Aufbau begriffenen
Britischen Museums in London und bereisten auf der Suche nach industriellen Entwürfen Venedig, Florenz und Rom.

Diese Vorliebe für die strengen klassischen Formen teilte Boulton mit
seinem Freund Josiah Wedgwood (1730–1795), dem königlichen Töpfer
und Produzenten der ‹Queens ware›, der in seiner Begeisterung für die
Antike seinen nahe Burslem in den Potteries (Staffordshire) errichteten
Töpfereibetrieb ‹Etruria› nannte und an Stelle des chinesischen Porzel-
lans ‹etrurische› Waren wie Vasen, Kameen, Reliefs und Münzen als Vorbild nahm. Wedgwood verbesserte die keramischen Erzeugnisse durch
Einfuhr von Tonen aus Cornwall und Amerika, durch den Guß der Ton-

masse in Gipsformen und der Formung auf Drehbänken sowie der Verwendung der Salzglasur. Seine cremefarbenen Porzellanwaren waren haltbarer und dünner, aber nicht teurer als die alten Waren und verbanden technische und künstlerische Vollendung mit größter Zweckmäßigkeit im Gebrauch der Tüllen, Henkel und Deckel. In seinem Betrieb lief die erste Newcomen-Maschine im Töpfergewerbe der Potteries und die erste Dampfmaschine mit Drehbewegung von Watt 1782 zum Betrieb der Quarz- und Tonrührmaschine. Getreide- und Töpfermühlen eröffneten einen Markt für Boulton & Watt, noch ehe die Textilindustrie dafür reif war.

Luxuswaren und industrielle Massenproduktion

Boulton beschäftigte bekannte Architekten und namhafte Künstler, die individuelle Entwürfe zur Einzelfertigung erstellten. Für den Kaminsims des Privatsalons der Königin Charlotte lieferte er 1767 zwei vierkerzige Kandelaber aus Flußspat und Blattgold, getragen von zwei Satyrn mit Girlanden und vier Sphinxen, mit einer Uhr und einem Parfum-Brenner aus Alabaster und Blattgold. Silbernes Tafelgeschirr und Leuchter aus Goldbronze gingen an den königlichen Hof in England und an die Fürstenhöfe der Weltstädte Europas (Abb. 51). Seine Firma verarbeitete alle hochwertigen Materialien wie Gold, Silber, Messing, Blattgold, Kupfer, Schildpatt, Emaille, Glas, Marmor, wertvolle Steine und Stahl. Für Flußspat zur Herstellung dekorativer Vasen und Urnen, die meist nach Frankreich exportiert wurden, hatte er das Monopol in England. Als politischer Repräsentant seiner Branche in den Midlands setzte er im Parlament ein Gesetz zur Errichtung eines Metallprüfamtes (Assay Office) in Birmingham durch, das am 28. Mai 1773 eröffnet wurde und seinem Geschäft einen großen Aufschwung brachte.

Diese exklusiven Geschäfte begründeten den guten Namen der Firma, den Boulton für den großen Umsatz der Serienfertigung geschickt vermarktete. Während die Fabrikanten gewöhnlich auf Kundschaft warteten und sich aus der Satteltasche bezahlen ließen, ließ Boulton Musterbücher erstellen und durch Vertreter in Europa verbreiten. Das Sortiment seiner in den Musterbüchern abgebildeten Waren umfaßte Armleuchter, Kronleuchter, große und kleine Suppenschüsseln, Urnen, Teebereiter, Kannen, Krüge, Anrichteschüsseln, Milch- und Buttergefäße, Eßbestecke, Bierkrüge mit Deckel, Tassen, Becher, Pokale, Schreibzeug, Tabak- und Schnupftabaksdosen, Spiegelrahmen, Toilettenartikel und viele andere Gegenstände. Das 1769 erfundene Stanzen von Messingblech beschleunigte und erleichterte den Produktionsprozeß im Vergleich zum Gießen. Als versierter Geschäftsmann ließ er die in seiner Firma produzierten

51: Beispiele von Silber- und Flußspat-Gegenständen aus der Produktion Boultons im City Museum in Birmingham.

Schuhschnallen über Frankreich nach England einführen, wo er sie als ‹letzte französische Mode› verkaufte.

Boulton verband die Kunst mit dem technischen Fortschritt, indem er freie Künstler in den Dienst merkantiler Gebrauchsformen stellte und die industriellen Techniken zur Reproduktion der Kunstwerke einsetzte. Die von der Industrie entworfenen und mit Hilfe der Technik produzierten Kunstgegenstände übten eine große Attraktion auf die gehobenen Käuferschichten Europas aus. Der Kunstgegenstand wurde Konsumgut großbürgerlicher Wohnkultur. «Wedgwood, Boulton und die anderen Hersteller von Luxusgütern, besonders von Seide, waren zwar die Schöpfer der Mode, doch auch ihre Sklaven. Schon in der zweiten Hälfte des 18. Jahrhunderts war der wirkliche Richter über den Geschmack nicht mehr der Entwerfer oder gar der Hersteller, sondern der Einkäufer, dessen Aufgabe es war, jede Schwankung in der öffentlichen Stimmung aufzuspüren und wenn möglich den Wandlungen des Geschmacks zuvorzukommen . . .» (Klingender, 1974, S. 48).

Da die in großen Massen produzierten Metallknöpfe, Schuhschnallen, Uhrketten, Schnupftabaksdosen, Korkenzieher und Zuckerzangen nicht aus edlen Metallen hergestellt werden konnten, entwickelte Boulton technische Verfahren zur Oberflächenbehandlung der Ersatzmaterialien, die den Schein wahrten, und nutzte die Möglichkeiten von Legierungen.

160

52: Die Garret-Werkstatt Watts in Heathfield bei Birmingham, in der Watt von 1790 bis zu seinem Tode 1819 arbeitete und experimentierte. Links eine Skulpturmaschine zur Produktion von Kopien gleicher, rechts proportionaler Größen. Watt meinte: «Ohne Steckenpferd, was ist da das Leben?» Erst nach dem Rückzug ins Privatleben verloren sich seine fast ständigen Kopfschmerzen.

Das goldähnliche Messing streckte man mit Kupfer, von dem Birmingham 1795 1000 t brauchte, und Kupfer mit Zink. Zur ‹Vergoldung› verwendete man eine Mischung aus Kupfer, Zink und Holzkohle. Um Silber zu sparen, hatten die Sheffielder Messerschmiede seit 1742 dünne Silberfolien beidseitig auf dicke Kupferplatten gelötet oder flüssig aufgetragen. Zu niedrigem Preis verkaufte nun Boulton aus diesem Material Tee- und Kaffeeservice und Kerzenleuchter. Man lötete Silberdraht auf Ränder und Ecken, um das Kupfer zu verdecken, verwendete Säuren, Harze und Lacke zur Oberflächenbehandlung.

James Watt beschäftigte sich nach seinem Ausscheiden aus der Firma in seiner Werkstätte Garret in Heathfield nahe Birmingham 19 Jahre bis zu seinem Tode mit Kopiermaschinen und konstruierte zwei Skulpturmaschinen, die Kopien antiker Büsten gleicher oder verkleinerter Größe herstellen sollten (Abb. 52).

Der patrizische Erfinder-Unternehmer Matthew Boulton

Matthew Boulton darf als Repräsentant des neuen Unternehmertypus in der zweiten Hälfte des 18. Jahrhunderts gesehen werden. Im Gegensatz zu den asketisch-weltabgewandten Darbys im abgeschiedenen Coalbrookdale war Boulton von städtisch-patrizischer Lebensart, weltoffen und weltmännisch, ohne höhere Schule gebildet, kunstbegeistert, vielseitig interessiert und politisch engagiert. Er legte eine umfangreiche Mineraliensammlung an, baute selbst eine Versuchsmaschine, korrespondierte mit Benjamin Franklin über die Dampfmaschine und war Mitglied der Lunar Society of Birmingham, die Klingender «eine Art wissenschaftlichen Generalstab für die industrielle Revolution» (Klingender, 1974, S. 39) genannt hat. Die Teilnehmer trafen sich an jedem Montag nach jedem Vollmond im Hause eines Mitgliedes im Wechsel. Zur Gesellschaft gehörten Watt, Englands führender Chemiker Joseph Priestley (1733 bis 1804), der Landarzt Erasmus Darwin, der Großvater von Charles Darwin, und viele andere Wissenschaftler; Josiah Wedgwood und John Wilkinson kamen gelegentlich zu den Sitzungen.

Die drei Firmen Wedgwood, Wilkinson und Boulton genossen internationalen Ruf. Die mit 800 Arbeitern größte und modernste Metallwarenmanufaktur der Welt in Soho, zwei Meilen nördlich von Birmingham, 1762 mit einem Kostenaufwand von 20 000 Pfund erstellt, hatte Zulauf

53: Soho-Manufaktur zur Zeit der Eröffnung im Jahre 1762, unmittelbar an der Grenze der Gemeinde Birmingham in einer halbländlichen Umgebung. Bezeichnend für Boulton und seine Zeit ist der klassizistische Stil des Hauptgebäudes, dessen Vorderfront W. Murdock anläßlich des Friedens von Amiens 1802 aus Werbegründen mit Gaslicht illuminierte. Auf Veranlassung einer Birminghamer Bürgerinitiative wurde das weltberühmte Werk um die Mitte des 19. Jahrhunderts wegen Lärm- und Rauchbelästigung stillgelegt und abgerissen.

aus aller Welt (Abb. 53). Voller Stolz berichtete der Inhaber einmal an seinen Londoner Agenten: «Ich hatte gestern Lords und Ladies zu Besuch; ich habe heute Franzosen und Spanier und morgen Deutsche, Russen und Norweger» (Kroker, 1971, S. 94).

Boultons Ehrgeiz für technische Perfektion verband sich mit einem genialen Geschäftssinn, vor allem einem trefflichen Gespür für zukünftige Entwicklungen in der Wirtschaft, guter Menschenkenntnis, Zähigkeit und Organisationstalent. Auf Empfehlung Benjamin Franklins hatte er William Small, Professor für Mathematik und Naturwissenschaften in Williamsburg in Virginia, für die Leitung seines Unternehmens gewonnen. In William Murdock (1754–1839) fand er den besten Chefmechaniker Englands für den Außendienst. Er erkannte die Bedeutung der Dampfmaschine, schloß aber den Vertrag mit seinem Partner erst, als die Patentverlängerung für 25 Jahre bis 1800 durchgesetzt war, und drängte Watt schon bald zur Entwicklung einer allgemeinen Antriebsmaschine. Er errichtete 1788 eine Münzprägeanstalt mit sechs Maschinen in einem neuen Gebäude in Soho für die großen Kupfermengen, welche ihm die zahlungsunwilligen oder zahlungsunfähigen Kupferminenbesitzer als Pacht für seine Dampfmaschinen geliefert hatten, erhielt 1790 ein Patent für eine dampfgetriebene Münzmaschine, die 1805 70–84 Stücke in der Minute prägte, lieferte 1797 500 t Kupfermünzen für die Regierung und installierte gleichzeitig Produktion und Vertrieb dieser Prägemaschinen.

Boultons Metallwarenmanufaktur stand fraglos an der Spitze der betrieblichen und technischen Entwicklung der Zeit. Unter den knapp 800 Firmenangehörigen waren die besten Metallfacharbeiter Englands an den modernsten Walzenstühlen, Schleif- und Poliermaschinen, Bohrapparaten und Drehbänken tätig, die von zwei Wasserrädern angetrieben wurden. Nicht materialfremde Verzierung des Gußeisens, sondern Formung der verschiedenen Materialien bestimmte die Produktion. So waren nur hier die Voraussetzungen gegeben, den komplizierten Dampfapparat zur Fertigungsreife zu entwickeln. Aber Boulton erkannte auch, daß der neue Maschinenbau, für den es eben keine Vorbilder gab, nicht mit dem alten System der Warenproduktion zu leisten war. Ein neues, auf die Erfordernisse der komplizierten Maschine funktional abgestimmtes Organisationssystem mußte entwickelt und verwirklicht werden, wenn man Erfolg haben wollte.

Die Organisation der Maschinenfabrik Boulton & Watt in Soho

Boulton begründete ein sechsstufiges Unternehmenskonzept mit Gesamtleitung, kaufmännischer Leitung, Konstruktion, Produktion, Vertrieb, Montage und Wartung, das am Ende der Entwicklung 1796 die

Merkmale des modernen Fabriksystems aufwies und damit das Manufaktursystem überwand.

1. Die betriebliche Arbeitsteilung

Das Unternehmen in Soho gliederte sich in die Konstruktionsabteilung, die Einzelfertigung in der Werkstätte und später in die Serien- und Massenherstellung in der Fabrik. Nach dem geglückten Pilotprojekt der ersten Maschine nahm Boulton gegen den Willen Watts sofort den Auftrag des nahen Bloomfield-Bergwerks bei Tipton zum Bau einer Pumpmaschine mit 127 cm Zylinderdurchmesser, also der dreifachen Größe, an. Die dritte für Wilkinsons Gebläse konstruierte Maschine hatte einen Zylinderdurchmesser von 96,5 cm. Die vierte war eine kleine Maschine in Stratford-le-Bow, die fünfte 1777 eine große Pumpmaschine in Bedworth, die sechste eine Gebläseantriebsmaschine für einen Hochofen in Wilson House in Lancashire. Die siebte pumpte seit 1777 in Smethwick für die Birminghamer Kanalgesellschaft Wasser von einer niederen auf eine höhere Kanalebene. Den jeweiligen Wünschen der Auftraggeber und dem jeweiligen Zweck der Maschine als Pumpe für Grubenwasser, Energiewasser, Kanalwasser, Trinkwasser, als Antrieb für Gebläse und Rührwerke entsprechend, mußte Watt laut Vertrag jede einzelne Maschine für sich konstruieren und die Einzelteile für die Produktion zeichnen. Alle Dampfmaschinen der ersten Generation einschließlich der ersten Rotationsmaschinen mußten als Auftragsproduktion in Einzelfertigung hergestellt werden.

Wie in der Warenproduktion die Entwurfsabteilung entstanden war, bedurfte es im Maschinenbau einer eigenen Entwicklungs- und Konstruktionsabteilung, die viel Geld kostete und bis 1784 ein finanzieller Zuschußbetrieb war. Boulton brachte die notwendigen Investitionen für den Dampfmaschinenbau aus den Einnahmen der Metallwarenfabrikation zunächst auf, mußte aber dann sein und seiner Frau Vermögen heranziehen und Kredite aufnehmen. 1780 hatte er bei einer Londoner Bank Schulden in Höhe von 17 000 Pfund. In einer finanziellen Krise mußte er sogar das Patent der Maschine gegen eine jährliche Zahlung von 7000 Pfund verpfänden, und Watt lebte in dieser Zeit nach eigener Aussage in ständiger Angst vor dem Schuldgefängnis. Bis 1785 hatte er insgesamt 40 000 Pfund in das Dampfmaschinengeschäft gesteckt, das erst ab 1785 Gewinn abzuwerfen begann, als man zur Serienfertigung überging. Die Waren der Musterkataloge wurden stereotyper, und es begann ein Prozeß der Standardisierung im Maschinenbau.

2. Die technische Arbeitszerlegung

Die technische Arbeitszerlegung, die mit der Manufaktur einsetzt und der Rationalisierung dient, wurde systematisch ausgebaut. Im Gegensatz zur Werkstätte, die Maschinen und Arbeitsplätze verschiedener Art vereinigt, ließ Boulton von bestimmten Arbeitern nur bestimmte Arbeiten ausführen, so daß weder Position noch Werkzeug gewechselt werden mußten. In der fließenden Erzeugung wurden außerdem die Arbeitsplätze in der Reihenfolge des Fertigungsvorganges des Arbeitsstückes angeordnet, so daß Arbeitszeit, Material und Arbeitsqualität genau kontrolliert werden konnten.

3. Die berufliche Arbeitsteilung

Über den Maschinenbauer der ‹vorindustriellen› Zeit, den Mühlenbauer, sagte William Fairbairn 1861 in Manchester: «Ein guter Mühlenbauer war ein Mann von großer Erfindungskraft; meist hatte er eine gute Bildung; er verstand es, seine eigenen Entwürfe zu zeichnen und an der Drehbank zu arbeiten; er besaß Kenntnisse von Mühlenwerken, Pumpen und Kränen und vermochte an der Werkbank ebenso geschickt und gewandt zuzugreifen wie am Schmiedefeuer» (Klingender, 1974, S. 20). Der Maschinenbauer war Konstrukteur, technischer Zeichner, Mechaniker, Schlosser, Grobschmied, Zimmermann, Monteur in einem. Einer mußte alles machen können. Jetzt aber mußten viele Berufe zusammenarbeiten für die

54: Der Schotte William Murdock (1754–1839), anglisiert Murdoch, trat mit 23 Jahren 1777 in die Firma Boulton & Watt ein und wurde zwei Jahre später Generalagent in Cornwall und damit verantwortlich für die Errichtung und Instandhaltung aller Dampfmaschinen. Seine hervorstechendste Eigenschaft bestand in der Fähigkeit, technische Erfindungen nutzbar zu machen. Er erfand die Dampflokomotive und innvovierte die Gasbeleuchtung. 1808 erhielt er die Rumford-Gold-Medaille.

eine Maschine. Diese Professionalisierung der Tätigkeiten führte zur Leistungssteigerung, aber auch zur Verarmung. Sie trennte nämlich die Handarbeit von der Geistesarbeit und das Handwerk von der Kunst, die dadurch artifiziell wurde. William Murdock (Abb. 54), der als Mühlenbauer begann, war einer der letzten großen Künstlerhandwerker einer fünfhundertjährigen Epoche. Der Handwerker mußte seine Tätigkeit jetzt auf die rein technischen Erfordernisse reduzieren, die dadurch gefördert wurden, während er selbst nicht mehr kreativ gefordert wurde. In dem Maße, in dem sich die Naturwissenschaften von der ‹reinen Theorie› auf die Praxis zubewegten und ihr Forschungsgegenstand die ‹angewandte Technik› wurde, verengte sich die handwerkliche Tätigkeit auf eine nur ausführende nach Weisung einer objektorientierten Großorganisation. Der nach 19jähriger Tätigkeit als Chefmonteur im Außendienst 1797 aus Cornwall in die Firma Soho zurückberufene Murdock durfte seine Erfindung der Dampflokomotive von 1785, die im Modell funktionierte, nicht weiterentwickeln, weil Watt monierte, er habe seine Arbeitskraft ganz dem Unternehmen zur Verfügung zu stellen, das ihn bezahle. Seither gebührt Richard Trevithick (1771–1833) oder gar George Stephenson (1781–1848) die Ehre in den Erfinderlisten der Geschichtsbücher.

4. Vom Lizenzbau über die zentrale Organisation zur konzentrierten Produktion

Der Maschinenbau vor Boulton-Watt erfolgte üblicherweise im Lizenzbau. Ein einzelner Mühlenbauer erhielt gegen eine Gebühr an die patenthaltende Gesellschaft die Genehmigung zum selbständigen und eigenverantwortlichen Bau einer Newcomen-Maschine an einem bestimmten Ort. Boulton lehnte 1769 ein derartiges Angebot für drei Midlands-Grafschaften von Roebuck und Watt rundweg ab, weil er in diesem System keinen Einfluß auf die technische Planung hatte und für die ganze Welt produzieren wollte. Der Unternehmensvertrag mit Watt 1775 schuf die rechtlichen Voraussetzungen für das Managersystem der zentralen Steuerung aller übrigen Systeme der komplizierten Maschine von der technischen Planung und Konstruktion über die Produktion zur Montage und Wartung, das allein Erfolg versprach, weil alle Risiken in den eigenen Händen lagen, denen man vertraute.

Eine zentrale Koordinationslenkung war um so notwendiger, als die meisten Teile der Maschine zunächst nicht in Soho hergestellt werden konnten und die Maschine vor Ort aufgebaut werden mußte. Boulton und Watt suchten für jedes Teil den jeweils besten und fortschrittlichsten Spezialbetrieb in England und nahmen dabei die höheren Kosten in Kauf. Nach genauen Zeichnungen und Anweisungen der Zentrale in Soho goß und bohrte Wilkinson die großen Zylinder, schmiedeten Ankerschmieden an verschiedenen Orten die Kolbenstangen, goß die Eagle-Gießerei in Birmingham Dampfzylinderverkleidungen und Pumpen, lieferte Darby III seit 1778 Gußeisen für Pumpen und seit 1783 Rohre. Barren-, Roh- und Nieteisen sowie Eisenplatten wurden von verschiedenen Firmen in Birmingham und Sheffield bezogen. In Soho wurden die besonders anfälligen Regelteile wie Ventile und Hähne hergestellt, die eine besonders exakte Werkstattarbeit verlangten. Boulton war von Haus aus Gelenk-Gießer und hatte darin also Erfahrung. Das in großen Mengen benötigte Abdichtungsmaterial aus Eisenfeilspänen, Salz und Ammoniak wurde ebenfalls in der Zentrale entwickelt und produziert. Alle Einzelteile wurden dann von diesen Produktionsorten unmittelbar an den Standort der Maschine transportiert, wo unter Aufsicht der Unternehmer Boulton und Watt oder des Chefmechanikers Murdock örtliche Mechaniker die restlichen Teile herstellten, die Halterungen aufmauerten, die Maschine aufbauten und in Gang setzten. Da sowohl die produzierende Firma in Soho wie die investierenden Unternehmer ein großes Interesse daran hatten, daß die Maschinen im Dauerbetrieb störungsfrei liefen, wurden als Maschinenwärter nur in Soho ausgebildete, nicht fremde eingesetzt. «So wurde die Sohoer Fabrik eine Schule für den englischen Maschinenbau, ja darüber hinaus für die ganze Welt» (Matschoss, 1909, S. 259).

Die große Nachfrage nach Dampfmaschinen gegen Ende des 18. Jahrhunderts, das auch den Patentschutz beendete, drängte zur Standardisierung und damit zum Übergang von der Einzelfertigung zur Serienfertigung. Im gleichen Zeitraum gefährdeten die Auseinandersetzungen zwischen den Brüdern John und William Wilkinson um die Firma die

55: Senkrechte Zylinderbohrmaschine (um 1800) aus der Soho Foundry, der ersten Maschinenfabrik, Stahlstich 1895. Das nach einem Entwurf von John Wilkinson erbaute Werk besaß 1797 zwei Gießgruben für Zylinder, fünf Cupola-Gießöfen, zwei Bohrmaschinen und sechs Drehbänke mit Murdocks Endlosschraubengetriebe. 1808 installierte Murdock ein firmeneigenes Gaswerk zur Beleuchtung, das erst 1948 verschrottet wurde. Die Gießöfen erloschen 1956.

Versorgung mit den Zylindern, deren Herstellung immer noch weitgehend technisches Monopol der Wilkinson-Firma war. In Soho beschloß man, die Eigenproduktion aufzunehmen. Ende August 1795 wurde ein geeignetes, von der Manufaktur nur eine Meile entferntes Grundstück am Birmingham-Wolverhampton-Kanal gekauft, in einer Rekordzeit eine Formerei, eine Gießerei mit vier Öfen, ein mechanisches Bohrwerk errichtet, ein Stichkanal angelegt und bereits fünf Monate nach dem Kauf des Geländes, am 30. Januar 1796, die neue Anlage so rechtzeitig eröffnet, daß das Unternehmen den Anschluß an die Produktion nicht verlor und lieferungsfähig blieb. Watt jr. hatte aus dem Schlichtungsvermögen der Firma Wilkinson die Restzylinder aufgekauft. Diese erste neuerrichtete Maschinenfabrik der Welt betrieben die beiden Söhne von Watt und Boulton in eigener Regie. Sie existierte genau hundert Jahre (Abb. 55).

Mit dem Bau der Antriebsmaschine mit Drehbewegung konnte die Maschine vollständig in der Fabrik hergestellt werden.

5. Die vertikale Arbeitsteilung: Die hierarchische Fabrikorganisation

Merkmale der Manufaktur waren die Trennung von Kapital und Arbeit, die Trennung von Arbeits- und Lebensraum und die Trennung von Leitungs- und Ausführungsfunktion. Die Konzentration und Massierung der Arbeitskräfte in der Fabrik bewirkten eine hierarchische Unter- und Überordnung und eine strengere Arbeitsdisziplinierung. Als Watt forderte, die undisziplinierten Arbeiter zu entlassen, sagte Boulton: «Wir können doch unsere Fabrik nicht stillstehen lassen, bloß weil wir vollkommene Leute nicht zur Hand haben. Wir müssen die Leute nehmen, wie wir sie finden, und müssen versuchen, das Beste aus ihnen zu machen» (Matschoss, 1909, S. 259). Im Unterschied zur Textilindustrie bedurfte man in der Metall- und insbesondere in der Maschinenbauindustrie in höherem Maße einer Differenzierung der Arbeit in der Abstufung Abteilungsleiter, Vorarbeiter, Facharbeiter und angelernter Arbeiter und der Installierung eines Ausbildungssystems von Meister, Geselle und Lehrling, das vom Handwerk übernommen wurde. Der Unternehmensleitung fielen die Aufgaben der Festlegung der Unternehmensziele, die Investitions- und Innovationsentscheidung, die Besetzung der Führungspositionen und die zentrale Lenkung und Überwachung zu.

6. Mechanisierung und Motorisierung

Mit der schrittweisen Verbreitung von Werkzeugmaschinen erfolgte die Mechanisierung des Produktionsprozesses, welche im Endstadium die Handarbeit ganz ersetzte. Die Münzprägemaschine in Soho konnte von einem Kind überwacht werden. In Soho begann auch die Mechanisierung der Bürokratie. Da Watt das zeitraubende und mühselige Abschreiben

56: Watts Walzenkopier-
presse für Briefe.
Science Museum, London.

der vielen Geschäftsbriefe, Dokument und Zeichnungen per Hand ver-
haßt war, andererseits die Papierflut gerade für den auf verschiedene Pro-
duktionsorte aufgeteilten Betrieb ständig anstieg, erfand er 1779 eine Ko-
pierpresse, mit der das Original gegen ein dünnes, feuchtes Seidenpapier
so gepreßt wurde, daß dessen Rückseite die Kopie ergab. Zum Beschrif-
ten mußte man eine besondere Tinte verwenden (Abb. 56). Die zum Verkauf dieser 1780 patentierten Maschine gegründete Partnerschaft machte
gute Geschäfte. Endphase der Fabrikentwicklung war die Motorisierung
durch Installierung einer zentralen Kraftanlage. Boultons Fabrikorgani-
sation war der Zeit weit voraus.

Die technische Revolution im Maschinenbau: Metallbearbeitende Werkzeugmaschine + Kraftmaschine + Arbeitsmaschine

Die Bedeutung der Dampfmaschine erschöpft sich nicht in ihrer Erfindung und nicht in ihrer Anwendung. Fortwährende Verbesserung und
Weiterentwicklung der Dampfmaschine wurden zur hohen Schule der
Metallfacharbeiter, zum ständigen Impuls zur Verbesserung des Werkstoffes Eisen, zur Entwicklung verbesserter und neuer Werkzeuge und
Werkzeugmaschinen und zum systematischen Ausbau der Ingenieurwissenschaften. Gleichzeitig bewirkte der Bau der komplexen und komplizierten Maschine in wechselseitiger Folge die vertikale Desintegration
der beruflichen Spezialisierung der Menschen und die horizontale Integration der technischen Probleme der Dichtung, der Schmierung, der
Steuerung, der Regelung, der Leistungsmessung, der Effektivität, der
Kraftübertragung, der Festigkeit und des Druckes. Sie wurde schließlich

ein Kristallisationsobjekt, an dem die bisher von der Technik getrennten Naturwissenschaften zur ‹angewandten Technik› fanden. An ihrer Weiterentwicklung und vielfältigen Anwendung mußten Handwerker, Ingenieure, Wissenschaftler, Eisenfachleute, Unternehmer und Politiker zusammenarbeiten. Die Bedeutung der Dampfmaschine würde freilich überschätzt, wenn man nicht die eigenständige Entwicklung der Arbeitsmaschinen und der metallbearbeitenden Werkzeugmaschinen in die Betrachtung mit einbezöge.

Von der Handarbeit zur Maschinentechnik: Präzisionsarbeit

Für den an der Oberseite offenen Zylinder und den locker eingepaßten Kolben der atmosphärischen Newcomen-Maschine reichte die Genauigkeit der in Coalbrookdale verwendeten herkömmlichen Bohrgeräte aus, nicht aber für den abgedichteten Dampfzylinder der Wattschen Maschine. Eine wesentlich größere Bohrgenauigkeit war hier eine unerläßliche Voraussetzung für die Funktionsfähigkeit der Maschine. Trotz der über fünfzigjährigen Erfahrung, die Coalbrookdale mit Zylinderguß und Zylinderbohrung hatte, waren für Watt, Roebuck und Boulton die Gußergebnisse wie die dort erzielte Bohrgenauigkeit unbefriedigend. Es fügte sich, daß Wilkinson im selben Jahr 1774, in dem die Wattsche Maschine von Kinneil nach Soho transportiert wurde, ein Patent auf eine neue Bohrmaschine erhielt, die wesentlich exakter arbeitete als die bisherige, und so ging der Auftrag für den Zylinder der Bloomfield-Maschine, der ersten 1776 verkauften Maschine, an das Konkurrenzunternehmen. Damit begann eine 20 Jahre währende monopolartige Verbindung zwischen Boulton-Watt und Wilkinson, die jene zwischen Coalbrookdale und den Newcomen-Zylinder übertraf. Bis auf drei oder vier wurden alle Wattschen Dampfmaschinen mit Wilkinsonschen Zylindern ausgerüstet. Wilkinson war zwar mit 18 Pfund Sterling je Tonne für Pumpen und 30 Pfund je Tonne für Zylinder teurer als andere Gießer, die nur 14 Pfund je Tonne forderten, aber besser als alle anderen Gießereien. Trotz mancher Preisklagen der Kunden blieb Boulton bei Wilkinson.

Die Zylinderbohrmaschine war eine Weiterentwicklung der Kanonenbohrmaschine. Die drei großen Eisenfirmen Wilkinson, Walker und Carron-Werke verdankten ihren Aufstieg im wesentlichen den Kriegsaufträgen der Regierungen und der großen Handelskompanien für Rüstungen. Selbst Coalbrookdale produzierte zeitweise Waffen. Während des amerikanischen Krieges (1775–1783) gingen 1781 allein drei Fünftel der Gußproduktion der Walkers an die englische Regierung. Die Carron-Eisenprodukte wurden nach Rußland, Dänemark und Spanien exportiert. Da die englische Regierung befürchtete, daß die Waffen in die Hände der amerikanischen Kreuzer fallen könnten, wurden die werkseigenen Schiffe für den Transport der etwa 300 Geschütze vom Drei- bis zum Vierundzwanzigpfünder mit Kanonen und Soldaten bewaffnet. John Wilkinson produzierte eine große Zahl von Kanonen, Kugeln, Granaten, Patronen und Bomben für die Ostindische Gesellschaft. Für die Geschützlafetten hatte der Vater Isaac 1751 und 1761 Patente erhalten. Seit die wassergetriebenen Kanonenbohrmaschinen auch für die Zylinder der Newcomen-Maschine verwendet wurden, vergrößerte sich mit dem wachsenden Durchmesser der Werkstücke von maximal 80 cm bei den Kanonen auf 1,8 m bei den Zylindern auch das Gewicht des schabenden Bohrkopfes, der einseitig am Ende einer Eisenstange befestigt war, so daß diese sich verbog und das Messer einseitig bohrte. «Man versuchte sich dadurch zu helfen, daß man die Bohrungen viermal wiederholte und den Zylinder jedesmal um 90° versetzte, ohne jedoch wesentlich bessere Erfolge zu erzielen» (Mommertz, 1979, S. 52). John Wilkinson lagerte nun die Bohrstange auch am anderen Ende und erreichte dadurch eine radial gleichmäßige Bohrung und eine Verbesserung der Bohrgenauigkeit von etwa 1,5 cm auf etwa 1,5 mm (Abb. 57).

Besondere Bedeutung kommt der Erfindung der mechanischen Dreh-

57: Modell von John Wilkinsons Zylinderbohrmaschine, 1776. Die Bohrstange mit Reibahlenbohrkopf wird durch den feststehenden Zylinder geführt. Vorschub über Zahnstange und Ritzel, Wasserradantrieb.

58: Maudslays Schraubendrehbank in Ganzmetall von 1797. Science Museum, London. Mit ihm konnten Gewinde präzis in zylindrisches Eisen geschnitten werden. Das Werkzeug (Drehstahl) wird vom Werkzeugschlitten (Support) mechanisch geführt. Leitspindel und Hauptspindel haben gemeinsamen Antrieb. Bettlänge etwa 0,9 m.

bank durch Henry Maudslay (1771–1831) 1797 in London für den Maschinenbau zu. Bei dem erstmals ganz aus Eisen gefertigten Gerät führte nicht mehr der Arbeiter den Drehstahl mit der Hand, sondern ein Werkzeugschlitten, der Support. Dieser wurde auf einer präzis gearbeiteten, prismenförmigen Metallschiene, bewegt durch die Leitspindel, am Werkstück entlanggeführt, das, zwischen den beiden Spitzen eingespannt oder auf die Planscheibe montiert, mechanisch gedreht wurde. Maudslays Schraubenspindel-Mikrometer soll bis zu einer Genauigkeit von 0,003 mm gearbeitet haben (Abb. 58). Jedenfalls stellte er in seiner Firma in London die präzisesten Dampfmaschinen mit den besten Ventilen und damit der größten Effizienz her. Die fast universal verwendbare Werkzeugmaschine diente zunächst zum Drehen von Stangen, Schneiden von Gewinden und Fräsen von Zahnrädern und verbreitete sich als ‹englische Drehbank› in ganz Europa. Seine Werkstatt machte Schule, aus der Clement, Whitworth und Nasmyth, der Erfinder des Dampfhammers 1842, hervorgingen.

Technischer Fortschritt ist auch die Geschichte der stufenweisen Ablösung der menschlichen Hand durch die Maschine. Zunächst hielt der Mensch Werkstück und Werkzeug mit der Hand. Beim Wasserhammer oder der Wasserschleifmühle bewegte sich das Werkzeug mechanisch, aber die geschickte Hand des Arbeiters führte das Werkstück; bei der einfachen Drehbank bewegte sich das Werkstück mechanisch, und es kam auf die geschickte Führung des Werkzeuges durch die Hand des Arbeiters an. Gegen Ende der industriellen Revolution werden Werkstück und Werkzeug mechanisch geführt.

Arbeitsmaschinen und die Kraftmaschine mit Drehbewegung

Mit der Einführung des Wasserrades im Frühmittelalter begann ein Prozeß der Mechanisierung von Arbeitsvorgängen in vielen Bereichen der gewerblichen Wirtschaft, der um die Mitte des 18. Jahrhunderts sehr weit vorangeschritten war. Mechanische wassergetriebene Mühlen mahlten Getreide, Senf und Quarz, quetschten Oliven und Muscheln, schroteten und maischten Malz, sägten Holz, bohrten Kanonen, Zylinder und Baumstämme (Abb. 59), stampften und maischten Papiermasse, preßten, walkten und bedruckten Tücher, zwirnten Seide, reinigten Leder, rührten Farben und Tone, stampften Schießpulver, bewegten Aufzüge und Stangen zum Energietransport (Stangenkünste), pumpten Wasser aus Erz- und Kohlegruben, pochten Erz, trieben Blasebälge und Hämmer, schnitten Eisenstäbe, walzten Blech, zogen Draht, schliffen und polierten Sicheln und Messer, bewässerten Wiesen und Felder, pumpten Trinkwasser und Wasser für die Fontänen in den Schloßgärten der Barockfürsten.

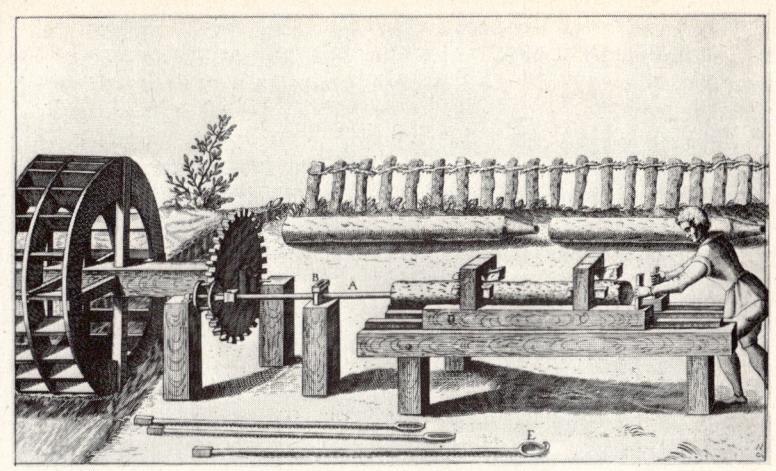

59: Eine wassergetriebene Bohrmaschine zum Ausbohren von Baumstämmen zu Wasserleitungsrohren. Kupferstich von dem Franzosen Salomon de Caus, 1615, der die Maschine auch konstruierte.

Alle diese Arbeitsmaschinen liefen in horizontalen oder vertikalen Drehbewegungen über eine Welle, die fest mit dem rotierenden Wasserrad verbunden war. Die Umsetzung der horizontalen in die vertikale Kreisbewegung und deren Umkehrung wie die Übersetzung der Geschwindigkeiten durch die Gestaltung der Größe der Räder und der Zahl der Zähne gehörten zur handwerklichen Kunst der Mühlenbauer. Kamm-, Stock- und Schneckengetriebe waren seit dem hellenistischen Altertum bekannt. Für die Umsetzung der Kreis- in die Auf- und Abbewegung zum Zerstampfen von Textilien für die Papierherstellung, zum Walken der Textilien, zum Pochen von Erz, zum Stampfen feuchten Schießpulvers, zur Bewegung der Blasebälge und der Schweiß- und Reckhämmer sorgte die Nocken- oder Daumenwelle. Hin- und Herbewegung gab es nur für den Energietransport, etwa beim Rüttelsieb der Mühlen und vor allem bei den sogenannten Stangenkünsten. Die Dampfmaschine mit der Auf- und Abbewegung des Kolbens im damals senkrecht stehenden Zylinder konnte ‹nur› als Wasserpumpe zur Entwässerung der Gruben, Wasserversorgung der Städte und Häuser, Wasserhaltung der Kanäle, Be- und Entwässerung der Felder und zur Verbesserung der Wasserversorgung der Mühlräder verwendet werden. Ihrer Funktion nach war sie Arbeitsmaschine, (noch) nicht Kraftmaschine. Die mechanisierte gewerbliche Wirtschaft verlangte den Rotationsantrieb für die Wellen der Arbeitsmaschinen an Stelle der Wasserräder. Im Juni 1781 schrieb Boulton an Watt: «Die Leute in London, Manchester und Birmingham sind

173

dampfmaschinenverrückt. Ich möchte Sie nicht drängen, aber ich finde ..., wir sollten uns entschließen, gewisse Methoden, die Bewegung der Feuermaschine in rotierende Bewegung umzusetzen, patentieren lassen» (Klingender, 1974, S. 16). Die schwierigen Probleme löste Watts Entwicklungsteam in Soho innerhalb von drei bis vier Jahren.

1. Nachdem der Birminghamer Knopffabrikant James Picard die Kurbel vor Watt zum Patent angemeldet hatte, mußte man nach Alternativen suchen. Das Patent vom 25. Oktober 1781 enthält fünf verschiedene Methoden der Umwandlung, an letzter Stelle das wohl von Murdock erfundene Planetengetriebe. Nur dieses wurde verwendet und bis 1802 gebaut, obgleich die Firma schon vor dem Erlöschen des Kurbelpatents 1794 einzelne Maschinen mit Kurbelgetriebe hergestellt hatte. An Stelle der Pumpenkette übertrug hier eine am Balancier und am Zahnrad befestigte Schubstange die Kraft auf das Planetenrad, das um das Sonnenrad herumlief. Die Antriebswelle erhielt dadurch bei der glei-

60: Murdocks Modell des Planetengetriebes, 1781. Science Museum, London.

61: Watts doppeltwirkende Dampfmaschine als Kraftmaschine mit Drehbewegung. Schwungrad, Planetengetriebe, Lemniskatenlenker, Fliehkraftregler. Die 1788 erbaute ‹Lap›-Maschine steht im Science Museum, London. Um 1800 wurden hölzernes Gerüst und Balancier aus Gußeisen gefertigt.

62, 63: Kohleförderung nach dem alten System mit Göpelantrieb durch zwei Pferde (nahe Broseley in Shropshire, Kupferstich von 1788) und dem neuen durch Dampfkraft (Mine in Staffordshire, Holzschnitt Anfang 19. Jh.). Der industrielle Fortschritt, der auch im Transportwesen erkennbar ist, war mit einer Verwüstung der Landschaft verbunden. Der an der Oberfläche beheizte Ofen mit dem Kamin rechts im Bild 62 diente als Ventilationssystem für die tiefe Grube.

chen Zahl der Zahnräder die doppelte Umdrehungszahl im Vergleich zum Kurbelantrieb (Abb. 60, 61). Das Planetengetriebe wurde erstmals im Juli 1782 in einer kleinen Maschine für den Antrieb eines 60 Pfund schweren Reckhammers mit 150 Schlägen pro Minute in der Firma Wilkinsons eingesetzt, der eine solche Antriebsmaschine bereits 1777 bestellt hatte.

2. Diese erste Kraftmaschine mit Drehbewegung war eine einseitig arbeitende Dampfmaschine. Die erste doppeltwirkende Dampfmaschine (1782 patentiert) wurde im März 1783 als Experimentiermaschine in Soho gebaut. Sie hatte ein Dampfeinlaß- und ein Dampfabsaugventil an beiden Enden des Zylinders. Murdock ersetzte die Steuerung der Einzelventile 1799 durch seine Erfindung der über einen Exzenter der Kurbelwelle bewegten Schiebersteuerung. Die doppeltwirkende Maschine verdoppelte die Kraft und bewirkte einen gleichmäßigeren Antrieb des Schwungrades und damit auch eine größere Laufruhe.

3. Für den neuen Arbeitstakt bei der Aufwärtsbewegung des Kolbens mußte zur Kraftübertragung die Kette durch ein Gestänge ausgetauscht werden. Den Winkelausgleich zwischen Kolben und Waagebalken leistete die Erfindung einer 1784 patentierten Parallelkonstruktion mit Lemniskatenlenker, auf die Watt besonders stolz war. Die Maschine bedurfte keiner Aufmauerung mehr und wurde dadurch kleiner und kompakter (Abb. 62, 63).

Vom Pachtsystem zum Meßsystem und Maschinenindikator

Als Grundlage für die Bezahlung der Pacht mußte der am Ort nicht kontrollierbare Kohleverbrauch einer Maschine durch eine Messung der Leistungsfähigkeit der Maschine ersetzt werden, die auf dem Kohleverbrauch beruhte. Watt übernahm in Anlehnung an Smeaton als Maß, wie viele Pfunde Wasser mit einem bushel (gewöhnlich 84 Pfund) Kohle einen Fuß hoch gehoben werden können, und rechnete diese Größen auf einen Arbeitshub um. Watt erfand einen Hubmesser (Pedometer), der, am Waagebalken befestigt, über ein Pendel und eine Reihe von Zahnrädern auf Nummerscheiben die Zahl der Arbeitsgänge der Maschine automatisch registrierte. Die Dampfmaschine mit Drehbewegung bedurfte eines neuen Leistungsmaßes. Da die Maschine vielfach die Pferdekraft ersetzte, war es naheliegend, daß bereits Savery 1702 die Leistung seiner Maschine mit der von zwei Pferden verglich. Diese zunächst noch willkürliche Vergleichsbasis definierte Watt mathematisch genau und schuf damit die Einheit der Pferdestärke. 1783 notierte er in seinem Notizbuch: 1 PS entspricht der Leistung, 3300 Pfund in einer Minute einen Fuß hoch zu heben. Die ältere Generation kennt diese Einheit als 75 m kg/sec. Die Firma verlangte die feste Gebühr von 6 Pfund je PS im Jahr in London und 5 Pfund auf dem Land. Nach Watts Festlegung entwickelte die größte Standardmaschine mit einem Zylinder von 91,5 cm Durchmesser und 3,2 m Hub bei 17 Doppelhüben pro Minute 50 PS.

Zu Ehren Watts wurde ab 1. Januar 1978 das ‹Watt› (1 W = 1N × m/s = $\frac{1}{736}$ PS) international als allgemeine Leistungseinheit eingeführt.

Um den Druck im Zylinder zu messen, baute Watt einen kleinen Parallelzylinder mit Kolben und Zeiger, der mit dem Hauptzylinder verbunden und durch dessen Dampf angetrieben wurde. Sein Assistent John Southern (1758–1815) befestigte am Ende des Zeigers einen Schreibstift, den er über ein von der Maschine bewegtes Papier laufen ließ. Mit dieser wichtigen Ergänzung war der Maschinenindikator erfunden.

Katarakt und Fliehkraftpendel: Regeltechnik statt Automat

Die Geschwindigkeit der Newcomen-Maschinen wurde mit Hilfe des Kataraktes gesteuert (Abb. 64). Aus einem regulierbaren Hahn tropfte Wasser in ein asymmetrisches Gefäß, das bei einem bestimmten Maß der Wasserfüllung sein Schwergewicht verlagerte und seitlich absank. Über einen Hebel löste diese Bewegung nun den Arbeitshub des bisher festgehaltenen Kolbens aus, der nach unten schnellte. Das entleerte Gefäß kehrte in die Ausgangslage zurück, und der Vorgang begann von neuem. Diese mit

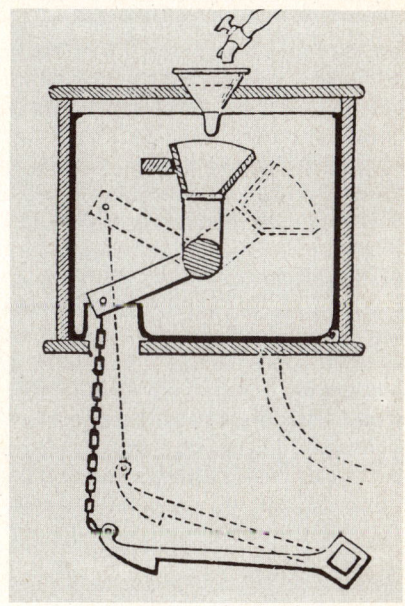

64: Funktionsschema des Katarakts oder der Wasserglocke.

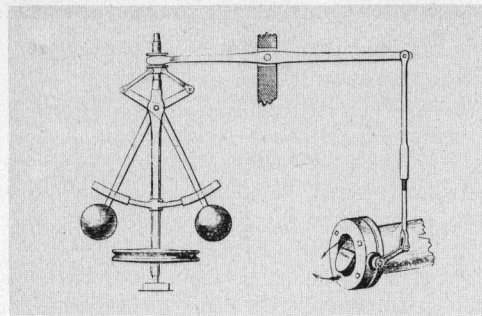

65: Funktionsschema des Fliehkraftreglers mit Antriebsscheibe, drehbaren Kugelgewichten und Drosselventil.

antiken Wasseruhren verwandte Einrichtung übernahmen 1767 John Smeaton und 1777 Boulton und Watt.

Für die doppeltwirkende rotierende Dampfmaschine entwickelte Watts Konstruktionsbüro Ende 1788 ein qualitativ neues System, den Fliehkraftregler, dessen Grundelement aus dem Mühlenbau übernommen wurde. Dort konnte man an zwei aufgehängten Bleikugeln die Geschwindigkeit der Mahlsteine ersehen, mit der 1778 patentierten Meadschen Erfindung sogar der Abstand der beiden Mahlsteine durch die Geschwindigkeit ausgeglichen werden. Watt verband nun den Fliehkraftregler, der später auch Drehzahlmesser wurde, mit der Dampfzufuhr. Entfernten sich die Gewichte mit zunehmender Drehgeschwindigkeit von der Achse, so übertrugen geeignete Maschinenelemente diese Bewegung auf ein im selben Jahr entwickeltes Drosselventil, das die Dampfzufuhr entsprechend verminderte. Die dadurch reduzierte Drehzahl ließ die Gewichte zur Achse absinken, so daß sich das Drosselventil wieder stärker öffnete (Abb. 65). Mit diesem Rückkoppelungseffekt war ein Regelkreis entstanden, in dem die Teileelemente in einem wechselseitigen Ursache-Wirkungs-Verhältnis ein freies Spiel der Kräfte besaßen. Die Techniker der Renaissance und des Barock kannten demgegenüber nur starr programmierte, funktional in einer Richtung gesteuerte Automaten. Seit der Mitte des 18. Jahrhunderts aber wendeten die fortgeschrittenen Ingenieure von England und Frankreich zunehmend die neue Technik insbesondere als Schwimmer- und Temperaturregler an. An der Dampfmaschine «war der Fliehkraftregler mit seinen rotierenden Gewichten der eigentliche Blickfänger, und er demonstrierte das Wirken einer Regelung mit drastischer Eindringlichkeit» (Mayr, 1969, S. 105).

Die Albion-Mühle in London,
das erste Großprojekt des modernen Maschinenbaues

Das Bedürfnis der gewerblichen Wirtschaft nach einer universal anwendbaren Antriebsmaschine war der Innovationsimpuls für die Entwicklung der Kraftmaschine mit Drehbewegung. Die neue, im Unterschied zum Wasserrad aus Eisen gebaute Kraftmaschine erzwang ihrerseits nunmehr eine Veränderung der Arbeitsmaschinen, weil schon bei ihrer ersten Anwendung, beim Wilkinsonschen Hammer, die hölzernen Daumen brachen und der hölzerne Hammerstil barst, die der dynamischen Beanspruchung der stärkeren und schneller laufenden Maschine nicht gewachsen waren. Der Bau der Albion-Getreidemühle an der Themse in London, des größten Maschinenprojekts der Firma Boulton & Watt und der Zeit, vereinigte erstmals Arbeits-Werkzeug-Kraftmaschinen und den neuen Werkstoff Eisen zur modernen technologischen Einheit.

Noch ehe die neue Maschine richtig ausgereift war, lieferte die Firma 1785 für die projektierte Anlage zwei doppeltwirkende große Kraftmaschinen, die bei 17 Doppelhüben pro Minute je 50 PS leisten konnten. Mit einem Zylinderdurchmesser von 91,5 cm und 2,10 m Hub wurden diese Modelle die größten Serienmaschinen der Firma. Als Montage- und Betriebsleiter stellte das Unternehmen den erst 23jährigen Schotten John Rennie (1761–1821) ein, einen hervorragenden Ingenieur, der in vier Jahren das Werk mit den 20 Paar Mühlsteingetrieben aufbaute, die stündlich 150 Scheffel Getreide vermahlen konnten. Zwar hatte schon Smeaton 1734 eine Windmühle mit einer eisernen Achse gebaut und 1760 und 1761 in den Carron-Werken mit eisernen Felgen und Radkränzen experimentiert, Rennie aber baute bis auf einige Kammräder aus Hartholz die gesamte Maschinenanlage des Betriebes einschließlich der besonders beanspruchten Zähne der Zahnräder aus Eisen. Diese waren mit dem Meißel nach Epizykloiden geformt, welche die enorme Reibung und das ohrenbetäubende Knirschen dieser ersten eisernen Getriebe verringern halfen. 1786 beklagte sich Rennie in Soho über den Bruch eines Gußeisenzapfens aus der Werkstatt Wilkinsons, dem darauf vorübergehend die Aufträge entzogen wurden. Größte Schwierigkeiten machten die gußeisernen Zähne, deren Gußspannungen den Belastungen oft nicht standhielten. Sie hielten oft erst dann, wenn sie gesprungen und mit schmiedeeisernen Schienen wieder zusammengeflickt worden waren. In vielen ländlichen Betrieben behaupteten sich bis ins 20. Jahrhundert vielfältige Kombinationen von Holz, Gußeisen und Schmiedeeisen im Maschinenbau. Ein besseres, spannungsfreies und homogenes Gußeisen war für den modernen Maschinenbau unerläßlich.

1784 begann der Bau, 1786 nahm die Albion-Mühle mit einer Dampfmaschine den Betrieb auf, 1788 wurde sie feierlich eröffnet, 1791 fiel sie der Brandstiftung von Maschinenstürmern zum Opfer. Diese kamen vermutlich aus den Reihen der Wassermüller, die seit der Aufhebung des Mahlzwanges um ihre wirtschaftliche Existenz fürchteten und sowohl die Roß- wie die Dampfmühlen bekämpften.

Der Konkurrenzkampf um Bau und Verkauf der Dampfmaschine

Bei dem für die Newcomen-Maschine eingeführten Verkaufssystem zahlte der Unternehmer den Zylinder und die anderen Maschinenteile, die Aufmauerung und die Montage der Maschine sowie eine jährliche Pacht für die Patentlizenz, die je nach Größe der Maschine zwischen 180 und 320 Pfund schwankte, aber 1733, vier Jahre nach dem Tod Newcomens, entfiel. Boulton übernahm im Prinzip dieses System 1776, bestimmte aber die Höhe der Pacht nach der Brennstoffeinsparung gegenüber der seit zwei Generationen eingeführten Newcomen-Maschine, um die Konkurrenz aus dem Geschäft zu drängen. Eine Newcomen-Maschine verheizte 1769 mit 30 Pfund Kohle je Pferdestärkestunde die vierfache Kohlenmenge wie eine Watt-Maschine mit 7,5 Pfund. Bei einer 20-PS-Maschine betrug die Brennstoffeinsparung somit 4,5 Zentner in der Stunde (Tab. 11). Ein Drittel des Wertes der eingesparten Kohle hatte der Geschäftskunde an Soho als Pacht abzuführen. Die Gesamtauslagen für Brennstoff und Pacht halbierten sich also gegenüber den bisherigen

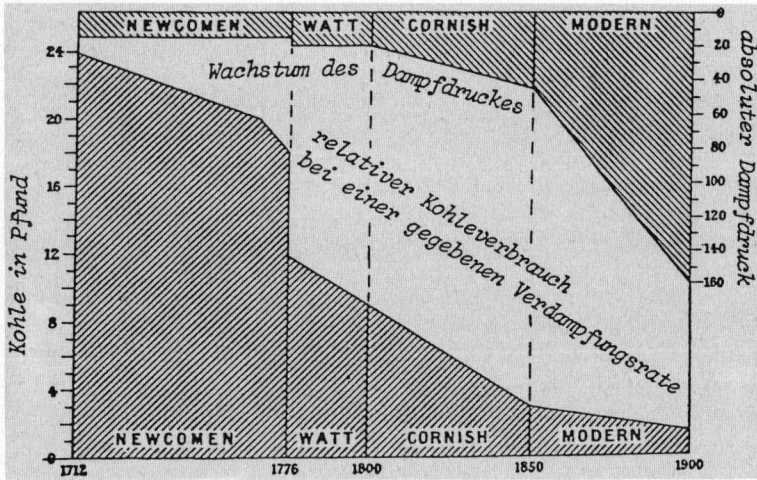

Tabelle 11: Entwicklung von Kohleverbrauch und Dampfdruck.

180

Brennstoffkosten. Ein Unternehmer aus dem kohlereichen Derbyshire, der von den Vorteilen der neuen Maschine gehört hatte, schrieb an Watt, daß seine Newcomen-Maschine mit 177 cm Zylinderdurchmesser wöchentlich 47 oder 48 t zu je 14 Shilling verbrauche (Nixon, 1957–58 u. 1958–59, S. 10), was bei einem Dauerbetrieb von 50 Wochen 1680 Pfund Sterling jährliche Brennstoffkosten erforderte. Trotz der möglichen Kosteneinsparung von 840 Pfund stellte die Firma, wie viele andere Unternehmen, 1782 aber wieder eine große Newcomen-Maschine auf. Die Soho-Maschine war aus verschiedenen Gründen unpopulär.

Watt jr. schrieb am 30. September 1790 aus Manchester an seinen Vater in Birmingham: «Die hohen Anschaffungskosten Ihrer Maschine erschreckt alle die kleineren Unternehmer hier, und es ist kaum möglich, ihnen die Vorteile begreiflich zu machen, die in der regelmäßigen Bewegung, den wenigen Reparaturen und der jährlichen Brennstoffeinsparung liegen, wenn demgegenüber 200 oder 300 Pfund mehr bar bezahlt werden müssen» (Musson-Robinson, 1958–59, S. 422/423). Watts Maschine war leistungsfähiger, wirtschaftlicher und solider, aber auch komplizierter und deshalb aufwendiger in der Wartung und erheblich teurer. Kleinere Firmen konnten sich die neue Maschine nicht leisten. Bei vielen Arbeitsgängen wie beim Kohlefördern, Getreidemahlen und Samenquetschen fiel die regelmäßigere Bewegung überdies nicht ins Gewicht. In vielen Zechen mußte beim Abbau etwa ein Drittel wertlose, unverkäufliche Grieskohle mitgefördert und auf Halde gelegt werden, was viel Arbeit machte und die Brandgefahr vergrößerte, so daß man froh war, wenn man sie verheizen konnte.

Die langen Lieferfristen der Firma in Soho boten anderen Maschinenbaufirmen die Chance, verbesserte Newcomen-Maschinen auf den Markt zu bringen, die in einigen Distrikten Nordenglands zu Standardmaschinen für den Antrieb von Arbeitsmaschinen wurden. Sie hatten Kurbel und Schwungrad sowie einen Kondensator und eine Luftpumpe nach Watts Konstruktion, um den Zylinder auszupumpen, in den bisher kaltes Wasser eingespritzt wurde. Die robusten Maschinen arbeiteten schnell, gut und billig und hatten eine lange Lebensdauer. Die Folge waren erbitterte Auseinandersetzungen um die Patentrechte. Während Boulton und Watt die Hersteller wegen ihres ‹Piratentums› und die Eigentümer zur Zahlung der Lizenzgebühren verklagten, entfachten die vereinigten Gegner von Soho, die Maschinenbauer und die mächtige Gruppe der Bergwerksbesitzer in Cornwall, eine öffentliche Kampagne gegen die ‹Monopolisten, Tyrannen und Unterdrücker›, die angeblich den Fortschritt hemmten. Sie organisierten eine Unterschriftensammlung an das Parlament und prozessierten gegen «ein Monopol, das eigentlich nur Eigentum der ganzen Welt sein darf» (Sittauer, 1981, S. 102). Die langjährigen Patentprozesse kosteten der Firma 6000 Pfund und endeten erst 1799, ein Jahr vor dem

Ablauf der Schutzfrist, mit einem Sieg Watts. Verärgert äußerte er sich über die Juristen: «Seit ich mich soviel unter den zweifelsüchtigen Gliedern der Juristenzunft bewege, ist es mir wahrhaft unmöglich, eine feste Absicht über irgend etwas zu gewinnen» (Sittauer, 1981, S. 105).

Boulton und Watt hatten also ganz und gar kein Monopol im Dampfmaschinenbau während der Laufzeit ihres Patents von 1775–1800. Weder konnten sie die Newcomen-Maschinen verdrängen noch den ‹Raubbau› unzähliger Maschinen ihres Modells verhindern. In den beiden Grafschaften mit der größten Verbreitung der Dampfkraft vor 1800 liefen in Lancashire nicht mehr als ein Drittel und in Cornwall um 1794 nur etwa die Hälfte aller Dampfmaschinen. Das Werk lieferte bis 1800 annähernd 500 Maschinen, von denen 62 % mit Drehbewegung arbeiteten. 1809 liefen in England bereits 5000 Wattsche Dampfmaschinen.

Die seit 1623/24 in England vergebenen Patente dienten nicht nur dem gewerblichen Schutz des Erfinders, sondern zugleich der Verankerung der technischen Neuerungen im Land. Deren Verbreitung erfolgte im 18. Jahrhundert auf dreifachem Weg: durch Lizenzbau von Maschinen, Besuch von Werksanlagen auf Grund persönlicher Kontakte auf Reisen und Auswanderung von Facharbeitern und Technikern. 1726 wurde die erste Dampfmaschine außerhalb Englands in Frankreich bei Passy an der Seine unweit von Paris aufgebaut. Nach einer liberalen Phase verfolgte England seit der Mitte des Jahrhunderts schrittweise eine Politik der Einschränkungen zum Schutz der ‹Werkstatt Europas›. In den Jahren 1750, 1774, 1781, 1786 und 1795 ergingen Gesetze, die den Export von Maschinen, Werkzeugen und Druckformen der Textilindustrie verboten; 1785 untersagte ein Gesetz die Ausfuhr von Werkzeugen und Geräten für das Hüttenwesen. Die Wende wird besonders an Matthew Boulton deutlich. Der auf seinen Betrieb stolze und gastfreie Unternehmer erließ 1786 für seine Fabrik ein strenges Besuchsverbot, dem sich 1802 alle Unternehmer Birminghams und darauf andere Industriestädte wie Manchester, Leeds und Glasgow anschlossen. ‹No Admittance› (Kein Zutritt) stand nunmehr in begründeter Furcht vor der Industriespionage auf den Fabriktoren, die sich auch «auf Empfehlungsschreiben der vertrautesten Freunde» (Kroker, 1971, S. 94) nicht mehr öffneten. Für Freiherrn vom Stein war die Englandreise 1786/87 deshalb ‹ein verlorenes Jahr› in seinem Leben. Die Unternehmer verpflichteten ihre Arbeiter zur Verschwiegenheit und suchten Abwerbungen ihrer Techniker und Facharbeiter durch hohe Lohnangebote ausländischer Agenten ebenso zu verhindern wie deren Abwanderung in andere Betriebe. Als Wedgwood in einer Teuerungskrise 1772 seine Arbeiter nicht mehr beschäftigen konnte, zum Schutz seiner Fabrikationsgeheimnisse aber auch nicht entlassen, sondern eine Arbeitspause von drei Wochen einlegen wollte, protestierten die Arbeiter. «Ich weiß zwar nicht, an welche Arbeit ich sie setzen soll», berichtet er, «doch müssen sie wieder anfangen. Sie griffen mich gestern morgen geschlossen an und bestanden darauf, entweder beschäftigt oder entlassen zu werden» (Abel, 1974, S. 209). Straffällig gewordene Arbeiter wurden zeitweise nach Australien verbannt. Der technologische Transfer auf den Kontinent konnte aber dadurch nur verzögert, nicht verhindert werden. Nach 1825 wurden der Export von Maschinen und die Auswanderung qualifizierter Arbeitskräfte legal.

VIII. Die technische Vollendung des Werkstoffes: Tiegelgußstahl und Puddeleisen

Sheffield: Größtes und bedeutendstes Stahlzentrum Europas von 1740 bis etwa 1890

Da die Barren des schwedischen Holzkohleschmiedeeisens aus Dannemora seit Beginn des 18. Jahrhunderts in steigenden Mengen über Oregrund in die englischen Osthäfen London, Hull und Newcastle verschifft wurden, entstanden die Öfen der Stahlmacher in den Tälern und Seitentälern des Tyne und des Don an den nördlichen und südlichen Ausläufern der Pennines. Mit der Öffnung des Kanals von Doncaster nach Rotherham 1740 begann der unaufhaltsame Aufstieg der Sheffielder Region in South Yorkshire zum überragenden Stahlzentrum Englands. Den Stahl als schmiedbares hartes Eisen gewann man wie im Prinzip schon die Philister um 1000 v. Chr. durch Aufkohlung des kohlestoffarmen Schmiedeeisens auf 0,6–2,0% Kohlenstoff. Eine abgewandelte Form war das Zementieren, bei dem das Werkstück in kohlenstoffhaltiges Pulver gesteckt wurde. Der Magdeburger Johann Nußbaum soll diese Technik mit feuerfesten Einsatzkästen aus der Werkstatt des Nürnbergers Paulus Hannibal in Nürnberg 1601 erstmals durchgeführt haben. Nürnberg gilt somit als die Heimat des Zementstahls. Ambrose Crowley praktizierte das Verfahren 1682 in seinem Stahlhaus in Stourbridge, 1709 tauchte es erstmals in Sheffield auf; 1862 brannten dort 205 Stahlöfen, die in diesem Jahr 78270 t Stahl produzierten. Der Franzose le Play beschrieb den Produktionsvorgang nach seinen Besuchen in Sheffield in den Jahren zwischen 1836 und 1842.

Als Ausgangsmaterial verwendete man bestes fehlerfreies schwedisches Barreneisen, das nach neueren Analysen bei minimalen Anteilen von 0,006% Schwefel und 0,012% Phosphor und günstigen Härtebeimengungen von 0,037% Silizium, 0,108%Mangan und 0,007% Arsen nur 0,05% Kohlenstoff aufwies. Mit 35 Pfund Sterling war es fast doppelt so teuer als gewöhnliches Barreneisen zu 18 Pfund je Tonne. Die Eisenbarren von etwa 6 cm × 14 cm Größe und 0,8–2,0 cm Dicke wurden nun in einer Brennkammer aus feuerfesten Ziegelsteinen oder sorgfältig zugeschnittenen Sandsteinen lageweise mit etwa 1,5 cm starken Schichten pulverisierter oder kleinstückiger Holzkohle aufgestapelt. Boden und

Abdeckung der Ladung belegte man mit einer 8 cm starken Holzkohleschicht. Die wegen der Ausdehnung des Eisens zur Seite und zur Decke (etwa 10–15 cm) belassenen freien Räume füllte man mit einem Gemisch aus Sand und Sägefeilspänen aus den Werkstätten der Messerschmiede, das während des Brennvorganges zu einer fast luftdichten Masse zusammenschmolz. Sodann wurde der Zugang der meist paarweise angeordneten Brennkammern mit Ziegeln und Lehm verschlossen, der Koks gezündet, der Ofen innerhalb von 24 Stunden auf die Höchsttemperatur von etwa 1100° C gebracht und je nach dem gewünschten Grad der Aufkohlung zwischen 5 und 9 Tagen in Betrieb gehalten. Etwa 8 Tage nach dem Ablöschen des Feuers konnten die Stahlbarren dem abgekühlten Ofen entnommen werden. Der ganze Prozeß beanspruchte also 17–18 Tage, so daß in einem Jahr etwa 18–20 Stahlreisen möglich waren, die von zwei Arbeitern besorgt wurden. Die Produktion je Ofen verdreifachte sich von 6 t im Jahre 1766 auf 17,5 t um die Mitte des 19. Jahrhunderts. Der größte Ofen erreichte eine Kapazität von 38 t. Zur Erzeugung von einer Tonne Stahl mußten 0,75 t Koks verheizt werden. Die konische Form der ziegelgemauerten Zementstahlöfen mit etwa 8–9 m Durchmesser an der Basis und 13–14 m Höhe gab der Sheffielder Industrieregion ihr charakteristisches Gepräge (Abb. 66). Der letzte Ofen erlosch in Sheffield erst 1951.

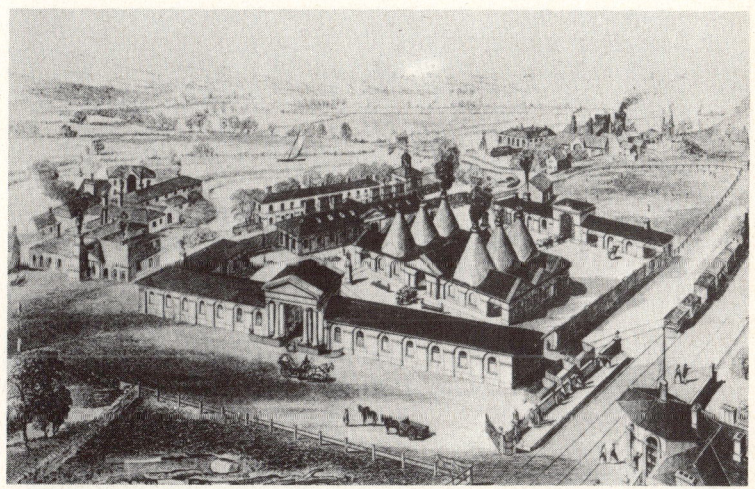

66: Zementstahlwerk Holmes Steelworks von Peter Stubs bei Sheffield nahe Rotherham um 1842. Es hatte Anschluß an den River-Don-Kanal (im Hintergrund) und an die erst 1842 eröffnete Bahnlinie Sheffield–Rotherham.

Die chemische Verbindung des Kohlenstoffs mit dem Eisen bewirkte an der Oberfläche zahlreiche kleine Erhebungen, weshalb der Zementstahl auch Blasenstahl (blister steel) genannt wurde, und veränderte die faserige und grobkörnige Struktur in eine feine Kristallstruktur. Die Länge der Brenndauer und die Stärke der Eisenbarren bestimmten den Grad und das Ausmaß der Aufkohlung. Einfaches Induktionshärten erreichte 0,60 % – 0,70 % Kohlenstoffgehalt der Oberfläche bei 80 % ‹weichem› Kern, stärkeres 0,75 – 0,85 % bei 60 % kohlenstoffarmem Kern. Da zur Herstellung hochwertiger Messerwaren und Werkzeuge sowohl ein höherer Kohlenstoffgehalt wie eine stärkere Diffusion des Kohlenstoffs im Eisen nötig waren, mußte das Material durch Gärbung weiterbehandelt werden. Das Eisen wurde in kleine Stücke gebrochen, gebündelt, auf Rotglut erhitzt und unter dem Hammer zusammengeschweißt. Erst der dreimal gegärbte Blasenstahl hatte dann einen harten Kern und etwa 1,3 % Kohlenstoff.

Benjamin Huntsman: Vom Schweißstahl zum Tiegelgußstahl

Mit dem einfachen Blasenstahl produzierte man Federn für Wagen und Eisenbahnen, mit dem ‹Cutlery-Stahl› billige und mit dem ‹Shear-Stahl› hochwertige Feilen, Sägen, Scheren und Messer, mit dem doppelt raffinierten Material schließlich Rasiermesser, Taschenmesser und Werkzeuge mit scharfer Schneide. Für den gelernten Uhr- und Schloßmacher Benjamin Huntsman (1704–1776) aus Doncaster, der nebenbei noch als Wundarzt wohltätig wirkte, wurden die Materialfehler auch des guten Schweißstahls bei der Herstellung von Federn, Pendeln und Ketten für die Uhren zum häufigen Ärgernis, so daß er nach Abhilfe suchte. Nach vielen vergeblichen Versuchen gelang ihm 1740 oder 1742 die Verflüssigung des Blasenstahles in feuerfesten Tiegeln bei Temperaturen von etwa 1500° C in einem koksbeheizten Windofen mit hoher Esse. In der Industrieanlage Abbeydale südlich Sheffield ist ein vor 1833 erbauter Tiegelofen nach dem Huntsman-Verfahren funktionsfähig erhalten und zu besichtigen.

Verschiedene feuerfeste Sorten von Ton aus Stourbridge, dessen Qualität die Glasmacher zuerst entdeckten und verwendeten, aus der heimischen Produktion in Sheffield und aus St. Austell in Cornwall, wo der China-Ton vorkam, kneteten die Tiegelmacher mit den Füßen zu einer einheitlichen und von Fremdkörpern freien Masse, aus der die Tiegel geformt wurden. Diese wurden getrocknet, bei Rothitze acht Stunden gebrannt und dann in den vertieften, aus Schamottsteinen gebauten Tiegelofen gestellt, der mit besonders hartem Koks gefüllt bis zur Weißgluttem-

67: Inneres einer Schmelzhütte des Abbeydale Hamlet-Freilichtmuseums bei Sheffield mit fünf Öfen (vier sichtbar). Tiegel zum Trocknen auf den Regalen, Zangen zum Öffnen der Tiegel, Körbe mit Koks, Trichter und Gießformen. Gebaut vor 1833.

peratur erhitzt wurde. Jetzt erfolgte mittels Trichter die Füllung des Materials, das aus genau abgewogenen Teilen von 5–8 cm kleinen Stücken Blasenstahl mit etwa 1% Kohlenstoffgehalt, kleinen Stücken Barreneisen und Scherben von grünem Glas als Flußbeimengung bestand, dessen genaue Zusammensetzung aber möglichst geheimgehalten wurde. Gegen Luftzutritt und Koksbefall, der den Guß verdarb, wurde der Tiegel mit einem sorgfältig verlehmten Deckel abgedichtet und der Stahl drei bis vier Stunden gleichmäßiger Hitze ausgesetzt (Abb. 67). Die Regelung der Temperatur, die genaue Festlegung der Brenndauer und der Abguß in die eisenbereiften Kokillen bedurften großer Erfahrung. War die Masse zu heiß, warf sie Blasen, war sie zu kalt, wurde der Stahl spröde. Das Verfahren erlaubte drei bis vier Brenngänge an einem Tag.

Mit Huntsmans Tiegelguß begann das eigentliche Stahlzeitalter. Sein Flüssigstahl war reiner und homogener als der Schweißstahl, weil die Schlacken abgeschöpft, die Blasen vermieden wurden und der Kohlenstoff gleichmäßig verteilt war. Die hohen Temperaturen bewirkten die Reduktion des Silikats und damit eine größere Härte. Der Stahl verband hohe Festigkeit mit großer Zähigkeit, so daß er zum Gießen *und* Schmieden verwendet werden konnte, was völlig neu war. Damit konnten Gegenstände in einer Güte produziert werden, wie es bisher nicht möglich war. Aus Tiegelstahl wurden Werkzeuge wie Meißel, Sensen, Feilen, Sägen, Messerwaren, feinmechanische Instrumente, Drehbänke, Nadeln, Münzstempel und Draht hergestellt und Waffen, Glocken und Maschinenteile gegossen. In den Büchern der von Huntsman in Attercliffe nördlich Sheffield gegründeten und von seinen Nachfahren bis zum heutigen Tag erfolgreich weitergeführten Firma finden sich Kunden wie Jedidiah Strutt und Matthew Boulton, der einer der größten Abnehmer war, und Firmen in Paris, Augsburg, Winterthur, Genua, Wien und Petersburg. Den Export nach Frankreich hatte der Erfinder aufgebaut, da die einheimischen Messerschmiede seinen schwerer bearbeitbaren Stahl boykottierten; diese ließen sich erst bekehren, als die französischen Waren aus dem besseren Stahl ihres Landsmannes auf den englischen Markt drängten.

Da Huntsman sein neues Produktionsverfahren nicht patentieren ließ, aber geheimhalten wollte, rankten sich um die Verbreitung seiner Erfindung zahlreiche Legenden. Samuel Walker soll sich im Winter als frierender Bettler verkleidet in die Werkstatt eingeschlichen und das Geheimnis ausspioniert haben (Abb. 68). Matthew Boulton soll Huntsman vergeblich als Partner nach Birmingham eingeladen haben. 1774 gab es in Sheffield drei, 1787 elf Tiegelstahlmacher, und die Zahl der Betriebe wuchs

68: Holzschnitt der Huntsman-Werke in Attercliffe bei Sheffield. Links Zementstahlöfen, rechts Tiegelstahlöfen.

mit Sheffields Anschluß an den Kanal 1819. Die Ausbreitung wurde auch dadurch erheblich gefördert, daß das Verfahren im Vergleich zum Schweißstahl arbeits- und zeitsparend und damit auch kostensparend war, so daß der Gewinn bei einer Tonne Tiegelstahl 1842 um 25 % höher lag als bei einer Tonne Gärbstahl.

Erschmolz Huntsman 1761 in Attercliffe in einem 13 Pfund fassenden Tiegel von etwa 25 cm Höhe im Jahr insgesamt 8 t, so erreichte ein Jahrhundert später die Produktion in Sheffield 51 686 t in 2437 Tiegeln mit etwa 50 Pfund Fassungsvermögen und damit rund 90 % der gesamten englischen Gußstahlerzeugung. Das Verfahren eignete sich für alle Betriebsgrößen vom Kleinbetrieb mit 5 Tiegeln wie in Abbeydale über Mittelbetriebe mit 30–40 Brennstellen bis zu Großbetrieben wie den Vickers-Werken, die 1869 aus 672 Tiegeln Kokillen bis 25 t Gewicht gossen.

Eine qualitative Verbesserung des Tiegelstahles brachte die Regulierung des Härtegrades und die Legierung. Seit der Engländer Heath 1839 dem Schmelzgut Mangan zusetzte, wurden Legierungsstähle mit Mangan, Silizium und später Aluminium üblich, die als Spezialstähle für hochwertige Schneidwerkzeuge und Drehbänke Verwendung fanden. Mit der Veränderung des Tiegelmaterials vom reinen Ton zu einer Mischung mit 20 % Koksmehl und 40 % Graphit konnten die Tiegel drei- bis viermal wiederverwendet werden, und zugleich erhöhte sich dadurch der Kohlenstoffgehalt des Schmelzgutes um 0,3–0,7 %, der beim reinen Ton um 0,1 % geringer war.

Um die Mitte des 19. Jahrhunderts setzte in der Stahlproduktion in zweifacher Hinsicht ein Strukturwandel ein:

1. Für den Tiegelstahl konnte statt des karbonierten Zementeisens Schmiedeeisen mit einer um 100° C höheren Schmelztemperatur als Ausgangsmaterial verwendet werden. Voraussetzung waren ein verbesserter Ofen und der Graphittiegel. 1862 bauten die River-Don-Werke das erste Stahlwerk ohne Zementöfen, die im Stadtbild von Sheffield nunmehr langsam verschwanden. Die enormen Brennstoffmengen von 6,25 t Koks je Tonne Tiegelstahl wurden dadurch ganz erheblich reduziert.

2. Mit der Erfindung Bessemers 1856/60 (Frischen mit Luft) begann die Substitution des schwedischen Holzkohleschmiedeeisens durch das niedergekohlte Kokseisen, das nun in großen Mengen zur Verfügung stand. So erreichte die Tiegelstahlerzeugung in Sheffield 1870 mit 100 000 t einen neuen Gipfel, der nach der Wahlrechtsreform von 1867 mit der Legalisierung des Verbandsstatus der Gewerkschaften zusammenfiel.

Corts Puddelprozeß schließt die technologische Lücke zum Schmiedeeisen

Der unglücklichste der großen englischen Erfinderpioniere des 18. Jahrhunderts, Henry Cort (1740–1800), war im Alter von 25 Jahren Marineagent der britischen Admiralität geworden, für die er schmiedbares Eisen in großen Mengen zu beschaffen hatte. In den Ankerschmieden der Schiffsarsenale an der Südküste Englands mußten 20 t schwere Anker unter langsam schlagenden, 20 Ztr. schweren Hämmern von acht Arbeitern geschmiedet werden. Der gespaltene Markt bot in großen Mengen billiges englisches Koksroheisen, das aber spröde und von der englischen Admiralität nicht zugelassen war, und in ausreichenden Mengen, aber zu höherem Preis das hochwertige importierte Holzkohlebarreneisen. Cort suchte nun in London und ab 1775 in seiner kleinen Schmiede mit wassergetriebener Walz- und Schneidemühle zu Funtley nördlich von Fareham bei Portsmouth (Hampshire) nach einem Verfahren, schmiedbares Eisen aus dem Koksroheisen sowohl in einer dem Holzkohleeisen vergleichbaren Qualität, als auch schneller und einfacher und damit in größeren Mengen und billiger als im langwierigen Prozeß des Holzkohlefrischens zu gewinnen. Cort ersetzte in der 1783 und 1784 patentierten Doppelerfindung das Holzkohlefrischen in der Schmiedeesse und das anschließende Schweißen der Luppe unter dem schweren Hammer durch die neue Kombination von Kohlefrischen im Puddelofen und Walzen.

Eisenschmelzöfen zum Verflüssigen des Hochofenroheisens benutzten die Gießer seit Biringuccios Gebläseschachtofen von 90 cm Höhe um 1540, aus dem Geschützkugeln gegossen wurden. In Europa entwickelten sich drei verschiedene Bauformen von Gießöfen. Der große französische Naturforscher René Antoine Ferchault de Réaumur (1683–1757), der sich intensiv mit dem Gießen, Glühen, Härten, Tempern und Zementieren des Eisens beschäftigte und erstmals bei seinem systematischen Prüfverfahren an Bruchproben des Eisens das Mikroskop verwandte, beschrieb 1722 einen kleinen Tiegelofen, dessen Gefäße zum Guß gestürzt werden konnten, so daß die beschwerliche und mit Temperaturverlust verbundene Schöpfarbeit mit Kellen überflüssig wurde. In England und Schweden goß man aus dem von dem Schweden Rinman 1745 beschriebenen etwa 2 m hohen Kupolofen in der Form eines verkleinerten und in der Höhe abgedeckten Hochofens, in dem Eisen mit natürlichem Wind und Holzkohle im 19. Jahrhundert mit Koks und Gebläse geschmolzen wurde. Die Darbys verwandten zum Einschmelzen von Gußeisenabfällen und Gußbruch wie zum Umschmelzen und Gattieren des Gußeisens aus dem Hochofen den in Messing- und Bleihütten benutzten Herdflammofen (air furnace oder reverberatory furnace), in dem das Schmelzgut

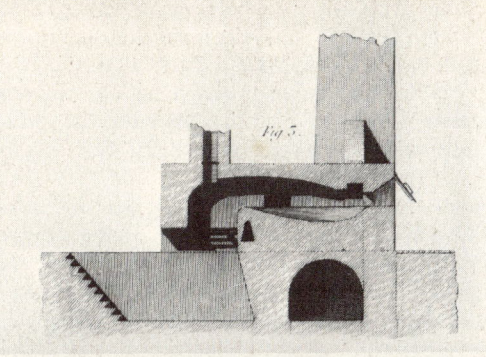

69: Puddelofen im Schnitt. Von der Feuerstelle im linken Teil des Bildes zogen die Flammen zwischen Ofengewölbe und eingemuldetem Herd zum Kamin. Mit langen Eisenstangen, die durch die Arbeitstür rechts am Ofen eingeführt wurden, rührten (rühren = to puddle) die Arbeiter das Roheisen, bis es teigig wurde. Beim Brennvorgang wurden zunächst Silizium, Mangan und Phosphor oxidiert; anschließend verbrannte der Kohlenstoff. Der linke Kamin über der Feuerstelle dient nur zum Anheizen, er wird danach mit einer Klappe geschlossen.

70: Der im Puddelofen gefrischte Eisenklumpen wird im glühenden Zustand aus dem Ofen gezogen. Der ganze Puddelvorgang mit anschließendem Hämmern und Auswalzen dauerte für 800 kg etwa zwei Stunden. Am Ofen arbeiteten zwei Vormänner, zwei Gehilfen und ein Heizer. Um 5 t Stahl zu erzeugen, erforderte das Herdfrischen eineinhalb Wochen, das Puddeln eineinhalb Tage und das Windfrischen nach Bessemer 20 Minuten.

Koksherd getrennt durch die Flammen und die Strahlungshitze verflüssigt wurde.

In einem solchen, für Versuchszwecke errichteten kleinen Flammofen gelang Thomas Cranege, der in einem Eisenwerk in Bridgenorth arbeitete, und seinem Bruder George, der bei den Darbys als Sandformer und Gießer tätig war, in Coalbrookdale 1766 zum größten Erstaunen der Eisenfachleute die ‹Verwandlung› des Koksroheisens allein durch die Hitze des Kohlefeuers in bestes Schmiedeeisen. Man war nämlich bisher überzeugt, daß die Kaltbrüchigkeit durch den Schwefel verursacht werde, den nur die in der Holzkohle befindlichen pflanzlichen Salze absorbieren könnten. Das 1766 patentierte Verfahren erreichte aber nur die industrielle Reife für das anspruchslose Ausgangsmaterial der Nagelschmiede.

Cort beheizte seinen Flammofen mit Rohkohle. Nach der Verflüssigung des Roheisens nach etwa einer Stunde hatte ein Arbeiter mit einer Eisenstange, die durch ein Loch der Beschickungstür gesteckt wurde, die heiße Masse durch Umführen, Rechen und Ausstreichen in ständiger Bewegung zu halten, so daß sich der Sauerstoff des natürlichen Luftzuges an der Oberfläche mit dem im gesamten Eisen enthaltenen Kohlenstoff zu Kohlenmonoxid verbinden konnte, das durch den Kamin entwich (Abb. 69). In dem Maße, in dem das Eisen zäher und teigiger wurde, ‹zu seiner Natur kam›, wie Cort sagte, wurde die harte Arbeit des Puddlers beschwerlicher (Abb. 70). Da der Frischprozeß im Puddelofen um so länger dauerte, je größer der Kohlenstoffgehalt des Eisens war, wurde das hochgekohlte englische Koksroheisen gewöhnlich in einem Koksfrischherd vorentkohlt, um den Puddelprozeß zu beschleunigen.

Die niedergekohlte und weitgehend entschlackte rotglühende Eisenluppe kam unter den schweren Raffinierhammer und anschließend, später sogar ohne den Umweg über einen Hammer, in die Raffinier- und Formwalze. Walzmühlen gab es bisher nur für die Bearbeitung fertigen Eisens, nicht für das Frischen. John Hanbury hatte 1720 ebene Walzen für die Weißblechfertigung eingeführt, John Payne 1728 ein Patent für leicht kalibrierte Walzen zum Formen von Flacheisen als Vorarbeit für das anschließende Schneiden zu Stäben erhalten, welchen Prozeß Swedenborg in seinem Werk ‹Regnum subterraneum› 1734 darstellte (Abb. 71). Für den Frischprozeß mußten die Walzen erheblich verstärkt und die Nutmaße auf etwa 2–3 cm erweitert werden. In den modernen Walzstraßen ist dieses System perfektioniert. Samuel Walker und Richard Crawshau verwendeten erstmals 1789 und 1790 die Wattsche Dampfmaschine mit Drehbewegung zum Antrieb ihrer Walzwerke. Keine andere Erfindung im Eisensektor fand eine so rasche Verbreitung in England und auf dem Kontinent wie Corts Puddelverfahren, weil dessen Übernahme technisch relativ einfach, patentrechtlich schwer kontrollierbar und unabhängig von der jeweiligen Hochofentechnik sowohl für Holzkohle- wie für Koksroheisen geeignet war. Die rasche Ausbreitung ist aber auch Corts unternehmerischem und persönlichem Unglück zu verdanken. Cort hatte in Gosport nahe Portsmouth zur industriellen Nutzung seiner Erfindung ein Eisenwerk in Partnerschaft mit Samuel Jellico errichtet und seine Patentrechte bei Halbierung der Gewinne dem Partner als Sicherheit übertra-

71: Durch Wasserkraft angetriebenes Eisenwalzwerk im 18. Jahrhundert. Die im Ofen auf Rotglut erhitzten Eisenschienen werden in den kalibrierten Walzen geformt und in ihrer Länge ausgedehnt.

gen, dessen Vater Adam Jellico 50000 Pfund Kapital im Laufe der Jahre in das Unternehmen steckte. Als sich aber 1789 herausstellte, daß ein großer Teil der Gelder von dem Marinezahlmeister aus einem Fonds für Seemannslöhne unterschlagen worden war, wurde sein Patent beschlagnahmt, und der Staat unterließ die Eintreibung der Lizenzgebühren. Henry Cort erhielt nach dem Zusammenbruch seines Werkes bis zu seinem Tod 1800 eine kleine Pension von jährlich 200 Pfund für sich und seine große Familie.

Die Bedeutung des neuen Frischverfahrens war weitreichend.

1. Holzkohleschmiedeeisen und Koksgußeisen waren bisher getrennte Wege gegangen. Nun aber hatte Cort die bisher für unüberwindlich gehaltene Barriere niedergerissen und dem spröden Roheisen den Weg zum wertvollen Schmiedeeisen geöffnet. 1787 und 1788 lieferte Cort 800 t an die Admiralität, deren Prüfungskommission dem Puddeleisen ein Auftragsmonopol erteilt hatte. Das neue Verfahren befreite die englische Eisenproduktion von der Abhängigkeit vom schwedischen und russischen Barreneisen. Napoleons Kontinentalsperre ab 1804 ver-

fehlte deshalb auf dem Eisensektor ihre Wirkung, verhalf im Gegenteil Englands Eisenproduktion auf der Grundlage des neuen Verfahrens zu einem starken Aufschwung. Ausländisches Holzkohleeisen wurde nur mehr für die Stahlerzeugung importiert.

2. Um 1 t Schmiedeeisen zu erzeugen, erforderte das Frischen in der offenen kleinen Holzkohlenesse 1½ Wochen, im Puddelofen 1½ Tage. In 12 Stunden konnten 1 t Barreneisen gehämmert, aber 15 t gewalzt werden. Diese enorme Beschleunigung des Frischprozesses als des bisher schwächsten Gliedes in der Produktionskette bewirkte einen neuen Schub des Hochofenbaues in England, wo die Zahl der Kokshochöfen in den Jahren 1788–1806 von 59 auf 162 stieg.

3. Der explosionsartige Produktionsanstieg des Puddeleisens bewirkte einen Preisverfall. Von 1802–1812 bewegten sich die Preise für schwedisches Barreneisen zwischen 35 und 40 Pfund je Tonne, während das englische Puddeleisen zwischen 20 und 28 Pfund kostete. Nagelschmiede zahlten für die Tonne 12 Pfund im Jahre 1812 gegenüber 20 Pfund um 1780.

4. Eine primär nicht beabsichtigte, aber nicht unerwünschte Nebenwirkung war die Substitution der Holzkohle durch die Steinkohle und ab 1832 auch durch die Braunkohle.

5. Das direkte System der Luppenerzeugung im Hochofen zog sich in Europa auf wenige Standorte zurück.

6. Das alte Produktionssystem Holzkohle–Wasserrad–Hammer war damit durch das neue technokratische System Kohle–Dampfmaschine–Walze abgelöst. Mit Henry Bessemers (1813–1898) Windfrischen im Konverter fand das Koksroheisen im letzten Schritt zum Stahl. Von 1100 bis 1766/1784 frischte man mit Holzkohle, ab 1784 mit Steinkohle, ab 1856/60 ohne Brennstoff mit Luft. Die Eisenproduktion war als flüssige Verbundwirtschaft von Schmelzen, Frischen, Gießen und Walzen ohne Erkalten vollendet.

IX. Industrialisierung und Gesellschaft in England

Das Textilgewerbe im Umbruch: Mechanisierung und Motorisierung nach 6000 Jahren Handarbeit

Eine andere, in vielen Aspekten sogar entgegengesetzte Entwicklung nahm das Textilgewerbe in der industriellen Revolution. Während sich die Montan- und Hüttenindustrie nach einem halben Jahrtausend von der Wasserenergie löste und die Hochöfen in den abgeschiedenen Flußtälern langsam verfielen, begann die Wasserkraft im Textilgewerbe erst jetzt mit den Erfindungen des mechanischen Spinnens einzuziehen und damit die Ansiedlung der textil mills in den moorigen Flußtälern zu beiden Seiten der Pennines.

Seit England im Spätmittelalter mit dem Ziel ‹Los von Flandern› von der Wollproduktion und Wollausfuhr zur Textilproduktion übergegangen war und in den großen Einhegungen der ersten Agrarrevolution weite Ackerflächen in Schafweiden umgewandelt hatte, blieben Wollsteuer und Textilzoll eine Haupteinnahmequelle des englischen Königs, dessen Schatzkanzler als Speaker des Oberhauses bis heute auf einem Wollkissen sitzt (Abb. 72). Mit der steigenden Nachfrage nach besserer Qualität verlagerte sich die Tuchherstellung von Ostengland mit dem Zentrum Norwich zu Beginn des 18. Jahrhunderts nach West-Riding (Yorkshire), wo genügend Kohle und das weiche Wasser der vielen Moore die Herstellung des Kammgarns in Bredford und Halifax und der feinen Wollkleider in Leeds und Wakefield begünstigten. Mittelengland wurde Zentrum der zweiten Agrarrevolution zwischen 1750 und 1830, welche die Gemengelage und die Subsistenzwirtschaft beseitigte und ein Agrarland schuf, das die Märkte der wachsenden Großstädte belieferte und für Europa mustergültig wurde.

Auf dem Kontinent begünstigten der Bauernschutz in Preußen und die Vertreibung der Großgrundbesitzer in der Französischen Revolution den Anbau von Flachs. So trugen der französische und der deutsche Bauer noch meist den Leinenkittel wie einst Cromwell. Der Adel ging nach der Kleiderordnung in Samt und Seide, in Damast und Brokat. Die fortschrittliche bürgerliche Gesellschaft in England bevorzugte die neuen Baumwollstoffe.

Seit England durch den ‹Asientovertrag› mit Spanien 1713 zur Drehachse des Welthandels zwischen Ostindien, Afrika und Westindien

72: Vorder- und Rückseite einer von den Unternehmern Moggeridge & Joyce, den Eigentümern der Wollfabrik Dunkirk in Freshford (Somersetshire), etwa 25 km südöstlich von Bristol, 1795 herausgegebenen Provinzialkupfermünze. Vlies und Fabrik symbolisieren die Entwicklung der englischen Textilwirtschaft. Die Schafwolle wurde mit anderen Landesprodukten wie Häuten, Getreide, Blei und Zinn in New Castle, York, Lincoln, Winchester, Exeter, Bristol und London gestapelt, verzollt und nach Brügge, Dordrecht oder Amsterdam transportiert. Die feinen flandrischen Tuche gingen dann als Importware nach England. Ab 1400 begann England mit dem Aufbau einer eigenen Tuchproduktion, die durch Wollausfuhrverbote im 17. Jahrhundert und Einwanderung auf dem Kontinent verfolgter Textilfacharbeiter befördert wurde. Als Betriebsformen entwickelten sich Handwerk, Hausindustrie, Manufaktur und Fabrik. Der Mangel an Kleingeld in den Industriestädten zwang die Unternehmer in der zweiten Hälfte des 18. Jahrhunderts zur Zahlung einer Pfundnote an vier oder fünf Arbeiter, die sich den Lohn dann in Geschäften oder Schankstätten teilen mußten. 1787 begannen deshalb erstmals die Parys Mine Company of Anglesey (eine Kupfergesellschaft) und John Wilkinson eigene Kupfermünzen zur Bezahlung ihrer Arbeiter herauszugeben. Viele Unternehmer im ganzen Land folgten diesem Beispiel und bestellten bei den Fabrikanten in Birmingham, insbesondere auch bei Boulton & Watt, kupferne Scheidemünzen.

(Amerika) auf der Grundlage der maritimen Hegemonie geworden war und gleichzeitig im Frieden von Utrecht 1713 die kontinentale Hegemonie Frankreichs verhindert hatte, stieg der Import von indischer Rohbaumwolle, die in England verarbeitet wurde. Die zum Schutze des englischen Textilgewerbes erlassenen Calico-Gesetze von 1700 und 1722, welche die Einfuhr und den Gebrauch aller bedruckten, bemalten, geblümten und gefärbten Baumwollstoffe nach dem 25. Dezember 1722 bei Strafe von 20 Pfund und einer Belohnung von 5 Pfund an den Denunzianten untersagte, bewirkten im Gegenteil in England den stufenweisen Aufbau einer Baumwollverarbeitung vom Ende des Produktionsprozesses her: drucken, bemalen, färben, weben, spinnen des Schußgarns, spinnen des Kettgarns. Indien brachte der entgegengesetzte Produktionsabbau den Zusammenbruch der blühenden Textilwirtschaft. Baumwolle hatte viele Vorzüge gegenüber den bisher verwendeten Textilien: Sie war billiger und reißfester als Wolle, die mehr Arbeit machte; sie war leichter zu färben als Leinen; außerdem kochfest, naßfest, hitzebeständig, lichtbeständig und deshalb universal verwendbar. Die gute Verspinnbarkeit der Faser verursachen die Baumwollwachse, die durch Alkalien beim Waschen nicht vollständig entfernt werden können. Das ozeanische feuchtwarme Klima in England erhält die natürliche Geschmeidigkeit der Faser, die in kalten mitteleuropäischen Klimazonen nur mit teuren künstlichen Luftbefeuchtungsanlagen versponnen werden kann.

Die Not macht erfinderisch. Newcomens Feuermaschine war die Antwort auf die Herausforderung der Grubenkrise.

In der konsumorientierten Textilbranche jedoch waren die Erfindungen Hargreaves, Arkwrights und Cromptons Ergebnisse der Marktdynamik von Nachfrage nach Baumwolltextilien einerseits und von Angebotsdruck des Imports der Baumwolle, die sich in den Lagerhallen des Überseehafens von Liverpool in Ballen stapelte, andererseits.

Die erste Spinnmühle mit vier Spindeln betrieb der ehemalige Barbier Richard Arkwright bei Nottingham mit einem Pferdegöpel 1769, seine zweite mit acht Spindeln und automatischer Garnzuführung 1771 in Cromford am Derwent mit Wasserkraft. Mit dieser Wassermaschine konnte erstmals auch der feste Kettfaden aus Baumwolle gesponnen werden, so daß man auf das Leinengarn verzichten und reine, wenn auch zunächst nur grobe Baumwollstoffe weben konnte. Derbyshire trat in Konkurrenz zu Lancashire. Das Spinnen war damit energieabhängig und standortgebunden. Entlang des schnellfließenden Derwent errichteten Jedidiah Strutt und Richard Arkwright eine Reihe von cotton mills in Cromford, Belper, Milford und Derby, welche die systematische Entwicklung der Fabrikproduktion einleiteten. War es schon nicht einfach, die drei Grundbewegungen des Spinnens, nämlich Ziehen, Drehen und Spulen im Wechsel, maschinell so zu konstruieren, daß das Gespinst ohne zu reißen dünn, gleichmäßig und fest gesponnen wird, so gestaltete sich die Entwicklung einer industriell gebrauchsfähigen Webmaschine noch schwieriger, da die beiden Schäfte gehoben und gesenkt, der Schütze nach beiden Seiten geworfen, die Lade angeschlagen und Kett- und Warenbaum gegenläufig gedreht und alle diese Bewegungen von einem Antrieb aus in der richtigen Reihenfolge gesteuert werden mußten. Außerdem mußte ein Schuß- und Kettenwächter installiert werden, der den Abriß des Fadens anzeige.

Zwar hatte Edmund Cartwright den mechanischen Webstuhl 1785/86 zum Patent angemeldet, aber die goldene Zeit der Handweber währte von 1770 bis etwa 1820, bis die Maschine ausgereift, verbessert, weniger reparaturanfällig war und 1816 etwa die siebenfache Leistung des Handwebstuhls erbrachte. Samuel Cromptons (1753–1827) Spinn-Mule, die den Faden nun fest und fein spann, begann ihren Siegeszug erst nach 1830. Die Reife der Arbeitsmaschinen fiel in etwa mit der Reife der Dampfmaschine für die Textilbranche zusammen. Die Wasserräder liefen bis dahin gleichmäßiger und ruhiger als die Dampfmaschine, die erstmals 1785 in Papplewick zum Antrieb einer Spinnmaschine verwendet wurde. In den Jahrzehnten nach 1820 begann der zweite große Umbruch in der Textilindustrie.

Der Dampf zog die Industrie vom Land in die Stadt. Der Handweberort Manchester entwickelte sich zum Zentrum der mechanischen Baumwollindustrie mit kombinierten Spinn-Web-Fabriken. Transportmäßig günstig nahe am Baumwollhafen Liverpool gelegen, nahm es genau die topographische Mitte zwischen den traditionellen Handwebbezirken in Bolton und im nordöstlichen Lancashire und der Spinnregion in Derbyshire ein. Die neuen Maschinen wurden nicht mehr wie bis 1785 vom Tischler und Schmied gebastelt, sondern in Maschinenfabriken aus Eisen gefertigt; der großen Feuergefahr wegen baute man auch die Fabriken möglichst aus Eisen.

Die Dampfmechanisierung der Baumwollverarbeitung bedeutete städtische Zentralisierung und Großkapitalisierung einer neuen Industrie, die das alte Wollgewerbe bedrängte.

Die Mechanisierung der Schafwollverarbeitung war technisch schwieriger, begann deshalb später und verlief, auch in der Umstellung von Wasser auf Dampf, langsamer als bei der Baumwolle. 1850 betrug das Verhältnis Dampfkraft zu Wasserkraft bei der Baumwolle etwa 6,5 : 1, bei der Schafwolle etwa 2 : 1. Außerhalb der Fabriken gab es in der zweiten Hälfte des 19. Jahrhunderts etwa noch 120000 Handweber.

Das ganze Ausmaß der mit den Erfindungen in der Folge verbundenen sozialen Revolution wird klar, wenn man bedenkt, daß das Spinnen eine gewerbliche Neben- und das Weben eine gewerbliche Hauptbeschäftigung großer Teile der ländlichen Bevölkerung in weiten Gebieten namentlich Ostenglands, aber auch in Derbyshire und Lancashire war, die meist mit eigenen Webstühlen und in eigenen Häusern, aber mit fremdem Rohstoff, d. h. im Verlagssystem arbeitete. Im Textilgewerbe in England hatte sich lange vor der Industrialisierung das Handelskapital der kaufmännischen Unternehmer des ländlichen Gewerbes bemächtigt. Im Unterschied zu Landwirtschaft und Eisenindustrie, die beide zum größten Teil mit eigenem Produktionskapital und von Männern der Branche aufgebaut wurden, dominierte in der Textilindustrie das Großkapital der großen Handelsunternehmen, deren Mitglieder sich in der Regel nicht in der Branche betätigten. Die Schärfe der sozialen Spannungen mußte hier das größte Ausmaß annehmen.

Der Wandel der Industrielandschaften und des Transports

Standortwandel durch Energiewandel

Die industrielle Revolution als Änderung der herrschenden Technik begann nicht in den Städten, sondern auf dem Land; in höheren Lagen waldreicher Täler, an Mühlenflüssen kleiner Dörfer, in abgelegenen Bergwerken: in Tipton, Coalbrookdale, Attercliffe, Broseley, Soho, Funtley. Das Zeitalter der Wasserkraftwirtschaft schuf Weiler (Hamlets) und kleine Dörfer im Umfeld der Mühlen. Die doppelte Substitution von Holz und Wasser durch Kohle und Dampf in der Eisenverhüttung und die doppelte Substitution von Holz und Wasser durch Eisen und Dampf im Maschinenbau erzwangen eine epochale Standortänderung der beiden Branchen: Die Dampfmaschine entband Eisenverhütung und Maschinenbau vom Energiewasser der abgeschiedenen Flußtäler, die Steinkohle band beide an die Standortnähe der Kohlegruben, in denen in England nicht selten

73: Eisenwerk mit Hochöfen und Kokereien in Marchiennes, Frankreich, dem Black Country vergleichbar. Holzstich 1882.

auch die Eisenerze lagerten. So bewirkten Dampfmaschine und Koks-hochofen die Deindustrialisierung der Fluß- und Gebirgstäler, die wir heute als Naturlandschaften schätzen, wo oft nur mehr Ortsnamen deren industrielle Vergangenheit bezeugen, und die Industrialisierung des bedeutendsten englischen Kohlereviers in den westlichen Midlands, wo sich Kohlebergwerke, Eisenerzbergwerke, Kokereien, Hochöfen, Gießereien, Puddelöfen, Walzwerke, Maschinen- und Textilfabriken in einem Raum ballten: Das Black Country entstand (Abb. 73). Der Aufbau dieser neuen Industrielandschaft und der damit verbundene rapide Produktionsaufschwung waren ohne ein leistungsfähiges, zuverlässiges und kostengünstiges Transportsystem zur Beförderung der Massengüter Kohle, Erz, Kalk, Sand, Steine, Holz, Eisenwaren und Baumwolle im Binnenland nicht möglich. Der Anstoß zum Aufbau eines solchen Systems kam aber nicht von den Bedürfnissen der Eisen- und Maschinenbauindustrie, sondern von den kritischen Engpässen bei der Versorgung der wachsenden Bevölkerung mit Kohle für Hausbrand und Gewerbe.

Die Revolution des Personenverkehrs: Das Zeitalter der Postkutsche

Alle Großstädte in England um 1700, wie London, Bristol und Liverpool, waren Hafenstädte, die ihren Aufstieg dem Seehandel und ihr Bevölkerungswachstum dem Küstenhandel verdankten. Hunderte von 200-t-Küstenschiffen löschten für die 670 000 Londoner um 1700 Kohle, Getreide, Steine, Ton und andere Massengüter aus den schottischen Häfen, aus Newcastle und Hull an den Themsedocks. Im Binnenland gab es kein auch nur annähernd vergleichbares Transportsystem und darum auch keine Großstädte.

Die englischen Landstraßen standen noch im 18. Jahrhundert in dem Ruf, mit die schlechtesten in Europa zu sein. Der Warentransport erfolgte entweder mit Packpferden oder mit pferdebespannten Fuhrwerken. Letztere kamen ab 1700 stärker in Gebrauch, weil Pferde besser ziehen als tragen können. Ein Gespann von sechs Pferden beförderte dieselbe Ladung wie etwa 30 Packpferde. Aber im Gegensatz zu den Pferdehufen bedurften die Wagenräder eines festeren Untergrundes, der vielfach fehlte. In Gegenden mit lehmhaltigen oder moorigen Böden waren die von den lokalen Kirchsprengeln betreuten Landstraßen für Monate unpassierbar. Mit dem größeren Wohlstand seit Beginn des 18. Jahrhunderts drängten Kaufleute, Ärzte, Lehrer, Angestellte, Anwälte, Ladenbesitzer, Manufakturisten und Journalisten immer stärker auf eine Verbesserung der gefürchteten Landstraßen. Zudem bedrohten während der Kriege mit Frankreich französische Kaperschiffe die Küstenschiffahrt. Das englische Parlament nahm die Landstraßen aus der Obhut der Gemeindeverwaltung und übertrug sie in Pacht auf 21 Jahre privaten lokalen Treuhandgesellschaften, welche die Instandsetzung der Straßen aus den Einnahmen von Straßen- und Brückenzöllen finanzierten. Das neue System beruhte auf dem Grundsatz, daß die Kosten der Straßenerhaltung die Benutzer der Straßen selbst tragen sollten und Staat und Gesellschaften dabei noch Gewinne machen könnten. Betrug die Zahl der Parlamentsakte zur Genehmigung von privaten Straßengesellschaften in der ersten Hälfte des 18. Jahrhunderts noch durchschnittlich 8 im Jahr, so verfünffachte sie sich ab 1750 bis 1790 und erreichte in der Zeit von 1791 bis 1810 mit 55 Genehmigungen im Durchschnitt pro Jahr ihren Höhepunkt. In einer Zeit, in der auf dem Kontinent die innerstaatlichen und kleinterritorialen politischen Zollschranken allmählich abgebaut wurden, errichteten die Engländer an den Straßen und Brücken ihrer Gemeindegrenzen Gatter und Zollhäuschen in kurzen Abständen für Personen- und Güterverkehr (Abb. 74).

Die Straßenverhältnisse besserten sich zwar, weil die Einnahmen der auf Gewinn bedachten Gesellschaften vom Zustand der Straßen abhingen, aber gute Straßen blieben rar, weil wie bisher die Dorfbewohner und nicht Straßenarbeiter die Strecken bauten und ausbesserten. Um die starke Einfurchung und damit die zunehmende Zerstörung der Straßen

74: Zollschranke und Zollhäuschen in Poolway im Forest of Dean. Fotografie von 1888. An den Stationen wurden Gewicht der Fahrzeuge, Zahl der Pferde und Beschaffenheit der Räder überprüft. Im Umkreis von 60 km von London waren Fahrzeugwaagen Pflicht der Zollstationen. Häufig waren Zerstörungen der Anlagen durch das einfache Volk, das von den Zollgebühren am stärksten betroffen war, zumal Farmer und Landadel vom Sonderzoll auf Fahrzeugen über drei Tonnen befreit waren.

zu vermindern, erließ die Regierung zahlreiche Verfügungen über Höchstgewicht der Ladungen, Zahl der Pferde und Mindestbreite der Wagenreifen, die 1715 auf 22 cm festgesetzt wurde. Nicht die Straßen paßten sich dem Güterverkehr, sondern der Güterverkehr paßte sich den Straßen an. Eine Umkehrung dieses Grundsatzes trat erst ein, als Straßenbauingenieure gegen Ende des Jahrhunderts die Straßen wie die Römer vor 1700 Jahren in Britannien zu pflastern bzw. zu schottern und zu entwässern begannen und ab 1860 die Steine mit der neuen Dampfwalze befestigt wurden.

Während für Fuhrwerke eine Tagesleistung von nur 30 km auf unbefestigten Strecken noch 1829 durchaus üblich war, steigerte sich die Geschwindigkeit der Reisekutschen im 18. Jahrhundert ganz beträchtlich. Die öffentliche Kutsche von London nach dem etwa 250 km entfernten Bristol brauchte 1675 drei Tage, 1700 zwei Tage, 1763 einen ganzen Tag und in der Schnellkutsche 1775 nur mehr 16 Stunden. Infolgedessen nahm auch der Reiseverkehr erheblich zu. 1756 verkehrte zwischen London und Brighton täglich eine Kutsche, 1811 waren es bereits 28 Kutschen. Ab 1785 erfolgte die Einbeziehung der Briefpost in das schnelle Beförderungsmittel. «Es gab niemals eine erstaunlichere Revolution im inneren System eines Landes», schrieb ein Beobachter 1767, «als in England im Zeitraum von wenigen Jahren (beim Reiseverkehr) geschehen ist» (Cannon, 1973, S. 48). Das Zeitalter der Postkutsche von 1750–1830 bedeutete tatsächlich ein qualitativ neues Kommunikationssystem für Menschen und Ideen, weil es die rasche Verbreitung der technischen Neuerungen ermöglichte und die Integration der technischen Unternehmer zu einer neuen Mittelschicht vorantrieb.

Die Revolution des Güterverkehrs durch den Kanalbau

Da die Landstraßen den Anforderungen des Personen-, aber nicht des Güterverkehrs gewachsen waren, nutzten die Engländer im Binnenland wo irgend möglich die Flußschiffahrt als Transportmittel. Schiffstransporte, gleichgültig ob von Menschen oder Tieren gezogen, waren zudem drei- bis achtmal billiger als Landtransporte. Thames, Severn und Trent wurden schon seit dem Mittelalter von Schiffen befahren. Bristols Bedeutung als Handelsstadt (s. Abb. 23) und Coalbrookdales günstige Marktlage waren dem Umstand mitzuverdanken, daß der Severn 250 km ohne künstliche Beihilfe von Coalbrookdale bis zur Mündung schiffbar war. Die Periode von 1600 bis 1750 wurde ein Zeitalter der Verbesserung der Flußschiffahrt. Ausgebaut wurden Mersey, Wey, Avon (Warwickshire), Stour (Worcestershire), Irwell von Warrington bis Manchester 1720 und Don für 20-t-Schiffe bis Rotherham von 1726–1740. Obwohl man bis zur Mitte des 18. Jahrhunderts insgesamt Flüsse in einer Länge schiffbar gemacht hatte, die etwa der Länge der von Natur aus schiffbaren Flüsse glich, vermochten Fluß- und Straßentransport zusammen den wachsenden Transportanforderungen nicht mehr nachzukommen. Die Lösung brachte der Ausbau eines Kanalsystems.

Da die Kohlekarren des Kohlebergwerks Worseley nur bei trockenem Wetter die 25 000 Einwohner der nur 13 km entfernten aufstrebenden Handweberstadt Manchester erreichen konnten, kam es hier wiederholt zu Versorgungsengpässen, auch von Lebensmitteln, und 1758 sogar zu Hungerrevolten. Das englische Parlament genehmigte daraufhin den Plan des Herzogs von Bridgewater, Manchester durch einen Kanal mit seinen reichen Kohlegruben zu verbinden. Die Ausführung dieses Projekts 1759/60 durch den genialen Mühlenbauer James Brindley (1716 bis 1772) war revolutionär: Die Streckenführung folgte erstmals keinem Flußlauf, sondern der kürzesten vom Gelände bestimmten Verbindung; der Kanal hielt das gleiche Niveau ohne Strömung; die Wasserzufuhr erfolgte nicht aus einem Fluß, sondern aus dem gehobenen Grubenwasser des Bergwerks; schließlich führte er den Kanal durch einen 1,5 km langen Tunnel in das Innere des Bergwerks, so daß die Kohlen unmittelbar vor Ort in die Boote geladen werden konnten. Die Attraktion der Strecke war das Kanalaquädukt bei Barton über den Irwell (Abb. 75), das Arthur

75: Das Kanalaquädukt bei Barton über den Irwell 1759/60 galt als die kühnste Ingenieurleistung der Zeit. Die Brücke war 200 m lang und führte in mehr als 12 m Höhe über den Irwell. Der von J. Brindley erbaute Manchester-Worseley-Kanal eröffnete den Beginn des Kanalzeitalters, das einen nationalen Markt schuf.

Young 1768 beschrieb: «Wenn man nach Barton Bridge kommt und gleichzeitig hinabblickt auf den großen Fluß, auf dem schwerbeladene Lastkähne getreidelt werden, und hinaufblickt zu einem zweiten Fluß, der in der Luft hängt und auf dem Schiffe dahinsegeln, so wirkt dieses Bild wie ein Zauber ...» (Klingender, 1974, S. 23/24). Technische Schwierigkeiten bereiteten das Gewicht der Wassermassen und die Abdichtung mit wasserdichtem Ton und 1795/96 erstmals mit gußeisernen Platten, die zu Trögen zusammengeschraubt wurden. Auch wirtschaftlich hatte der Kanal durchschlagenden Erfolg. Der Herzog hatte einen großen Absatzmarkt, die Kunden eine wesentlich billigere Kohle.

Der Bau weiterer Kanäle verfolgte vier Ziele: primär die Versorgung der Bevölkerung mit Kohle, dann die Anbindung der Industriestädte an die Seehäfen, schließlich den Aufbau eines Kanalnetzes, das alle wichtigen Industriestädte miteinander verknüpfte (Grand Trunk Canal und Grand Junction Canal) und endlich den Anschluß einzelner Firmen durch Stichkanäle. 1777 konnte man von Liverpool nach Hull und von Hull nach Bristol auf Inlandwasser fahren.

Den ersten großen Kanalprojekten widersetzten sich aber zahlreiche Interessengruppen: die Flußschiffahrtsgesellschaften, die um ihr Transportmonopol fürchteten, die Pächter der Zollstraßen, die Spediteure und Fuhrleute, die Wagnermeister und Stellmacher, die Gastwirte, die Landeigentümer, die ihre Wegerechte nicht verkaufen wollten, und die Mühlenbesitzer, also die Gewerbetreibenden und Manufakturisten, die wie Boulton befürchteten, die Kanäle grüben ihnen ihr Mühlenwasser ab (Abb. 76). In zahlreichen Streitschriften und harten Parlamentsdebatten wurde das Thema erregt diskutiert. Die wirtschaftlichen, technischen und finanziellen Erfolge verwandelten aber bald die Gegner in Anhänger und erzeugten in den 90er Jahren ein wahres Kanalfieber. Bei einem Normalzinssatz von 4–5 % waren Dividenden von 8 % nicht selten. Die Oxford-Kanal-Gesellschaft zahlte mehr als 30 Jahre sogar 30 %. Der Wert mancher Anteile stieg auf das Zwanzigfache an. Freilich gab es auch Pleiten. Im Unterschied zum Großkapital der Übersee-Handelsgesellschaften und zum ‹mittelständischen bürgerlichen› Kapitel der Partnerschaften in Eisen- und Maschinenbauindustrie finanzierten jetzt auch die Ersparnisse der kleinen Leute ein Großunternehmen, das bis 1830 etwa 20 Millionen Pfund verschlang. Die Kanalgesellschaften gaben in diesem Umfang erstmals Kleinaktien aus, die populär wurden.

Kanalbau und Kanalsystem hatten für die Entwicklung der industriellen Revolution große Bedeutung.

1. Gesamtengland hatte erstmals ein zuverlässiges, witterungsunabhängiges, ungefährliches und billiges Massentransportsystem. 1815 gab es kaum mehr als 1600 km Straßen, aber 1800 schon 3200 km schiffbares Wasser, davon annähernd ein Drittel Kanäle, ein Drittel offene Flüsse

76: Karikatur in einer englischen Zeitung über die Auseinandersetzung zwischen Mühlenbesitzern und Kanalbauern um das Wasser. Zwiesprache angesichts des am Grund des Kanals gestrandeten Frachtschiffes: «Wir trotzen den Mühlenbesitzern! Bruder, wir müssen ein Patent haben.» «Wenn wir nicht die Quellwasser des Irk benutzen dürfen, gebrauchen wir unsere eigenen.»

und ein Drittel schiffbar gemachte Flüsse. Die Transportleistung des Pferdes steigerte sich vom Packpferd mit $\frac{1}{8}$ t Gewicht zum Zugpferd auf unbefestigten Straßen mit 1 t, auf Makadam-Straßen mit 2 t, auf Eisenschienen mit 8 t, auf dem Treidelpfad eines Flußschiffes mit 30 t und eines Kanals mit 50 t. In Zeiten der Kornknappheit, wie im Januar 1793, benutzten die Kanalbauer diesen Umstand zur Werbung: «Ein Pferd kann an Kanälen 60mal soviel Last ziehen als auf den Straßen, und das Futter für die 59 Pferde erfordert außerdem wenigstens 400 Acres (= 161 ha) Land» (Burton, 1972, S. 47).

2. Die Kohleförderung stieg von ca. 4 Millionen t 1750 auf 10 Millionen t 1800 und 44 Millionen t 1855 an. Die Kohlenschächte wurden bis weit über 600 m Tiefe vorangetrieben. Die Hälfte aller vom Parlament zwischen 1758 und 1802 genehmigten Schiffahrtsakte hatten die Beförderung von Kohle als erstes Ziel.

3. Die Transportkosten für die Beförderung von Massengütern zwischen Manchester und Liverpool sanken durch den Kanalbau von 40 Shilling

je Tonne auf 7 Shilling je Tonne. Dieser Kostensturz auf ein Fünftel halbierte den Kohlepreis in Manchester, Liverpool und Birmingham, was nicht nur Industrie und Gewerbe, sondern auch den ärmeren Schichten sehr half. Es wurde der Begriff ‹soziale Industrie› geprägt.

4. Die kostengünstige Verbindung von Rohstoffgewinnung, Industrieproduktion und Seehandel trieb den wirtschaftlichen Aufstieg Gesamtenglands rapide voran. Der Kanalbau war überdies gleichzeitig Tunnelbau, Brückenbau, Schleusenbau, Bootsbau, Hafenbau, Städtebau (wie Stourport in Worcestershire), Werftbau, Bau von Lagerhäusern, Pumpanlagen, Treidelwegen und Kanalgaststätten an Kreuzungspunkten mit Landstraßen.

5. Im Unterschied zu beiden anderen, zeitlich parallel verlaufenden, politisch bedeutsamen Parlamentsentscheidungen, der Privatisierung der Landstraßen und der Privatisierung des Gemeindeeigentums durch die Einhegungen, sprengten Planung, parlamentarische Durchsetzung, technische Durchführung, Finanzierung und Nutzung der Kanäle den lokalen und regionalen Rahmen. Es entstand so etwas wie ein nationales Technik- und Fortschrittsbewußtsein, das die Industrialisierung schneller als bisher vorantrieb.

Ein fast schlagartiges Ende der Benutzung des auf etwa 4000 km ausgebauten Kanalnetzes in England und Wales brachte 1838 die Eröffnung der wichtigen Bahnlinie London–Birmingham, weil die einheitliche Spurbreite der englischen Eisenbahnen das zeitraubende Umladen der Massengüter aus den 4,5 m breiten und 19,5 m langen Kähnen der großen Kanäle von Trent und Mersey in die 2,3 m breiten und 23 m langen Boote der wasserärmeren, aber schleusenreicheren Midland-Kanäle und schließlich in die kleineren Boote der schmaleren Wasserwege von Shropshire und des Südwestens beseitigte. Die Bauingenieure und das Heer der Kanalarbeiter (navvies) wechselten fast geschlossen zum Eisenbahnbau (Railway navvies) über. Innerhalb von zehn Jahren, von 1838 bis 1848 bauten die ca. 200 000 gutbezahlten Arbeiter das Streckennetz von 800 km auf 7360 km aus (Chambers, 1974, S. 36). Kurioserweise hatte sich das lokal begrenzteste Transportsystem der erstmals 1768/71 gegossenen und auf dem Werksgelände in Coalbrookdale verlegten Eisenschienen zuletzt zu Lande durchgesetzt. Das Zeitalter der Postkutsche und der Kanäle war beendet und kohlebeheizte Dampfeisenbahn, kohlebeheiztes Dampfeisenschiff ersetzten Segelschiff, Kanalboot und Postkutsche.

Bevölkerungswachstum und Industrialisierung

Da Entwicklung und Ausbreitung der industriellen Revolution mit einem rapiden Wachstum der Bevölkerung von 6 Millionen im Jahre 1740 auf 6,7 Millionen im Jahre 1760, 7,6 Millionen im Jahre 1780, 9,2 Millionen im Jahre 1800, 14 Millionen im Jahre 1821 und 18 Millionen im Jahre 1851 in England und Wales einhergingen, ist die Frage bedeutsam, ob diese Bevölkerungsexplosion eine Voraussetzung oder eine Folge der industriellen Revolution gewesen ist.

Wie in vielen anderen europäischen Ländern begann auch in England der Bevölkerungsanstieg bereits vor der industriellen Revolution. Von 1695 bis 1720, also in nur 25 Jahren, wuchs die Einwohnerzahl um 800000 auf 6 Millionen. Den kontinuierlich stärksten Zuwachs hatten die Grafschaften des Nordens und des Nordwestens. In einer Zeit der wirtschaftlichen Aufbruchstimmung nach der ‹glorreichen Revolution› 1688 wanderten zahlreiche junge und tatkräftige Gewerbetreibende aus den städtischen zunftgebundenen Betrieben des Südens, vor allem Londons, in die neuen Regionen, wo das metallverarbeitende und das textile Gewerbe aufblühten. Diese ‹Vorindustrialisierung› bewirkte einen Strukturwandel der Bevölkerung in den ländlichen Gebieten, die nunmehr ihr Einkommen häufig zur Hälfte aus der Landwirtschaft und zur Hälfte aus gewerblicher Tätigkeit bezog und damit wachsende Kaufkraft für Güter über das Existenzminimum hinaus entwickelte. Für sie galt weder das Hemmnis feudaler Abhängigkeit ‹Kein Land, keine Heirat›, noch die städtisch und kommerziell orientierte Zunftregel ‹Kein Meister, keine Heirat›. Nach einem kleinen ‹Eiszeitalter› von 1550–1700 verbesserten ungewöhnlich gute Ernten von 1715–1755, die Ausdehnung des Kartoffelanbaues nördlich vom Trent und die Flußkanalisation die Ernährungslage. Mit dem Abbau des Süd-Nord-Gefälles verband sich der Abbau des Hungers als eines täglichen Problems. Diese Entwicklung wurde durch die Verdopplung des Imports und des Exports infolge des maritimen Aufstiegs begünstigt, politisch durch eine 40jährige Periode inneren und weitgehend auch äußeren Friedens seit 1714 abgesichert und durch die Gewerbepolitik des ersten Premierministers Robert Walpole von 1721–1742 gefördert, unter dem der grundbesitzende Adel (die Tories) die Parlamentsmehrheit an die Partei der Whigs, die neue städtisch orientierte Geldaristokratie, verlor. England hatte zu Beginn des 18. Jahrhunderts einen wesentlich höheren Lebensstandard als Frankreich oder Deutschland erreicht.

Im Gegensatz zu Mittelalter und früher Neuzeit vermochten die 1728/29 und 1740/41 auftretenden Mißernten und die großen Epidemien der Jahre zwischen 1718 und 1741 die Bevölkerung nicht mehr zu dezimieren, sondern nur ihren durch den wirtschaftlichen Aufschwung bedingten Anstieg für zwei Jahrzehnte zu hemmen. Zwischen 1720 und 1740 stagnierte die Bevölkerung bei 6 Millionen, ab 1750 wuchs sie wieder weiter rapide an. Die Pest, die im letzten Katastrophenjahr 1665 in London allein in einer Septemberwoche 8297 Menschen dahingerafft hatte, starb aus, weil die braune Wanderratte die schwarze Hausratte vertrieb und eine Flohart aufkam, die das menschliche Blut mied. Die Zähmung zahlreicher anderer epidemisch auftretender Infektionskrankheiten, der Tuberkulose, der Lungenentzündung, der ‹Influenza›, aller Arten von Fieber, vor allem des Typhus, die teilweise durch den wachsenden Schiffsverkehr aus fremden Kontinenten eingeschleppt worden sein mochten, wirkte sich erst in der zweiten Hälfte des 18. Jahrhunderts aus. Von ihnen waren besonders Säuglinge und Kleinkinder betroffen. Die regelmäßig alle fünf oder sechs Jahre auftretenden Pockenseuchen immunisierten die Überlebenden in der Regel permanent und konnten sich deshalb nur als Kinderseuchen ausbreiten. Die 1796 von dem englischen Arzt Eduard Jenner erstmals durchgeführte Pockenimpfung wurde erst 1875 zwangsweise in England eingeführt.

Säugling und Kleinkind waren auch deshalb gesundheitlich am gefährdetsten, weil sie sozial die Schwächsten waren. In der Agrargesellschaft wurde das Kleinkind nicht verhätschelt, sondern eher vernachlässigt. Es war kein Unglück, sondern ein unveränderbares Schicksal, wenn nur jeder zweite Säugling überlebte. Was Ärzte aus ländlichen Gebieten in Deutschland in der Zeit zwischen 1805 und 1837 berichteten, galt weitgehend auch für Verhältnisse in England 100 oder 150 Jahre früher: «Die Gleichgültigkeit der Mütter für die Ernährung der Kinder ist groß, insbesondere was das Stillen betrifft. Sie verkaufen die beste Kuhmilch, während sie sich und ihre Kinder mit einer elenden Wassersuppe ernähren. Sie essen aus verdrecktem Geschirr. Die Reinlichkeit ist mangelhaft. Der Familienzuwachs ist den Eltern gleichgültig. Die Resistenz der Bevölkerung gegen medizinische Maßnahmen ist groß. Ein Arzt wird kaum je gerufen» (Imhof, 1982, S. 203). In den ärmsten Familien, bei den Häuslern und Landarmen, war die Säuglings- und Kleinkindersterblichkeit am größten.

Der wichtigste Faktor für das rapide Bevölkerungswachstum im 18. Jahrhundert war der Rückgang der hohen Sterberate, insbesondere von Kindern und Säuglingen, in den ländlichen Regionen bei zunächst weitgehend unveränderter Geburtenrate. Starben im Gesamtgebiet von England und Wales in den 1730er Jahren noch 35,8 von 1000 Einwohnern, so fiel diese Rate auf 21,1 Tote in den Jahren 1811–1820. Die Geburtenrate stieg 1851 von etwa 34 auf 37 je 1000 Einwohner. Die Phasen des Bevölkerungswachstums stimmen mit den Phasen der Industrialisierung überein (Tab. 12).

Hatte die Ausdehnung der binnenwirtschaftlichen Grenze nach Nor-

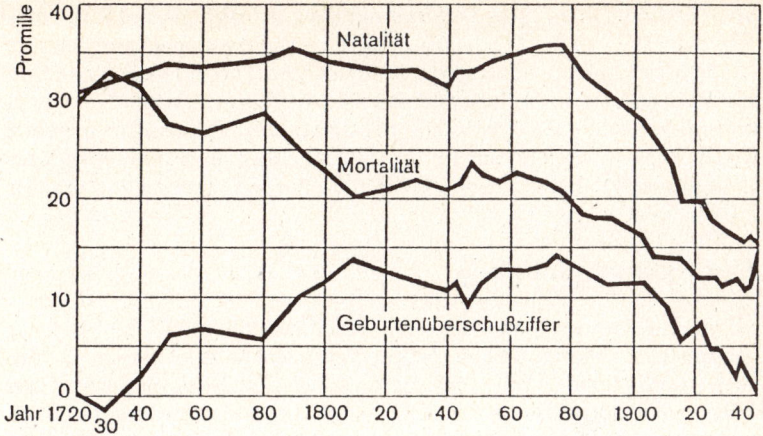

Tabelle 12: Bevölkerungsentwicklung in England von 1720–1940.

den eine regional und sozial verbesserte Ernährungslage und damit einen Bevölkerungsanstieg seit 1695 hervorgerufen, so erzeugte die seit 1750 weiter rapide wachsende Bevölkerung eine wachsende Konsumnachfrage nach besseren Lebensmitteln, nach Kohle, Kleidern, Geschirr, Eßbestecken und anderen Haushaltsartikeln, welche die Produktion von Gütern in Massen, die Erfindertätigkeit und den Bau des Kanaltransportsystems anspornte. Die Verbreitung des Kokshochofens, der Dampfmaschine zur Wasserhaltung in den Kohlebergwerken, die Ausweitung des Töpfereigewerbes in den Potteries und des Baumwollgewerbes in den Regionen östlich von Liverpool wie der Ausbau der Stahl- und Messerherstellung in Sheffield kennzeichnen diese zweite Phase. Das Wachstum der Bevölkerung beschleunigte sich in den 80er Jahren bei weiter fallender Sterberate durch eine weitere Steigerung der Geburtenrate. Nach einer Generation war jetzt eine Gesellschaft entstanden, in der die Zahl der heiratsfähigen jungen Leute, welche die besonders gefährdete Kindheit überstanden hatten, ungewöhnlich hoch war. Dazu kam, daß sich durch die verbesserten Aufstiegschancen der jungen Männer das hohe Heiratsalter der Frauen bei der ersten Ehe von durchschnittlich 30 Jahren bis in die Zeit von 1719 auf 23,3 Jahre bis 1825 senkte. Genau gleichzeitig mit dem neuen, dritten Bevölkerungsschub schnellte jetzt die Wachstumsrate der gesamten Industrieproduktion von unter 1 % in den ersten drei Vierteln des 18. Jahrhunderts sprunghaft auf über 3 % im letzten Viertel an. Die Versorgung einer seit 1750 um das Doppelte angewachsenen Bevölkerung von 12 Millionen im Jahre 1815 war nur dank der Dampf- und Wassermaschinisierung und der Mechanisierung der Arbeitsvorgänge möglich.

Kochfeste Baumwollwäsche und Eisen- und Töpfergeschirr erhöhten die Reinlichkeit des Leibes und des Essens. Das Abkochen der Baumwollwäsche tötete die Typhuslaus, das Abkochen der Kuhmilch minderte den häufig tödlichen Sommerdurchfall der Säuglinge, die kohlebeheizten gußeisernen Öfen und Herde schützten vor der gefürchteten Winterkälte.

Die Agrarrevolution

Da in England der grundbesitzende Adel auch die politische Macht im Parlament innehatte, weil das passive Wahlrecht an Bodenbesitz und Bodensteuer gebunden war, verfocht England traditionell eine Politik der hohen Getreidepreise. Im Widerspruch zur Merkantilpolitik der kontinentalen Länder, die niedere Getreidepreise zur Förderung von Gewerbe und Handel anstrebten, erließ Wilhelm III. (1689–1700) als Gegenleistung für die Bewilligung der Grundsteuer durch den Adel 1689 ein Gesetz, nach dem bei niederen Getreidepreisen der Einfuhrzoll erhöht und die Ausfuhr von Getreide vom Staat prämiert werden sollte, damit der Inlandspreis wieder stiege. Das Gesetz galt für Weizen, Roggen, Gerste und Malz. Seither stieg die Getreideausfuhr besonders aus den transportgünstigen küstennahen Gebieten bis auf 220000 t im Jahre 1751 und entsprach damit der Versorgungsmenge eines Viertels der Gesamtbevölkerung Englands. Aber der Marktmechanismus funktionierte nicht wie beabsichtigt: Die Inlandspreise für Getreide blieben weiter niedrig, ja sanken teilweise bis zur Mitte des Jahrhunderts. Die ungewöhnlich guten Ernten dieser Zeit, die ‹Stadtflucht› vieler Menschen in den ländlichen Norden und deren landwirtschaftliche Eigenversorgung, der Kartoffelanbau, die Stagnation der Bevölkerung zwischen 1720 und 1740 und schließlich Produktivitätsverbesserungen der subventionierten Grundbesitzer erhöhten das Überangebot an Getreide. Der sinkende Getreidepreis erhöhte die Reallöhne und schuf wachsende Kaufkraft für Wäsche, Kleider, Geschirr, Zucker, Fleisch, Bier und Gin. Seit das Parlament unter Wilhelm III. das Brennen von Weizen und Gerste förderte, vervielfachte sich der Ginkonsum und erreichte auf dem Höhepunkt des ‹Gin-Zeitalters› mit 36 Millionen Litern den enormen Pro-Kopf-Verbrauch von sechs Litern im Jahr (s. Abb. 25). Mit den Getreiderückständen der Schnapsbrenner und Bierbrauer mästete man in London zahlreiche ‹Stadtschweine›, deren Fleisch im Überfluß und zu niedrigen Preisen angeboten wurde. Die englische Landwirtschaft befand sich in einer langanhaltenden Phase wirtschaftlicher Depression, war aber leistungsfähig, als das zweite Bevölkerungswachstum in der Mitte des Jahrhunderts einsetzte. Dieses verursachte eine säkulare Wende und einen Strukturwandel der Landwirtschaft.

Die ständig wachsende Nachfrage nach mehr und besseren Agrarprodukten trieb ab 1750 den Getreidepreis in die Höhe, reduzierte den Export und erhöhte den Import, der 1772 erstmals die Ausfuhr überstieg. Am Ende dieser Entwicklung stand die Aufhebung der Kornzölle 1846, als nach dem Gipfel des natürlichen Bevölkerungswachstums in der zweiten und dritten Dekade des 19. Jahrhunderts sich das liberale Unternehmer- und Bürgertum zusammen mit der Arbeiterbewegung der Chartisten gegen die Grundbesitzer durchsetzte. Mit den ab 1750 steigenden Agrarpreisen stiegen die Bodenrente und die Nachfrage nach Ackerland. Die Landwirtschaft führte neue Kulturpflanzen ein, erhöhte die Produktivität durch eine neue Agrartechnik und dehnte das Ackerland aus.

Mit der Übernahme der seit einem Jahrhundert in Flandern praktizierten Fruchtwechselwirtschaft durch Lord Townshend in Norfolk, der 1730 aus dem Kabinett Walpole austrat und sich ganz der Landwirtschaft widmete, begann die endgültige Ablösung der mittelalterlichen Dreifelderwirtschaft. Der Anbau von Weizen, Rüben, Gerste und Klee im vierjährigen Fruchtwechsel erweiterte die bebaute Ackerfläche um ein Drittel, da die Brache entfiel. Die Futterpflanze Klee verbesserte den Boden, die Rübe ermöglichte die Vorratshaltung und die Winterfütterung von Rindern und Pferden in Ställen in großer Zahl. Entsprechend den veränderten Ernährungsgewohnheiten der Menschen wurde die Viehhaltung weitgehend von der Fleisch- auf die Milchproduktion umgestellt. In der systematisch betriebenen Tierzucht setzte sich die schwarze friesische Milchkuh durch. Eine Ertragssteigerung je Bodeneinheit brachte die Entwässerung von Feuchtäckern durch offene und überdeckte Gräben und schließlich Tonrohre und die Verbesserung des Bodens durch gebrannten Kalk, Lehm, die Hornabfälle der Griffmacher in Sheffield, die basische Schlacke der neuen Kokshochöfen, Stallmist und später die Superphosphate der chemischen Industrie. Weizen konnte nun auf Böden angebaut werden, auf denen seit urdenklichen Zeiten nur Roggen gewachsen war.

Eine geradezu revolutionäre Veränderung der Agrartechnik und der Bodenbearbeitung setzte die Verwendung der bereits 1701 von Jethro Tull erfundenen und 1785 durch Cook verbesserten Sämaschine in Gang. Im Unterschied zur ungleichmäßigen Handsaat sicherte das neue Gerät eine bessere Keimung der Saat durch richtige Bodentiefe und gleichmäßige Abstände, ersparte bis zu zwei Dritteln an Saatgut und ermöglichte erstmals die beständige Lockerung und Belüftung des Bodens wie die Beseitigung des Unkrauts nach der Keimung durch Pflug und Hacke infolge der gleichmäßigen Abstände zwischen den Saat- und Steckreihen (Abb. 77). Bislang konnte der Acker nach der Keimung nicht mehr ohne

77: Sämaschine für fünf Saatreihen 1787 von Wright, der die Erfindung Jethro Tulls verbesserte. Aus dem Trommelbehälter fallen die Samen auf die Löffel und in die zur Erde leitenden Trichter. Bisher kannte man das Pflanzholz und das breitwürfige Säen, das große Saatverluste brachte und die Pflege des Bodens während des Wachstums der Pflanzen verhinderte. Nach Thomas Cook, der die Sämaschine weiter verbesserte, verbreiteten sich die Neuerungen des Landbaues aber nur mit einer Geschwindigkeit von einer Meile pro Jahr in England.

78: Kentischer Kehrpflug für schwere Böden auf leicht hügeligem Gelände, 1796. Das lange, schräg aufwärts gerichtete Grindel ruhte vorne auf einem Zweiradgestell und gabelte sich hinten gewöhnlich zur Doppelsterze. Mit dem verstellbaren Sech (Pflugmesser) und dem verstellbaren Streichbrett oder dem (erstmals 1716 erwähnten) eisernen Streichblech konnte der Bauer nach der Wende am Ende der Furche so zurückpflügen, daß die Scholle wieder zur Talseite geworfen wurde, so daß im Unterschied zum Beetbau eben gepflügt werden konnte. Der in der hügeligen Landschaft Kents entwickelte Kehrpflug kam ab der Mitte des 18. Jahrhunderts auch in den Cotswolds und im schottischen Hochland in Gebrauch. Allein für den Hufbeschlag der in der Landwirtschaft zunehmend eingesetzten Spannpferde sollen 1760 rund 15 % des gesamten Eisenverbrauchs in England verwendet worden sein. Der Gesamtbedarf an Eisen für die Landwirtschaft zu diesem Zeitpunkt wurde auf 30–50 % geschätzt.

Schädigung der Frucht betreten werden. Nun konnten pferdegezogene Hackmaschinen mehrere Reihen von Rüben gleichzeitig bearbeiten. Ein neuer leichter Pflug mit einer dreiseitigen Schar und einem gebogenen Streichbrett für die leichten Böden Ostenglands, der von zwei Pferden gezogen wurde, ersetzte den vierseitigen Pflug, der von vier, sechs oder acht Ochsen gezogen werden mußte (Abb. 78). Robert Ransome aus Ipswich entwickelte 1789 erstmals einen Pflug, der ganz aus Eisen bestand und dessen Schar sich durch den Gebrauch selbst schärfte, weil die untere Oberfläche schneller als die obere Oberfläche abgeschreckt worden war. Der Eisenbedarf der Landwirtschaft für Pflüge, Hufeisen, Eggen, Walzen und andere Geräte wuchs beträchtlich. Der Eisenindustrielle John Wilkinson steckte große Summen in die Landwirtschaft und stellte 1798 eine Dreschmaschine mit Dampfantrieb auf. Auf dem Feld löste nicht der Dampf, sondern erst der Dieseltraktor das Pferdegespann wirklich ab.

Die neuen Agrartechniken verbreiteten sich sehr langsam. Nur größere Betriebe waren in der Regel reformwillig und reformfähig, verfügten über die nötigen Kapitalien, Ackerflächen und Kenntnisse. Ein großes Hindernis für Rationalisierungsmaßnahmen bildete die seit dem Mittelalter überkommene Flureinteilung: Die rings um das zentral gelegene Dorf ausgebreiteten offenen Felder mit Sommergetreide, Wintergetreide und Brache waren in etwa 10–14 m schmale und etwa 200–280 m lange Streifen aufgeteilt, die an einem Tag gepflügt werden konnten. Zwischen diesen Gewannen liefen grüne Feldraine, Fußpfade und Fahrwege. Die adeligen Grundbesitzer betrieben nun mit aller Macht die Zusammenlegung ihrer Flurstücke, die Aneignung des Gemeindeeigentums an Wiesen, Wald, Wasser und Wegen und später des Eigentums der Kleinbauern und Häusler. Das Parlament bewilligte routinemäßig die Reformanträge für die einzelnen Dörfer, Ackerkommissionen erarbeiteten den neuen Plan, und meist innerhalb von 12 Monaten nach dem Parlamentsakt wurde dieser durchgeführt: Man fällte die freistehenden Bäume, beseitigte Sträucher, Feldraine und Feldwege, faßte die schmalen Flurstreifen zu meist quadratischen Feldern von etwa 150×150 m bis etwa 200×200 m mit Größen von 5–10 Tagwerken zusammen und hegte diese mit Weißdornhecken, Holzgeländern und flachen Gräben oder in höhergelegenen Gebieten wie Derbyshire mit Kalksteintrockenmauern ein. Die Grundbesitzer erbauten in zentraler Lage inmitten ihrer Felder einen neuen einzelstehenden Gutshof. Außerdem wurden neue, meist schnurgerade und im Winter bis zu 3 m Breite ausgefahrene Landstraßen mit Abzweigungen zu den einzelnen Dörfern angelegt. Innerhalb weniger Jahre erfolgte eine völlige Verwandlung des Landschaftsbildes.

Die von 1760–1815 ständig ansteigende und von 1815 bis zum Generalakt von 1845 sinkende Zahl von Parlamentsakten erfaßte insgesamt etwa 3500 Dörfer mit insgesamt etwa 3,6 Millionen ha Ackerland. Nach dem Stand von 1688 war damit die zweite Hälfte der Ackerflur bis auf ganz wenige Reste eingehegt. Dazu kamen noch etwa 800 000 ha Moor-, Heide- und andere Ödlandschaften, die zum größten Teil in der ersten Hälfte des 19. Jahrhunderts kultiviert wurden. Die Gebühren- und Investitionskosten von durchschnittlich einem, ab 1792 zwei Pfund je Tagwerk oder durchschnittlich 2000 Pfund für einen Parlamentsakt und die vermutlich höheren Auslagen für die Durchführung lohnten sich für Grundbesitzer und Staat. Produktivität und Rentabilität stiegen erheblich. Der Staat erhöhte die Bodensteuer 1775 um 33 % von 3 Shilling auf 4; die Einnahmen aus dieser Steuer kletterten von 73 000 Pfund im Jahre 1776 auf 814 000 Pfund im Jahre 1781, verelffachten sich also innerhalb von nur fünf Jahren. Der Grundbesitz der Landlords machte jedoch kaum mehr als ein Drittel des Familieneinkommens aus. «Die hohen Grundsteuern holten die Landlords vielfach als Zinsen für ihre Kredite an die Regierung über die Bank von England wieder herein» (Kluxen, 1971, S. 16).

Nach einer seit Marx bis heute verbreiteten Ansicht bewirkten die Einhegungen, die «parlamentarische Form des Raubes» (Marx, 1947, S. 763), die Verproletarisierung der Bauern und deren Flucht in die Städte, wo sie den Unternehmern als industrielle Reservearmee gedient hätten. Neuere Untersuchungen kommen zu völlig anderen Ergebnissen. Danach erhielten sich zahlreiche Familienbetriebe und eine Schicht mittlerer Farmer mit einem Besitz um 100 ha. Letztere hatten ihren Besitz in der ersten Hälfte des Jahrhunderts durch Verkauf von Nutzungsrechten und durch Zusammenlegung kleinerer Betriebe (engrossings) vergrößert oder später durch Pacht von Großgrundbesitzern erworben. Hatten die Einhegungen im 15./16. Jahrhundert vielfach Naturweiden für Schafe geschaffen, welche die Bauern vertrieben, so entstanden im 18. Jahrhundert mehr Fettweiden für Rinder. «Die Milchwirtschaft eignete sich natürlich ideal für bäuerliche Familienbetriebe. Zweifellos trug der wachsende Absatz für Käse und Butter zu jener Zeit mit dazu bei, daß Kleinbauern in Weidelandregionen überleben konnten» (Blum, 1982, S. 89). Dies gilt besonders für die bäuerlichen Betriebe der Midlands in den Randgebieten der wachsenden Städte. In den auf Getreide spezialisierten Anbaugebieten verloren mit den Einhegungen der Gemeindewiese und des Gemeindeholzes zahlreiche Häusler und Kleinbauern ihren Besitz und sanken auf die Stufe landloser Landarbeiter. Mit der Verschlechterung der sozialen Stellung war aber keine Verschlechterung der Lebensbedingungen verbunden. Und sie verließen auch nicht das Dorf, wie viele Kleinbauern in der Zeit der landwirtschaftlichen Depression von 1660–1740. Das offene Felddorf zerfiel nicht, sondern erweiterte sich oft nach der Einhegung, weil die alten Farmhöfe in zwei oder drei Landarbeiterhäuschen umgewandelt wurden. Die Landarbeiter mußten in der Regel härter und länger als bisher arbeiten, verdienten aber gerade in den Einhegungsgebieten des Nordens mehr als im Süden. In den Ackerdörfern Nottinghamshires, wo im 18. Jahrhundert etwa 40 % eingehegt wurden, sank die Sterberate von 26,0 % im Jahre 1764 auf 18,1 % im Jahre 1801 und damit wesentlich stärker als in den Industriedörfern der Grafschaft. Die gewaltige Ausdehnung der Ackerflur, die zahlreichen Einhegungsarbeiten und die Intensivierung von Ackerbau und Viehzucht erhöhten trotz der Rationalisierung durch Wegeersparnis und langsame Mechanisierung die Nachfrage nach Arbeitskräften. Die entrechteten Kleinbauern wurden also nicht in die Fabriken getrieben. Auch Teile der durch natürliches Wachstum vermehrten Landbevölkerung fanden Arbeit in der Landwirtschaft.

Während die Zahl der in der Landwirtschaft Beschäftigten zwischen 1760 und 1851 um etwa 300 000 wuchs, fiel deren Anteil an allen Erwerbstätigen von etwa 50 % im Jahre 1760 auf 35 % im Jahre 1801 und 16 % im Jahre 1851. Dementsprechend stieg «der Anteil der in der Industrie, im Bergbau sowie im Handel und im Transportwesen Beschäftigten ... von maximal 25 % in 1760 auf 63 % im Jahre 1851» (Eggebrecht u. a., 1980, S. 194). Ohne Agrarrevolution hätte die auf das Dreifache angewachsene Bevölkerung von 18 Millionen bis zur Aufhebung der Kornzölle nicht ernährt werden können.

Die industriellen Ballungszentren

Das Wachstum der Industriesiedlungen

In den hundert Jahren von 1750–1850 stieg der Anteil der Bevölkerung in Städten mit mehr als 5000 Einwohnern von 15 % auf 50 % der Gesamtbevölkerung. Während sich die Gesamtbevölkerung in diesem Zeitraum verdreifachte, wuchs die Bevölkerung von Manchester und Birmingham in der gleichen Zeit um das Sechzehnfache, in Manchester von etwa 20 000 auf 335 000, in Birmingham von etwa 25 000 auf 242 000. Für diese Verdichtung der Bevölkerung im Nordwesten Englands sind hauptsächlich vier Komponenten verantwortlich: die lokale und regionale Zuwanderung ab etwa 1700, das starke Eigenwachstum ab etwa 1780, die Einwanderung irischer Arbeiter ab 1820 und die organisierten Bevölkerungstransporte aus dem Süden ab 1830.

Nach dem Niederlassungsgesetz von 1662 konnten Arme nur in der Pfarrgemeinde ihres Geburtsortes Armenunterstützung beanspruchen, und Gemeinden konnten Zugewanderte, von denen anzunehmen war, daß sie der Unterstützung anheimfallen würden, innerhalb von 40 Tagen nach ihrer Ankunft gewaltsam in ihren letzten Wohnort zurücktransportieren. Kaum eine Entschärfung brachte der Parlamentsbeschluß von

1795, der die Vertreibung auf tatsächlich Unterstützungsbedürftige begrenzte. Diese Bestimmungen behinderten eine Binnenwanderung und den freien Austausch der Arbeitskräfte über größere Strecken. «Die Folge war, daß in den stagnierenden Gebieten des Südens und Ostens akute ländliche Arbeitslosigkeit und Unterbeschäftigung existierten, in den expandierenden Industrieregionen des Nordens und Westens aber ein fortwährender Mangel an Arbeitskräften bestand. Hätte es nicht eine hohe Rate des natürlichen Zuwachses in den Industrieregionen des Nordwestens und der Midlands und deren unmittelbaren Hinterlanden gegeben, wäre es in der Tat zweifelhaft, ob der Prozeß der Industrialisierung sich so rasch entwickelt hätte, wie er es tat. Was sich ereignete, war keine Binnenwanderung von überzähligen Arbeitskräften aus dem Süden und Osten nach dem Norden und Westen, die eine Nachfrage nach Arbeitskräften hatten, vielmehr strömten über verhältnismäßig kurze Entfernungen die Menschen von den ländlichen Gebieten in die nächstgelegenen industriellen Zentren. Eine relativ langstreckige Bewegung gab es in den 30er Jahren, als die neuen Armenkommissionen ganze Familien mit kurzfristigen Kontrakten von den südlichen Gebieten nach Lancashire verfrachteten, aber der größte Teil der Wanderung hatte lokalen Charakter» (Deane, 1976, S. 145/46). Das Ausmaß der Binnenwanderung war freilich gewaltig: 1851 lebte in England die Hälfte der Bevölkerung außerhalb des Geburtsortes. Das Eigenwachstum der Städte ab etwa 1780 ergab sich hauptsächlich aus der steigenden Geburtenrate. In Nottingham erhöhte sie sich von 40 im Jahre 1770 auf 46 im Jahre 1790. Diese Steigerung der Fruchtbarkeit war eine Folge der neuen Altersstruktur in den Städten. Die zahlreichen jungen, aus dem Land zugewanderten Arbeiter hatten mehr Kinder, heirateten früher und häufiger als bisher üblich und möglich. Das durchschnittliche Heiratsalter der Frauen sank von 30,7 Jahren um 1700 auf 23,3 Jahre in der Zeit von 1825–1837; die Heiratsrate stieg auf 12 von 1000 Einwohnern im Jahr. Die neuen Ballungszentren waren für diesen Zustrom organisatorisch nicht gerüstet. «Manchester und Birmingham waren keine Städte, sondern nur parishes (Kirchspiele, Pfarrgemeinden) und hatten die gleiche Verfassung wie ein Dorf ...» (Plumb, 1978, S. 36). Es gab die vom Pfarrer und den Gemeindemitgliedern gewählten zwei Kirchenvorsteher, zwei Polizisten, mehrere Armenvorsteher, einen Aufseher der Landstraßen und vielleicht einen Aufseher für Gewicht, Maß und Markt sowie für die Qualität des Biers. Sie führten ihre Ämter ehrenamtlich auf ein Jahr und unterstanden der Aufsicht und der Kontrolle des Friedensrichters, welcher der Gutsbesitzer war. 1752 wurde in Birmingham ein Geschworenengericht als Berufungsgericht eingerichtet. Birmingham besaß 1800 mit 73 670 Einwohnern zwei Kirchen und vier Kapellen, drei Schulen, ein 1733 errichtetes Armenhaus, ein 1779 vollendetes Krankenhaus, eine 1779 gegründete öffentliche Bücherei und ein 1774 gebautes Theater. Träger aller Einrichtungen mit Ausnahme des Armenhauses waren Privatstiftungen, kirchliche Gemeinschaften oder Bürgerkomitees.

Der Wohnungsbau

Den Bau von Häuschen für die in die Stadt einströmenden Menschen bewerkstelligten Maurer und Zimmerleute, die ein kleines Stück Land kauften, das Material besorgten, die Mauern aufbauten und für die anderen Arbeiten billige Arbeiter, oft Lehrbuben, verpflichteten. Alle Schritte mußten mit Krediten für drei Monate finanziert werden. Da es nach den Wuchergesetzen verboten war, mehr als 5 % Zins zu verlangen, und Staatsanleihen gleich viel, Kanalaktien beispielsweise wesentlich mehr Rendite abwarfen, war es schwierig, Kredite aufzutreiben. Das Pachtsystem begünstigte die Ausdehnung des Hausbaues, weil es mit einer enormen Steigerung der Bodenrente verbunden war. So konnte der Bischof von London, dessen Vorgänger 1730 in Birmingham ein agrarisch genutztes Land im Wert von 400 Pfund jährlicher Pacht erworben hatte, denselben Grund im Jahre 1766 für 2400 Pfund jährlich vermieten (Rees, Vol. I, 1972, S. 134). In einem Viertel Birminghams, in dem es 1779 nur 3 Häuser gab, standen 1780 55, 1781 144 und 1791 833 Häuser. «Der Reisende, der alle sechs Monate Birmingham besucht, darf voraussetzen, daß er die Stadt kennt, aber es kann ihm passieren, daß er im Herbst eine Straße mit Häusern findet, wo er im Frühling sein Pferd grasen sah», schrieb ein Zeitgenosse (Hoskins, 1977, S. 221). Es wurden im 18. Jahrhundert genügend Häuschen gebaut, die dem Standard der Zeit entsprechend nicht schlechter als die auf dem Lande waren. Im Jahre 1800 waren von den 16 403 Häusern in Birmingham 1875 unbewohnt.

Eine grundlegende Verschlechterung der Situation trat ein, als in den beiden Jahrzehnten nach dem Ende der Napoleonischen Kriege (1793 bis 1815) der stärkste Bevölkerungsschub im Verstädterungsprozeß einsetzte und dieser Bevölkerungsdruck eine rapide steigende Nachfrage nach Wohnraum in den Industriedörfern hervorrief. Dazu kam ein Nachholbedarf aus der Kriegszeit, in der der Hausbau zugunsten der Kriegsrüstung vernachlässigt worden war. Verschärft wurde das Problem durch eine inflationäre Preiserhöhung für Baumaterialien und Löhne. Während der allgemeine Preisindex von 1788–1821 ‹nur› um 20 % stieg, kletterten die Preise für Ziegel um 100 %, für Eichenbauholz um 150 % und für Fichtenholz gar um 237 %, weil die Einfuhr während des Krieges behindert war und nach dem Krieg der finanziell geschwächte Staat Zölle und Steuern erhöhte, um die Kassen zu füllen. Der Versuch des britischen Premierministers William Pitt, 1784 Verbrauchssteuern auf Kohle und

1796 auf Roheisen einzuführen, war am Widerstand der Branchen gescheitert. «Für eine Industrienation», schrieb Watt in einer Eingabe an den König, «sind Steuern auf Rohprodukte Selbstmord. Besteuert doch den Luxus, den Genuß, das Einkommen. Es ist nicht gut, der Henne den Hals zuzudrücken, die goldene Eier legt» (Sittauer, 1981, S. 97). Die Hauptsteuerlast ruhte auf dem Boden, weil auch die Gemeindesteuern, wie die Kirchensteuer, die Armensteuer, die Steuern für Straßenbau, Pflasterung, Reinigung, Beleuchtung und andere lokale Aufgaben über

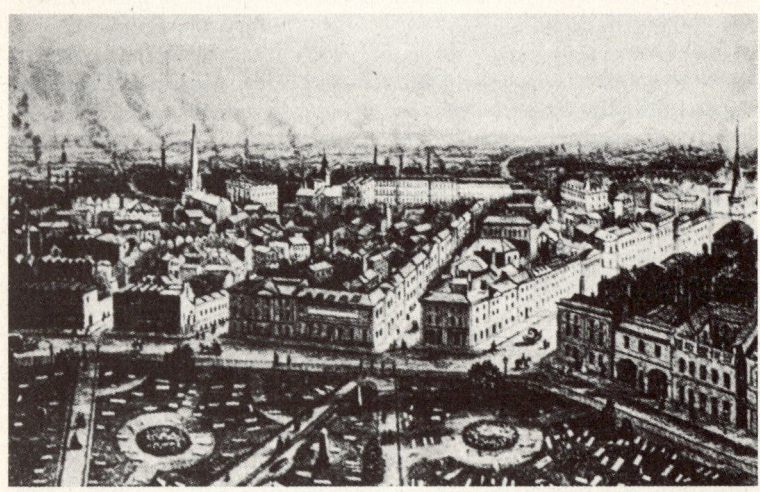

79: Birmingham um 1775 und um 1830. Das hügelige Gelände der Ansiedlung erleichterte die Entwässerung, so daß es hier weniger Slums als in anderen Städten gab.

den Haus- und Grundbesitz, oft zusammen mit der Miete, eingezogen wurden. Eine Haussteuer «für die Anlage öffentlicher, breiter und sicherer Wege und Durchfahrten innerhalb der Stadt und für die Reinigung und Beleuchtung der Straßen, Gassen, Wege und Durchgänge und zur Zurückdrängung und Verhinderung von Ärgernissen und Hindernissen» (Schofield, 1963, S. 88) wurde in Birmingham erstmals 1769 durch einen Privatakt des Parlaments genehmigt. In den Jahren um 1800 wurden mit dem Steueraufkommen von 17 000 Pfund 7000 Arme unterstützt, die zwölf Armenaufsehern unterstanden. Die örtlichen Friedensrichter entschieden über Befreiungen von Steuern für Arme. Grundstückskosten, Baukosten und Steuerlasten trieben die Mietpreise in die Höhe. Mit minderwertigstem Material und ungelernten Arbeitern wurden die Arbeiterhäuschen in größter Eile und einfachster Bauweise meist Rücken an Rücken erstellt. Sie hatten oft nur 13 qm Grundfläche und 12 cm dicke Außenmauern. Von 1830–1840 wurden in Birmingham 2000 solcher Häuschen zum Preis von 60 Pfund errichtet. Nach der Senkung der Steuern auf Holz und Ziegel 1850 fiel der Preis auf 40 Pfund. Um Steuern zu sparen, hatten sie maximal sieben Fenster, seit Wilhelm III. (1689–1702) 1696 eine Fenstersteuer eingeführt hatte, nach der für alle Häuser bis zu sieben Fenstern jährlich 6 Shilling bezahlt werden mußten. Diese Pauschale entfiel 1825, aber die progressive Steuer für weitere Fenster blieb

80: Arbeitersiedlung (back-to-back cottages) bei einer Textilfabrik in Preston (Lancashire). Illustration zu einem 1844 veröffentlichten Fabrikbericht.

bis 1851, dem Jahr der Errichtung des Glaspalastes, erhalten und war mitverantwortlich für die Lichtarmut der Wohnkasernen. Da die typisch britische Eigenheimmentalität einen großen Flächenbedarf zur Folge hatte und die offenen Felder rings um die Städte eine bauliche Expansion zunächst verhinderten, wurde der Baugrund rar und teuer. 1799 wurde der letzte Rest der Birminghamer Heide als Bauland erschlossen (Abb. 79). Infolgedessen verbaute man Gärten und Innenhöfe in der Stadt und griff auf Gelände aus, das bisher als unbewohnbar galt. Auf dem flachen Gelände der kanalseitigen Niederungen am Rande der Städte oder auf freiem Feld, wo der Boden schlecht und der Grund billig war, entstanden die neuen Industrieanlagen wie Boultons Gießerei, und rings um die Fabriken wuchsen auf dem nicht entwässerten Gelände die Unterkünfte der Arbeiter ohne Wasserzuführung und ohne Entwässerung empor. Die Slums waren geboren. Das Wort bedeutet Schlamm und wurde zuerst ab etwa 1820 für Elendsquartiere gebraucht (Abb. 80).

Lebensbedingungen und Umweltverschmutzung

In diesen Vierteln traten die mit dem raschen Bevölkerungswachstum auftretenden Probleme besonders drückend in Erscheinung: Es fehlten Bau und Pflasterung von Straßen und Brücken, Reinigung und Beleuchtung der Straßen und Wege, der Abfluß des Regenwassers, Zuleitung, Reinigung und Verteilung des Trinkwassers. In London flossen Abwässer bis 1763 offen in Rinnsteinen in der Mitte der Straße, und die Exkremente wurden nur in den besseren Wohnvierteln jede Nacht abtransportiert. Die Versitzgruben wurden allmählich und in sozial abgestufter Reihenfolge durch offene, dann bedeckte Sickergräben, Regenkanäle, wöchentlich geflutete Kanäle wie in Hamburg 1843 und schließlich Schwemmkanäle ersetzt. Einen entscheidenden Beitrag für die Verbesserung der Trinkwasserversorgung leistete die Eisenbranche durch die Massenproduktion gußeiserner Rohre und die Technik der Abdichtung mit Hilfe von Hanf und Eisenkitt zur Verbindung der etwa 3 m langen Einzelteile. Gußeisen erwies sich für die großen Druckleitungen gegenüber den anderen Materialien Holz, Stein, Blei, Kupfer und Ton als weit überlegen.

In den fünf größten Ballungsgebieten, abgesehen von London, in Birmingham, Bristol, Leeds, Liverpool und Manchester, stieg infolge der schlechten Lebensbedingungen die Sterberate von 20,7 je 1 000 Einwohner im Jahre 1831 auf 30,8 im Jahre 1841 an. Mehr als die Hälfte starb an Infektionskrankheiten. «Die Hospitäler töteten im frühen 19. Jahrhundert wahrscheinlich mehr als sie kurierten» (Hill, 1976, S. 255). Am schlimmsten betroffen waren die Kinder in den Armenhäusern, von denen nur jedes dritte oder vierte das 5. Lebensjahr erreichte. Die Situation besserte sich erst, als im Zuge der ‹großen administrativen Revolution›, die zwischen 1820 und 1840 einsetzte, die dörflichen Ballungszentren städtische Verwaltungseinrichtungen bekamen, welche die Privatinitiativen ablösten. Manchester, mit 150 000 Einwohnern ‹das größte Dorf im Land›, erhielt 1838 und 1853 die Stadtrechte. Die englischen Städte wurden gegen Ende des Jahrhunderts Vorbilder an Reinlichkeit und Sauberkeit für das kontinentale Europa.

Im Gegensatz zu den Verhältnissen in den Ballungszentren (Abb. 81) erbauten die Unternehmer der größeren Firmen mit Wasserkraftantrieb wie Strutt und Arkwright an den abgelegenen Standorten neben ihren Spinnmühlen gegen Ende des 18. Jahrhunderts Fabrikdörfer mit Arbeitersiedlungen, Schule, Gasthaus, Geschäft und Kapelle. «Die selbst nach heutigen Maßstäben solide und gefällige Bauweise der Häuser» erweckt «den Eindruck einer gewissen Großzügigkeit» (Hey/Radkau, 1983, S. 178). Matthew Boulton hatte ein patriarchalisches Verhältnis zu seinen

81: Fotografie der Industrieanlage des Sir Titus Salt (1803–1876), genannt Saltaire, nahe Bradford bei Leeds (Yorkshire). Salt erbaute 1851–1853 zur Verarbeitung der besonders weichen Wolle des südamerikanischen Alpakas eine große Fabrik nach dem modernsten Standard der Zeit mit einem Maximum an natürlichem Licht und an Belüftung, aber auch Häuser für seine Arbeiter, ab 1871 Kirche, Hospital, Bäder und Schulen. 50 Jahre nach Robert Owens Modell New Lanark bei Glasgow war Saltaire eine weitere rühmenswerte Ausnahme von Unternehmerfürsorge für Arbeiter in industriellen Ballungsgebieten.

Arbeitern und ließ sich gern als ‹Vater von Soho› bezeichnen. Er gründete 1792 für seine Firmenangehörigen eine Sozialversicherung, die bei Krankheit und Tod Unterstützung leistete. Er wohnte wie Josiah Wedgwood und Richard Arkwright unmittelbar neben dem Werk, auf das man stolz war. Die Söhne dieser drei Unternehmer kauften sich Landgüter und Landhäuser fern von Lärm, Staub und Ruß ihrer Fabrik auf sonnigen Anhöhen, wo sie residierten und von wo sie sich mit dem Wagen zur Firma fahren ließen.

Mühlenräder machen weder Rauch noch Schmutz, noch großen Lärm. Wo aber die Kohle als Heizmaterial diente, verpestete der Rauch die Luft und schwärzte die Häuser. London und Nottingham waren die ersten Städte, die unter Luftverschmutzung zu leiden hatten. Die englische Königin Eleonore, die Gemahlin Heinrichs III. (1216–1272), verließ wegen der Rauchschwaden des Industrieortes fluchtartig das Schloß Nottingham. In London wurden 1285 und 1288 bereits Klagen laut, und 1307 untersagte ein königlicher Erlaß bei Geldstrafe die Verwendung von ‹Seekohle› in den Kalköfen von East Smithfield, Southwark und Wapping. Fünf Jahre vor dem großen Brand von London 1666, dem 13 700 Häuser, unter ihnen alle 44 Zunfthäuser und 87 Kirchen, zum Opfer fielen, erzeugten nach John Evelyns ‹Fumifugium› von 1661 die Gewerbebetriebe in London bereits so viel Rauch aus den Steinkohlenöfen, daß Londons Himmel so dunkel wurde wie der von Troja nach dessen Brandschatzung durch die Achäer. Der starke Themsenebel vermischte sich mit dem Steinkohlenrauch zu dem bis heute berüchtigten Smog. 1772 empörte sich Samuel Pegge in seinem Vorwort zu einer neuen Ausgabe von Evelyns ‹Fumifugium› über die Luftverschmutzung durch die Dampfmaschinen in London:

«Seit jener Zeit (der letzten Ausgabe) haben wir einen großen Anstieg der Zahl der Glashütten, Gießereien und Zuckerbetriebe, die der schwarzen Liste hinzuzufügen sind; an erster Stelle müssen die Feuer-Maschinen der Wasserwerke genannt werden, bei denen der erstaunte Beobachter nicht entscheiden kann, ob sie die Bewohner eher durch ihren Rauch und Gestank vergiften und vernichten als mit Wasser versorgen wollen» (s. Abb. 34, 73).

Da mit der steigenden Zahl der arbeitenden Dampfmaschinen auch die Beschwerden zunahmen, arbeitete Watt an einer ‹rauchlosen› Kesselfeuerung, die 1785 patentiert und erstmals in der Albion-Mühle 1786 installiert wurde, während der Maschinenbauingenieur Joshua Wrigley, dessen Maschinen besonders viel Kohle verbrauchten, die Lösung im Bau von etwa 33 m hohen Kaminen suchte. Einer Bürgeraktion in Birmingham gelang in der Mitte des 19. Jahrhunderts sogar die Stillegung und der Abbruch der berühmten Soho-Maschinenfabrik, die der uninteressierte Enkel Matthew Boultons verpachtet hatte.

Das eisenverarbeitende Klein- und Mittelgewerbe und die Entstehung der Berufsgewerkschaften in Sheffield

Im Blick auf die spektakulären Erfindungen in der Zeit der industriellen Revolution wird gern übersehen, daß die Dampfmaschine mit Drehbewegung als allgemein einsetzbare Antriebsmaschine konstruiert, aber infolge der hohen Investitions- und Betriebskosten nur in Großbetrieben installiert wurde. Manche Kleinwerkstätten fanden eine Lösung des Problems der Mechanisierung durch einen Treibriemenanschluß an die zentrale Dampfmaschine eines Großbetriebes, der die überschüssige Kraft vermietete. Die Masse der Klein- und Mittelbetriebe, besonders die Papier-, Korn- und Sägemühlen, behielt das Wasserrad bis ins 19. und z. T. ins 20. Jahrhundert. Wegen der wachsenden Nachfrage nach Werkzeugen, Messern, Sensen und Pflügen und vielen anderen Gegenständen des ‹Eisen-Zeitalters› nahm das metallverarbeitende Gewerbe und damit auch der Ausbau der Wasserkraft für diese Betriebe einen großen Aufschwung: am Schlickerbach im Stubai, an Steyr, Ybbs und Krems in Österreich und vor allem in Sheffield, wo sich 1794 über 100 Wasserräder drehten. Für die Werkzeug- und Kleineisenindustrie brachte nicht die Dampfmaschine, sondern erst der Elektromotor Ersatz für die Wasserkraft. Da diese kleinbetriebliche Wasserkraftindustrialisierung keineswegs eine bessere, sondern eher eine schlimmere soziale Lage für Teile der Arbeiterschaft als die großkapitalistische Dampfindustrialisierung bewirkte, im Unterschied zu der Masse ungelernter und angelernter Fabrikarbeiter in diesem Bereich ausgebildete Handwerker tätig waren, entwickelten sich bei den Sheffielder Messerschmieden die Berufsgewerkschaften.

Die Cutlery Company gliederte sich in 40–50 verschiedene handwerkliche Branchen wie die Pflugscharmacher, die Tafelmessermacher, die Scherenmacher. Alle waren hochqualifizierte Metallfacharbeiter mit hohem Berufsethos und beruflicher Familientradition. Von den 66 Herstellern von Federmessern zum Schneiden der Gänsekiele im Jahre 1774 waren viele wieder spezialisiert auf bestimmte Ausstattungen der Griffe mit Holz, Gußeisenreliefs, Besitzernamen, Hirsch, Elfenbein oder Schildpatt (Abb. 82). Mit der Produktionsausdehnung verdoppelte sich die Zahl der Taschenmesserschmiede allein zwischen 1824 und 1851 von etwa 200 auf 400. 1851 arbeiteten in der Eisen- und Stahlindustrie in Sheffield 44 846 Männer und 10 581 Frauen, die polierten, wetzten, verpackten, Regenschirme bespannten und Krinolinendraht einsäumten. In dem industriellen Ballungsraum bewirkte die Mechanisierung schon gegen Ende des 18. Jahrhunderts eine soziale Differenzierung. Einige Handwerksmeister hatten eigene Werkstätten; nicht wenige arbeiteten in gemieteten Räumen mit gemieteten Werkzeugen und fremdem Rohstoff für

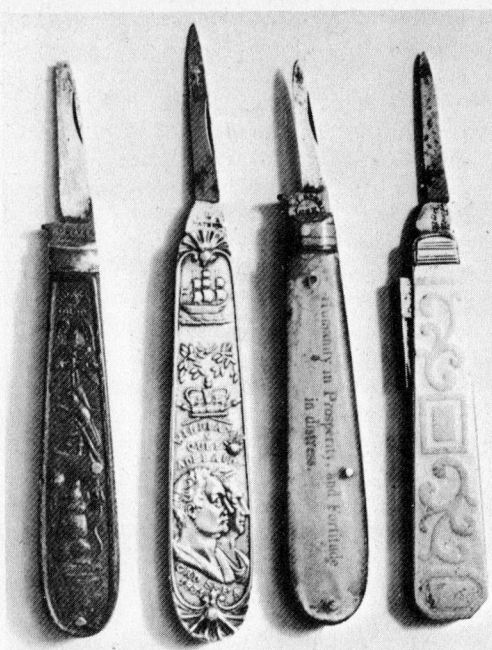

82: Taschenmesser aus Sheffield. Auf dem zweiten von rechts steht «Menschlichkeit im Fortschritt, Stärke in der Not».

Stücklohn, betrieblich ein Zwitter zwischen Handwerk und Hausindustrie; viele waren oder wurden lohnabhängige Arbeiter in Klein- und Mittelbetrieben mit 4–40 Beschäftigten.

Mit dem industriellen Aufschwung verschlechterten sich deren Arbeits- und Lebensbedingungen. 378 Feilenhauer mußten in nur 33 engen, schlecht belüfteten und schlecht beheizten Werkstätten arbeiten. In der Dunkelheit gaben Kerzen und Öllampen ein spärliches Licht. Das große Heer der Trockenschleifer hatte einen besonders ungesunden und gefährlichen Arbeitsplatz. Die auf lederbespannten oder reinen Holzböcken mit ständig gekrümmtem Rücken sitzenden Arbeiter hatten die Werkstücke ohne Schutz vor dem schnell und unablässig rotierenden Schleifstein mit bloßen Händen zu führen und waren dabei dem Metall- und Steinstaub ausgeliefert, der durch die Atemwege in die Lungen drang (Abb. 83). Die Berufskrankheit der Silikose führte nicht selten bereits mit 30 oder 40 Jahren zur Berufsunfähigkeit und zum Tod, zumal bereits Kinder mit 8 Jahren zu arbeiten beginnen mußten. Schleifsteinanlagen mit Wasserbad für größere Werkstücke wie Sensen banden den Staub und reduzierten die Reibungshitze. Schwere Verletzungen verursachten Brüche von Schleifsteinen während des Umlaufs.

224

Die Arbeiter wohnten in möglichster Nähe zum Arbeitsplatz in schiefergedeckten Mietshäuschen, die gewöhnlich vier Räume hatten, den Keller, den ebenerdigen Wohnraum, der zum Kochen, Essen, Waschen, Trocknen und Backen diente, das Schlafzimmer für Eltern und Kleinkinder im ersten Stock und die Dachstube für die älteren Kinder. Nach einem Bericht über die sanitären Verhältnisse der Stadt aus dem Jahre 1848 war Sheffield eine der ungesündesten Städte Englands. Für 19 Familien und die Kinder einer Schule gab es nur einen Abort. Die Abwässer der Toiletten flossen auf die Straße, vermischten sich mit Asche und Schlacke und sickerten in die Fundamente der Häuser. Da es Zeiten gab, in denen die öffentlichen Wasserstellen nur dreimal in der Woche je zwei Stunden Wasser spendeten, mußte das Wasser für Tage in Bottichen gespeichert werden. Waren bisher schon etwa ein Drittel der Kinder vor ihrem 15. Lebensjahr gestorben, so verkürzten nun Tuberkulose und Choleraepidemien, wie die von 1832, die durchschnittliche Lebenserwartung auf 22 Jahre und 6 Monate. Da die Löhne nicht selten an eine Arbeitsgruppe ausbezahlt wurden, deren Mitglieder sich das Geld selbst teilen mußten und die deshalb die Bierschenke aufsuchten, wuchs die Trunksucht in den sozialen Unterschichten.

Ohne das soziale Elend verharmlosen zu wollen, muß festgestellt werden, daß diese Schilderungen aus den Berichten der Fabrikinspektoren,

83: Trockenschleifer in einer Werkstätte in Sheffield.

die 1833 durch Gesetz eingeführt wurden, von den konservativen Gegnern der Industrialisierung in Auftrag gegeben oder selbst verfaßt worden sind. Marx, Toynbee, Hammond, Hobsbawm und andere Vertreter der Verelendungstheorie stützten sich im wesentlichen auf dieses Material der politisch führenden Grundbesitzerschicht (vgl. die Auswahl bei E. R. Pike, 1966). Lange Arbeitszeiten, unregelmäßige und niedere Entlohnung, Truck-Lohn, Frauen- und Kinderarbeit waren im hausindustriellen Verlagssystem bereits grundgelegt. Nach Abel war die Massenarmut hauptsächlich ein ‹vorindustrielles› Phänomen, und erst die Ausbreitung der Industrialisierung ermöglichte ihre Überwindung. Bis in die Mitte des 18. Jahrhunderts sah man «die Ursachen der Massenarmut in der Regel nicht in wirtschaftlichen, sondern vorzugsweise in moralischen Defekten der Armen selbst» (Hunecke, 1983, S. 484). Mit der ‹Entdeckung› der ‹labouring poor›, des Paradoxon der ‹arbeitenden Armut› und der Ausbreitung dieser Erkenntnis war die soziale Frage geboren. «Bis zur Schwelle der Moderne hat man die Existenz der ‹arbeitenden Armut›

84: Mitgliedsurkunde der Vereinigten Gesellschaft der Ingenieure, Maschinisten, Mühlenbauer, Schmiede und Modellschreiner mit dem Motto «Seid einig und arbeitsam», 1852. Wie die Unternehmer bedienten sich jetzt auch die Gewerkschaften der klassischen Symbolik. In der Mitte James Watt in römischer Toga, links Samuel Crompton, rechts Richard Arkwright. Erst ab 1889 gehen die Gewerkschaften in der Bewegung des ‹New Unionism› dazu über, auch ungelernte Arbeiter zu organisieren.

85: Landkarte von
England.

geleugnet, dann für ein reichliches Jahrhundert ihr Schicksal für unver-
meidlich hingenommen, und nun bildet sie, schon seit geraumer Weile,
keine eigentliche ‹soziale Frage› mehr» (Hunecke, 1983, S. 484).
Im Gefolge des sozialen Umbruchs kam es innerhalb der Zunft, deren
Regiment 33 Unternehmer der größeren Betriebe innehatten, zu heftigen
Auseinandersetzungen zwischen den selbständigen Meistern und den Ge-
sellen und Arbeitern, welche in Massen die alte Organisation verließen
und sich den Gewerkschaften anschlossen, die sich vereinzelt schon im
frühen 18. Jahrhundert entwickelten. 1748 entstand die Gewerkschaft der
Schleifer, die Mehrzahl der Gewerkschaften aber wurde in den Jahren
zwischen 1780 und 1814 gegründet. 1786 existierten 52 verschiedene lokale Gewerkschaften in Sheffield, welche die berufspolitischen Ziele der
alten Zünfte durchaus weiterführten, also die Begrenzung der Produktion, die Überwachung der Schwarzarbeit, die Erhaltung der Qualität der
Ware und die lokale und branchenmäßige Beschränkung der eigenen Organisation. Im Gegensatz zu den deutschen Richtungsgewerkschaften
etwa 100 Jahre später ging es den englischen Gewerkschaften um die Verbesserung der Arbeitsbedingungen und des Lebensniveaus. 1777, 1778,
1790 und 1796 erkämpften die Tafelmesser-, Taschenmesser- und Sche-

renmacher höhere Löhne. Dabei spiegelten diese Arbeitsplatzorganisationen die ganze Skala des Lohnniveaus, so daß sich arme und reiche Gewerkschaften bildeten. Bei dem relativ hohen Jahresbeitrag von 7 Pfund 15 Shilling und 7 Pennies (1849) konnte die Gewerkschaft der Klingenschmiede in der Zeit der Depression 1837–1842 Unterstützungsgelder zur Entlastung des Arbeitsmarktes und Streikgelder zahlen. Harte Sanktionen trafen Arbeitswillige bei Streiks, rückständige Beitragszahler, Mitglieder, die Nicht-Gewerkschaftler oder nicht von der Gewerkschaft genehmigte Arbeiter einstellten. Da sich Körperverletzungen sowie die Wegnahme oder Zerstörung von Transmissionsbändern, Schleifsteinen und Blasebälgen häuften, wurde 1867 eine königliche Kommission zur Untersuchung der Ausschreitungen (erfolglos) eingesetzt. Die Combinations Actes von 1799 und 1800 verboten die Gewerkschaften, um die Auswirkungen der Französischen Revolution auf die englische Arbeiterschaft einzudämmen; 1824 wurden sie gesetzlich erlaubt, aber 1825 nach vielen Streiks wieder verboten. Erst 1871 erhielten sie den Verbandsstatus und 1875 das Streikrecht (Abb. 84).

Schlußbemerkung

Die industrielle Revolution des 18. und 19. Jahrhunderts in England kann als Modell eines Kulturwandels verstanden werden, bei dem wohl erstmals in der Menschheitsgeschichte die Technik zum Schrittmacher der Entwicklung und zum prägenden Bereich der Kultur wurde. Der technische Wandel erfolgte aber nicht autonom. Die Anstöße zum technischen Wandel entsprangen auch einem kulturellen Wandel innerhalb der bestehenden Struktur. Die Calvinisten und Quäker mit ihrem revolutionären Arbeitsethos erlangten nach den politischen Revolutionen von 1649 und 1688 die Freiheit der Betätigung in der Wirtschaft. Dabei nahm einerseits diese einen starken Aufschwung, den die erste Agrarrevolution, die niedrigen Getreidepreise und die Ausdehnung der binnenwirtschaftlichen Grenze nach Norden mitverursacht hatten, andererseits hatte die Holzkohle-Eisenverhüttung nach etwa 2600 Jahren Entwicklung ihre Kapazitätsgrenze und die Wasserrad-Kraftmaschine nach etwa 1600 Jahren Entwicklung ihre energietechnische Leistungsgrenze erreicht. Ideelle, gesellschaftliche und ökonomische Impulse trafen auf technische Elemente wie Grubenkrise und Energienot und forderten neue, richtungändernde Systeme und Verfahrensweisen als Lösungen heraus. Der innovative Durchbruch der Technik setzte an verschiedenen, voneinander weitgehend unabhängigen Bereichen und zu verschiedenen Zeitpunkten ein. Diese Ansätze fanden aber ihre Entsprechung im neuen Maschinenbau, bei dem sich Dampfkraftmaschine, eisenbearbeitende Werkzeugmaschinen und eiserne Arbeitsmaschinen mit den neuen Werkstoffen Koksgußeisen und Tiegelgußeisen verbanden. Neue Maschinen und neue Produktionsorganisation zerstörten die Harmonie zwischen der Natur und dem Arbeits- und Lebensrhythmus der Menschen. Bevölkerungsexplosion, Standortwandel der Industrie und Transportrevolution lösten breite Schichten aus der traditionellen Sozialordnung überschaubarer Kleingruppen. Lebensbedingungen, Denk- und Verhaltensweisen der großen Mehrheit der Menschen hinkten um Jahrzehnte den veränderten technischen und ökonomischen Bedingungen nach. Erst mit der Entstehung eines sozialen Bewußtseins, der Organisation und Durchsetzung von politischen Parteien und dem administrativen Ausbau des Staates mit Institutionen zur Überwachung und Steuerung der Wirtschaft wurde der Aufbau einer neuen gesellschaftlichen und betrieblichen Ordnung möglich. Der politische Kampf polarisierte sich dabei zwischen Anhängern einer ideologisch begründeten Revolution und einer pragmatischen Reform des Staates zum Sozialstaat.

Anhang

Literatur- und Quellenverzeichnis

Abel, W.: Massenarmut und Hungerkrisen im vorindustriellen Europa. Hamburg–Berlin 1974.

Abel, W., K. Borchardt, H. Kellenbenz u. W. Zorn (Hg.): Wirtschaft, Geschichte und Wirtschaftsgeschichte. Festschrift zum 65. Geburtstag von F. Lütge. Stuttgart 1966.

Abell, P. H.: Transport and Industry in South Yorkshire. Rotherham 1977.

Agricola, G.: Zwölf Bücher vom Berg- und Hüttenwesen. München 1977 (dtv 6086).

Aitchison, L.: A History of Metals. 2 Bde., London 1960.

Albion, R. G.: Forests and sea power. The timber problem of the Royal Navy 1652–1862. Unveränd. Neudruck der Ausgabe von 1926, Harvard Economic Studies, Vol. XXIX, Hamden (Conn.) 1965.

Allen, J. S.: John Fidoe's 1727 Newcomen Engine at Wednesbury, Staffs. In: Newc. Soc. Trans., Vol. XXXVI (1963–1964), S. 149–152.

Allen, J. S.: The Newcomen Engine and Coalworks at The Hayes, Lye, Stourbridge, 1760–69. In: Newc. Soc. Trans., Vol. XXXVI (1963–1964), S. 153–157.

Altrichter, H., H. Brack, R. Feuerlein u. H. Glaser (Hg.): Geschichtliches Werden. Von der absoluten Monarchie zum bürgerlichen Nationalstaat, Bd. 3, Bamberg 1969.

Amborn, H.: Die Bedeutung der Kulturen des Niltales für die Eisenproduktion im subsaharischen Afrika. (Diss. München 1973), Wiesbaden 1976.

Anselm, H.: Die Stubaier Kleineisenindustrie. Abhandlungen und Berichte des Deutschen Museums. 2. Jg., H. 4, Berlin 1930.

Appelt, W. u. T. Müller: Wasserkünste und Wasserwerke der Stadt Braunschweig. Braunschweig 1964.

Archäologische Eisenforschung in Europa, mit bes. Berücksichtigung der ur- und frühgesch. Eisengewinnung u. -verhüttung im Burgenland. Burgenländ. Landesmuseum. Eisenstadt 1975.

Arnold, W. (Hg.): Eroberung der Tiefe. 3. bearb. Aufl., Leipzig 1975.

Ashton, T. S.: An economic history of England. The 18th Century. London 1972 (University Paperback. First published 1955).

Ashton, T. S.: Iron and Steel in the Industrial Revolution. 2. Aufl., Manchester 1951.

Ashton, T. S.: The Industrial Revolution 1760–1830. London 1962.

Ashton, T. S. and J. Sykes: The Coal Industry of the Eighteenth Century. New York 1967.

Aspinall, A. (Hg.): The Early English Trade Unions. London 1949.

Aström, S.-E.: From cloth to iron. The Anglo-Baltic trade in the late Seventeenth Century. Helsingfors 1963.

Atkinson, F.: The horse as source of rotary power. In: Newc. Soc. Trans., Vol. XXXIII (1960–1961), S. 31–56.

Baader, J. v.: Beschreibung und Theorie des englischen Cylindergebläses, nebst einigen Vorschlägen zur Verbesserung dieser Maschine. München 1805.

Baader, J. v.: Über einige der wichtigsten Fortschritte, welche im Maschinenwesen seit dem Anfang dieses Jahrhunderts, besonders in England, gemacht worden sind. München 1798.

Bachinger, K.: Der Niedergang der Kleineisenindustrie in der niederösterreichischen Eisenwurzen (1850–1914). Fallstudie einer industriellen Regression. Wien 1972.

Bacon, F.: Neu-Atlantis, Berlin (Ost) 1959.

Barker, T. C. u. C. J. Savage: An economic history of transport in Britain. 3. rev. ed. London 1974.

Barraclough, K. C.: Crucible steel manufacture (Sheffield City Museums 8). Sheffield 1974.

Barraclough, K. C.: The origins of the british steel industry (Sheffield City Museums 7). Sheffield 1974.

Barraclough, K. C.: Sheffield steel. Historic industrial scenes. Buxton 1976.

Barthelmeß, A.: Wald – Umwelt des Menschen. Dokumente zu einer Problemgeschichte von Naturschutz, Landschaftspflege und Humanökologie. Freiburg–München 1972.

Becher, J. J.: Närrische Weisheit und weise Narrheit. Frankfurt/Main 1682.

Beck, L.: Geschichte des Eisens. Bd. 3, Braunschweig 1893.

Beck, L.: Urkundliches zur Geschichte der Eisengießerei. In: C. Matschoss (Hg.), Beiträge zur Geschichte der Technik und Industrie, Bd. 2, Berlin 1910, S. 83–89.

Beck, T.: Beiträge zur Geschichte des Maschinenbaues. Documenta Technika (Darstellungen und Quellen zur Technikgeschichte, Hg. K.-H. Manegold u. W. Treue, Reihe I: Darstellungen zur Technikgeschichte). Hildesheim–New York 1970.

Becker, C. O.: The valve gear of Newcomen's engine. In: Newc. Soc. Trans., Vol. X (1929–1930), S. 1–14.

Bielenin, K.: Übersicht der Typen von altertümlichen Rennöfen auf dem Gebiet Polens. In: Archäolog. Eisenforschung in Europa. Eisenstadt 1975, S. 127-145.

Birch, A. B.: The Economic History of the British Iron and Steel Industry 1784–1879. London 1967.

Blaich, F.: Die Wirtschaftspolitik des Reichstags im Heiligen Römischen Reich. Ein Beitrag zur Problemgeschichte wirtschaftlichen Gestaltens (Schriften zum Vergleich von Wirtschaftsordnungen. Hg. P. Hensel u. K. Pleyer, H. 16). Stuttgart 1970.

Blohm, H. u. K. Steinbuch (Hg.): Technische Neuerungen richtig nutzen. Information für die Innovation. Düsseldorf 1971.

Blum, J. (Hg.): Die bäuerliche Welt. Geschichte und Kultur in sieben Jahrhunderten. München 1982.

Borchardt, K.: Die industrielle Revolution in Deutschland. München 1972.

Borchardt, K.: Europas Wirtschaftsgeschichte – ein Modell für Entwicklungsländer? Veröffentlichungen der Wirtschaftshochschule Mannheim. Hg. H. G. Schachtschabel. Bd. 20. Stuttgart–Berlin–Köln–Mainz 1967.

Borchardt, K.: Probleme der ersten Phase der industriellen Revolution in England. Ein bibliogr. Bericht über wirtschaftsgesch. Publikationen u. den Stand d. Forschung im engl. Sprachraum. In: Vierteljahresschrift für Sozial- und Wirtschaftsgeschichte. Bd. 55 (1968), S. 1–62.

Boucher, C. T. G.: John Rennie (1761–1821) including a study of his bridges and the structural background of the early nineteenth century. In: Newc. Soc. Trans., Vol. XXXIV (1961–1962), S. 1–13.

Boucher, C. T. G.: John Rennie. 1761–1821. The life and work of a great engineer. Manchester 1963.

Braun, H.-J.: Technologische Beziehungen zwischen Deutschland und England von der Mitte des 17. bis zum Ausgang des 18. Jahrhunderts. Düsseldorf 1974.

Braun, R.: Historische Demographie im Rahmen einer integrierten Geschichtsbetrachtung. Jüngere Forschungsansätze und ihre Verwendung. In: Geschichte und Gesellschaft. Zeitschrift für Historische Sozialwissenschaft, 3. Jg. (1977), H. 4, S. 525–536.

Braun, R., W. Fischer u. a. (Hg.): Industrielle Revolution. Wirtschaftliche Aspekte. Köln–Berlin 1972.

Braun, R.: Zu Einwirkungen soziokultureller Umweltbedingungen auf das Unternehmerpotential und das Unternehmerverhalten. In: W. Fischer (Hg.), Wirtschafts- und sozialgeschichtliche Probleme der frühen Industrialisierung. Berlin 1968, S. 247–284.

Braun, Fischer, Großkreutz, Volkmann (Hg.): Gesellschaft in der industriellen Revolution. Köln 1973.

Brede, H.: Bestimmungsfaktoren industrieller Standorte. Eine empirische Untersuchung. Berlin–München 1971.

Brentano, L.: Eine Geschichte der wirtschaftlichen Entwicklung Englands. 2 Bde., Jena 1927.

Briggs, A.: Iron Bridge to Crystal Palace: impact and images of the industrial revolution. London 1979.

Briggs, A.: An illustrated history of the world's steam age. London 1982.

Buchanan, R. A.: Industrial Archaeology in Great Britain. London 1972.

Buchanan, R. A. u. G. Watkins: The industrial Archaeology of the stationary steam engine. London 1976.

Buck, A.: Kohle. Grundstoff der Energie. München 1979.

Büsch, O.: Industrialisierung und Geschichtswissenschaft. Ein Beitrag zur Thematik und Methodologie der historischen Industrialisierungsforschung. 2. verb. u. erw. Aufl., Berlin 1979.

Büsch, O., W. Fischer u. H. Herzfeld (Hg.): Industrialisierung und ‹Europäische Wirtschaft› im 19. Jahrhundert. Ein Tagungsbericht (Veröffentlichung der Hist. Kommission zu Berlin, Bd. 46). Berlin–New York 1976.

Burghardt, A.: Über residualen Pauperismus. In: Zeitschr. f. d. ges. Staatswissenschaft, Bd. 124 (1968), S. 349–368.

Burton, A.: The Canal Builders. London 1972.

Bußmann, W.: Das Zeitalter Bismarcks. Handbuch der Deutschen Geschichte, neu hg. v. L. Just, Bd. III/2, Konstanz 1956.

Cannon, J.: Parlamentary Reform 1640–1832. Cambridge 1973.

Cardwell, D. S. L.: Steam power in the eighteenth century. A case study in the application of science. London–New York 1963.

Chambers, J. D.: Enclosure and the Labour Supply in the Industrial Revolution. In: Econ. Hist. Rev., 2. S., Vol. V (1953), S. 318–343.

Chambers, J. D. und G. E. Mingay: The Agricultural Revolution, 1750–1880. London 1966.

Chambers, J. D.: Population, Economy, and Society in Pre-Industrial England. London–Oxford–New York 1972.

Chambers, J. D.: The Workshop of the World. British Economic History from 1820 to 1880. 2. Aufl., repr. 1976, Oxford–London–New York.

Chaudhuri, K. N.: The English East India Company. The Study of an Early Joint-Stock Company 1600–1640. London–Edinburgh 1965.

Cipolla, C. M.: Before the Industrial Revolution. European Society and Economy, 1000–1700. London 1976 a.

Cipolla, C. M. u. K. Borchardt (Hg.): Die Industrielle Revolution. Europäische Wirtschaftsgeschichte, Bd. 3, Stuttgart–New York 1976 b.

Cole, W. A.: The Measurement of Industrial Growth. In: Econ. Hist. Rev., 2. S., Vol. XI, Nr. 2 (1958), S. 309–315.

Conze, W.: Die Strukturgeschichte des technisch-industriellen Zeitalters als Aufgabe für Forschung und Unterricht. Köln–Opladen 1957.

Cossons, N. u. B. Trinder: The iron bridge: symbol of the industrial revolution. Bradford-on-Avon 1979.

Crouzet, F.: England and France in the Eighteenth Century: A Comparative Analysis of Two Economic Growths. In: E. M. Hartwell (Hg.), The Causes of the Industrial Revolution in England. London 1967. S. 139–174.

Danckert, W.: Unehrliche Leute. Die verfemten Berufe. Bern–München 1963.

Davies, A. S.: Isaac Wilkinson (c. 1705–1784) of Bersham. Ironmaster and Inventor. In: Newc. Soc. Trans., Vol. XXVII (1949–1950 u. 1950–1951), S. 69–72.

Davies, R.: The rise of the English shipping industry in the 17th and 18th centuries. London–New York 1962.

Deane, Ph.: The First Industrial Revolution, Cambridge 1965, repr. 1976.

Derry, T. K. u. T. I. Williams: A short history of technology. 3. ed., London–Oxford–New York 1975.

Dickinson, H. W.: John Wilkinson, Ironmaster, Ulverston 1914.

Dickinson, H. W. u. R. Jenkins: James Watt and the Steam Engine. Oxford 1927.

Dickinson, H. W.: James Watt. Craftsman and Engineer. Cambridge 1936.

Dickinson, H. W.: Matthew Boulton. Cambridge 1937.

Dickinson, H. W.: The Garret Workshop of James Watt. Repr. London 1949.

Dickinson, H. W.: Thomas Newcomen, Engineer 1663–1729. Dartmouth 1952.

Dickinson, H. W.: A Short History of Steam Engine. With a new introduction by A. E. Musson. 2. Aufl., London 1963.

Dickmann, H.: Aus der Geschichte der deutschen Eisen- und Stahlerzeugung. 2. Aufl., Düsseldorf 1959.

Dudley, D.: Mettallum Martis or Iron made with Pit-Coal, Sea-Coal etc. London 1665.

Ebel, W.: Quellen zur Geschichte des deutschen Arbeitsrechts. Göttingen 1964.

Eckstein, H. J.: Wärmebehandlung von Stahl. Metallkundliche Grundlagen. Leipzig 1969.

Eggebrecht, A. u. a.: Geschichte der Arbeit. Vom alten Ägypten bis zur Gegenwart. Köln 1980.

Eichberg, H.: Der Umbruch des Bewegungsverhaltens. Leibesübungen, Spiele und Tänze in der Industriellen Revolution. In: A. Nitschke (Hg.), Verhaltenswandel in der industriellen Revolution. Beiträge zur Sozialgeschichte. Stuttgart–Berlin–Köln–Mainz 1975, S. 118–135.

Der Eifeler Eisenkunstguß im 15. und 16. Jahrhundert. Düsseldorf 1962.

Eisen, R.: Technischer Fortschritt und wirtschaftliches Wachstum. Beiträge zu einer Theorie des technischen Fortschritts (Diss. München 1971).

Eisen u. Archäologie. Eisenerzbergbau und -verhüttung vor 2000 Jahren in der VR Polen. Ausstellung des Dt. Bergbaumuseums Bochum vom 29. Juni bis 13. August 1978. Bochum 1978.

Engels, F.: Die Lage der arbeitenden Klassen in England. Berlin 1974.

Eschelbach, R.: Das Feuergeschütz des Mittelalters (1350–1550). In: Technikgesch. Bd. 39 (1972), S. 257–279.

Ettelt, W.: Philosophische Weltperspektive und Technik. In: Proceedings of the XVth World Congress of Philosophy, Bd. 2, Sofia 1973, S. 87–90.

Everard, S.: History of the Gaslight and Coke Company 1812–1949. London 1949.

Fetscher, I.: Großbritannien. Gesellschaft–Staat–Ideologie. Frankfurt/Main 1968.

Ffoulkes, Ch.: The gun-founders of England. Cambridge 1937.

Fischer, W. u. G. Bajor (Hg.): Die soziale Frage. Neuere Studien zur Lage der Fabrikarbeiter in den Frühphasen der Industrialisierung. Stuttgart 1967.

Fischer, W. (Hg.): Beiträge zu Wirtschaftswachstum und Wirtschaftsstruktur im 16. und 19. Jahrhundert. Berlin 1971.

Fischer, W.: Quellen zur Geschichte des deutschen Handwerks. Selbstzeugnisse seit der Reformationszeit (Quellensammlung zur Kulturgeschichte, Hg. W. Treue, Bd. 13). Göttingen–Berlin–Frankfurt/M.–Zürich 1957.

Fischer, W.: Wirtschaft und Gesellschaft im Zeitalter der Industrialisierung. Göttingen 1972.

Fischer, W. (Hg.): Wirtschafts- und sozialgeschichtliche Probleme der frühen Industrialisierung (Einzelveröffentlichungen der Historischen Kommission zu Berlin, Bd. 1). Berlin 1968.

Fitton, R. S. u. A. P. Wadsworth: The Strutts and the Arkwrights 1758–1830. Manchester 1958.

Flinn, M. W.: The growth of the english iron industry 1660–1760. In: Econ. history review, sec. series, Vol. XI (1958–1959), S. 144–153.

Flinn, M. W.: The Travel Diaries of Swedish Engineers of the Eighteenth Century as Sources of Technological History. In: Newc. Soc. Trans., Vol. XXXI (1957–1959), S. 95–109.

Flinn, M. W.: William Wood and the coke-smelting process. In: Newc. Soc. Trans., Vol. XXXIV (1961–62), S. 55–72.

Flurl, M.: Beschreibung der Gebirge von Baiern und der oberen Pfalz etc. München 1792.

Freyer, H.: Gedanken zur Industriegesellschaft. Mainz 1970.

Fucks, W.: Formeln zur Macht. Prognosen über Völker, Wirtschaft, Potentiale. Stuttgart 1965.

Fucks, W.: Mächte von Morgen. Kraftfelder, Tendenzen, Konsequenzen. Stuttgart 1978.

Gale, W. K. V.: Boulton, Watt and the Soho Undertakings. Birmingham o. J.

Gale, W. K. V.: Soho Foundry: Some Facts and Fallacies. In: Newc. Soc. Trans., Vol. XXXIV (1961–1962), S. 73–87.

Gale, W. K. V.: The British Iron and Steel Industry. A technical history. Newton Abbot 1967.

Gale, W. K. V.: Iron and steel. London-Harlow 1969.

Galloway, R. L.: A history of coal mining in Great Britain. Newton Abbot 1969 (first published 1882).

Gaunt, D., D. Levine u. E. Moodie: The population history of England 1541–1871: a review symposium. In: Social History, Vol. VIII, Nr. 2 (1983), S. 139–168.

Gayer, K.: Die Forstbenutzung. 7. neubearb. Aufl., Berlin 1888.

Gayer, K.: Der Waldbau. 3. neubearb. Aufl., Berlin 1889.

Geh, H.-P.: Insulare Politik in England vor den Tudors (Historische Studien, H. 292). Lübeck–Hamburg 1964.

Gerhard, D.: England und der Aufstieg Rußlands. München–Berlin 1933.

Gerhardt, M.: Norwegische Geschichte. 2. Aufl., neubearb. v. W. Hubatsch. Bonn 1963.

Gille, B.: Technische Probleme der französischen Eisen- und Stahlindustrie im 19. Jahrhundert. In: Hausen/Rürup (Hg.), Moderne Technikgeschichte. Köln 1975, S. 189–215.

Gimpel, J.: Die industrielle Revolution des Mittelalters. Zürich–München 1980.

Gloag, J. u. D. Bridgwater: A History of Cast Iron in Architecture. London 1948.

Goethe, J. W. v.: Über Naturwissenschaft im allgemeinen. Werke, Bd. 50, Stuttgart–Tübingen 1833.

Griffin, A. R.: Mining in the East Midlands 1550–1947. London 1971.

Grimmelshausen, H. J. Ch. v.: Der abenteuerliche Simplizissimus, bearb. v. Guggenmos. Wien–Heidelberg 1975.

Gumz, W. u. R. Regul: Die Kohle. Entstehung, Eigenschaften, Gewinnung und Verwendung. Essen 1954.

Haase, H.: Kunstbauten alter Wasserwirtschaft im Oberharz. Hanggräben, Teiche, Stollen in Landschaft, Wirtschaft und Geschichte. Clausthal-Zellerfeld 1961.

Haller, H. W.: Handbuch des Schmiedens. München 1971.

Hamilton, S. B.: The structural use of iron in Antiquity. In: Newc. Soc. Trans., Vol. XXXI (1957–1958 u. 1958–1959), S. 29–47.

Hardach, G. H.: Der soziale Status des Arbeiters in der Frühindustrialisierung. Eine Untersuchung über die Arbeitnehmer in der französischen eisenschaffenden Industrie zwischen 1800 und 1870 (Schriften zur Wirtschafts- und Sozialgeschichte, Hg. W. Fischer, Bd. 14). Berlin 1969.

Hardach, G. H.: Technik und Industriearbeit. Zur Sozialgeschichte der französischen Hüttenarbeiter in der Industriellen Revolution. In: Hausen/Rürup (Hg.), Moderne Technikgeschichte. Köln 1975, S. 249–266.

Harris, J.: English decorative Ironwork. From contemporary source books 1610–1836. London 1960.

Hart, C.: The Industrial History of Dean. Newton Abbot 1971.

Hart, R.: English life in the eighteenth century. London 1970.

Hartwell, R. M. (Hg.): The Causes of the Industrial Revolution in England. London 1967.

Hartwell, R. M.: The industrial revolution in England. London 1965, repr. 1972.

Hausen, K. u. R. Rürup (Hg.): Moderne Technikgeschichte (Neue Wissenschaftliche Bibliothek 81, Geschichte). Köln 1975.

Hayek, F. A. u. a. (Hg.): Capitalism and the Historians. London 1954.

Heckscher, E. F.: An economic history of Sweden. Cambridge (Mass.) 1954.

Heisenberg, W.: Die Scheu der Deutschen vor der modernen Welt. Südd. Zeitung v. 8. 5. 1964 (Nr. 111).

Hempel, G.: Die deutsche Montanindustrie. Ihre Entwicklung und Gestaltung. 2. Aufl., Essen 1969.

Henderson, W. O.: England und die Entwicklung der Eisenindustrie und des Transportwesens in Frankreich. 1750–1850. Tübingen 1954.

Henderson, W. O.: Die industrielle Revolution. Wien–München–Zürich.

Henderson, W. O.: Britain and Industrial Europe 1750–1870. Studies in British Influence on the Industrial Revolution in Western Europe. Leicester 1972.

Henning, F.-W.: Die Wirtschaftsstruktur mitteleuropäischer Gebiete an der Wende zum 19. Jahrhundert. In: W. Fischer (Hg.), Beiträge zum Wirtschaftswachstum. Berlin 1971, S. 101–167.

Henschke, E.: Landesherrschaft und Bergbauwirtschaft. Berlin 1975.

Hey, B., Radkau, J.: Auf den Spuren der Industriellen Archäologie in England: Erfahrungen in einem neuen Revier für historische Exkursionen. In: Gesch. in Wiss. u. Unt., 34. Jg. (1983), H. 3, S. 162–181.

Hilf, R. B. u. F. Röhrig: Wald und Weidwerk in Geschichte und Gegenwart, Bd. 1. Der Wald. Potsdam 1938.

Hill, C.: Reformation to Industrial Revolution (The Pelican Economic History of Britain, Vol. II (1530–1780). Harmondsworth 1967, repr. 1976.

Hills, R. L.: Machines, mills and uncountable costly necessities. A short history of the drainage of the fens. Norwich 1967.

Hills, R. L.: Power in the industrial revolution. Manchester 1970.

Hobsbawm, E. J.: Industry and Empire (The Pelican Economic History of Britain, Vol. III). Harmondsworth 1968, repr. 1978. Deutsche Ausgabe: Frankfurt 1969.

Hobsbawm, E. J.: Labouring Men. Studies in the History of Labour. London 1964.

Hoffmann, D.: Die frühesten Berichte über die erste Dampfmaschine auf dem europäischen Kontinent. In: Technikgeschichte 41 (1974), S. 118–131.

Hoffmann, W.: Wachstum und Wachstumsformen der englischen Industriewirtschaft von 1700 bis zur Gegenwart (Schriften des Instituts für Weltwirtschaft, Hg. A. Predöhl, Bd. 63). Jena 1940.

Hoffmann, W. G.: Wirtschaftliche und soziologische Probleme des technischen Fortschritts. In: Fuchs, W., Die Naturwissenschaft, die Technik und der Mensch, S. 55–78 (Arbeitsgemeinschaft für Forschung des Landes Nordrhein-Westfalen, H. 8), Köln–Opladen 1954.

Hoffmann, W. G.: Wachstumsprobleme der Wirtschaft. Köln–Opladen 1959.

Hoffmann, W. G.: Quantitative Aspekte der Wirtschaftsgeschichte. Tübingen 1968.

Holtze, B. (Hg.): A pilot project. Swedish indusrial archaeology. Engelsberg ironworks. Stockholm 1975.

Hornstein, F. v.: Wald und Mensch. Waldgeschichte des Alpenvorlandes, Deutschlands, Österreichs und der Schweiz. Ravensburg 1951.

Hoselitz, B. F.: Unternehmertum und Kapitalbildung in Frankreich und England seit 1700. In: W. Fischer (Hg.), Wirtschafts- und sozialgeschichtliche Probleme der frühen Industrialisierung. Berlin 1968, S. 285–338.

Hoskins, W. G.: The Making of the English Landscape. Harmondsworth 1970, repr. 1977.

Hudson, K.: The Industrial Archaeology of Southern England 1965.

Hue, O.: Die Bergarbeiter. Bd. 1, Stuttgart 1910.

Hütten- und Hammer-Ordnung für die gewerkschaftlichen Stahl- und Eisenhütten, auch Stahl- und Eisenhämmer im Lande Siegen. Hg. W. Güthling, Siegen 1963, nach dem Druck von 1830.

Hunecke, V.: Überlegungen zur Geschichte der Armut im vorindustriellen Europa. In: Geschichte und Gesellschaft, Jg. 9 (1983), H. 4, S. 480–512.

Hyde, Ch. K.: Technological change and the British iron industry 1700–1870. Princeton (N. Y.) 1977.

Imhof, E.: Mensch und Körper in der Geschichte der Neuzeit. In: Berichte zur Wissenschaftsgeschichte 5 (1982), S. 195–207.

Industrielle Frühzeit im Gemälde. Erzbergbau und Eisenhütten in der europäischen Malerei 1500–1850. Vorwort von W. Braunfels. Düsseldorf 1975.

Jäger, H.: Großbritannien. Wissenschaftliche Länderkunden. Hg. W. Storkebaum, Bd. 2, Darmstadt 1976.

Jankovich, M.: Pferde, Reiter, Völkerstürme. München–Basel–Wien 1968.

Jenkins, R.: A Sketch of the Industrial History of the Coalbrookdale District. In: Newc. Soc. Trans., Vol. IV (1923), S. 102–112.

Jenkins, R.: Savery, Newcomen and the Early History of the Steam Engine. In: Newc. Soc. Trans., Vol. IV (1923), S. 113–131.

Jenkins, R.: The Reverberatory Fournaces with Coal Fuel 1612–1712. In: Newc. Soc. Trans., Vol. XIV (1933–1934), S. 67–81.

Johannsen, O.: Geschichte des Eisens. 3. völlig neubearb. Aufl., Düsseldorf 1953.

Johnson, B. L. C.: The Foley Partnerships: The iron industry at the end of the charcoal era. In: Econ. Hist. Rev. 2. Ser., Vol. IV (1951–1952), S. 322–340.

Jones, E. L. u. G. E. Mingay (Hg.): Land, Labour and Population in the Industrial Revolution. London 1967.

Jürgensen, W. H.: Das Messinggewerbe in Birmingham (Diss. Zürich 1916).

Jung, J. H.: Geschichte des Nassauisch-Siegenschen Stahl- und Eisengewerbes 1777. Hg. W. Güthling (Siegerländer Beiträge zur Geschichte der Landeskunde, H. 10). Siegen 1959.

Jung-Stilling, J. H.: Lebensgeschichte. Hg. G. A. Benrath. Darmstadt 1976.

Kaltenstadler, W.: Produktivität in historischer Sicht. In: Scripta mercaturae, 2/1971, S. 60–72.

Kaluza, E.: Vom Eisenerz zum Fertigteil. Essen 1965.

Kellenbenz, H. (Hg.): Schwerpunkte der Eisengewinnung und Eisenverarbeitung in Europa 1500–1650. Köln–Wien 1974.

Keller, G.: Die technikgeschichtliche Entwicklung des Puddelverfahrens im Ruhrgebiet. In: Technikgesch. Bd. 29 (1940), S. 95–111.

Kellner, W.: Die Entwicklung von Arbeitsteilung und Arbeitszusammenfassung. In: Zeitschr. f. Arbeitswiss. 31. Jg., 1977, H. 3, S. 245–251.

Kerker, M.: Die Naturwissenschaften

und die Dampfmaschine. In: Hausen/Rürup (Hg.), Moderne Technikgeschichte. Köln 1975, S. 96–105.

Kippenberger, A.: Die Kunst der Ofenplatten. Düsseldorf 1973.

Klatt, S.: Zur Theorie der Industrialisierung. Hypothesen über die Bedingungen, Wirkungen und Grenzen eines vorwiegend durch technischen Fortschritt bestimmten wirtschaftlichen Wachstums. Köln–Opladen 1959.

Klemm, F.: Technik. Eine Geschichte ihrer Probleme. Freiburg–München 1954.

Klemm, F.: Die Rolle der Technik in der Aufklärung. In: K.-H. Manegold (Hg.), Wissenschaft, Wirtschaft und Technik. Studien zur Geschichte. München 1969.

Klemm, F.: Der Weg von Guericke zu Watt. In: 200 Jahre industrielle Revolution. Abhandlungen und Berichte des Deutschen Museums, H. 1 (1969), S. 6–23.

Klingender, F. D.: Kunst und industrielle Revolution. Dresden 1974.

Kluxen, K.: Der englische Adel im 18. Jahrhundert. In: Der Adel vor der Reformation, eingel. u. hg. R. Vorhaus. Göttingen 1971.

Knauth, R.: Die Entdeckung des Metalls. Time Life International, Nederland 1974.

Koch, W.: Vom Urwald zum Forst. Stuttgart 1957.

Köstler, J.: Geschichte des Waldes in Altbayern (Munchner Historische Abhandlungen, Reihe I, H. 7). München 1934.

Kriedte, P., H. Medick u. J. Schlumbohn: Industrialisierung vor der Industrialisierung. Gewerbliche Warenproduktion auf dem Land in der Formationsperiode des Kapitalismus. Göttingen 1977.

Kroker, W.: Wege zur Verbreitung technologischer Kenntnisse zwischen England und Deutschland in der zweiten Hälfte des 18. Jahrhunderts (Schriften zur Wirtschafts- und Sozialgeschichte, Hg. W. Fischer, Bd. 19). Berlin 1971.

Kuczynski, J.: Vier Revolutionen der Produktivkräfte. Theorie und Vergleich. Mit krit. Bem. u. Erg. v. Wolfgang Jonas. Berlin (Ost) 1975.

Kuhn, A.: Industrielle Revolution und gesellschaftlicher Wandel. 2. Aufl., München 1979.

Kutz, M.: Deutschlands Außenhandel von der Französischen Revolution bis zur Gründung des Zollvereins. Eine statistische Strukturuntersuchung zur vorindustriellen Zeit (Beiheft Nr. 61 der Vierteljahresschr. f. Sozial- u. Wirtschaftsgesch., Hg. O. Brunner u. a.). Wiesbaden 1974.

Landes, D.: Der entfesselte Prometheus. Technologischer Wandel und industrielle Entwicklung in Westeuropa von 1750 bis zur Gegenwart. Köln–Berlin 1973.

Law, R. Y.: James Watt and the Separate Condensor. An Account of the Invention, 2. ed., London 1976.

Law, R. J.: The Steam Engine. A brief history of the reciprocating engine. 4. ed., London 1977.

Lilley, S.: Technischer Fortschritt und Industrielle Revolution 1700–1914. In: Cipolla/Borchardt (Hg.), Die industrielle Revolution. Stuttgart–New York 1976, S. 119–164.

Lister, R.: Decorative Cast Ironwork in Great Britain. London 1960.

Lister, R.: The Craftsman in Metal. South Brunswick 1968.

Lohse, U.: Die geschichtliche Entwicklung der Eisengießerei seit Beginn des 19. Jahrhunderts. In: C. Matschoss (Hg.), Beiträge zur Geschichte der Technik und Industrie, Bd. 2, Berlin 1910, S. 90–147.

Lohse, U.: Die Entwicklung der Gebläse bis zur Mitte des 19. Jh. In: Stahl und Eisen 31 (1911), S. 173–180, 348–353, 429–433.

Lord, J.: Capital and Steam Power 1750–1800. With a bibliographical introduction by W. H. Chaloner. 2. ed., London 1966.

Lori, J. G.: Sammlung des baierischen Bergrechts mit einer Einleitung in die baierische Bergrechtsgeschichte. München 1764.

Lütge, F.: Geschichte der deutschen Agrarverfassung vom frühen Mittelalter bis zum 19. Jahrhundert (Deutsche Agrargeschichte, Bd. 3). Stuttgart 1963.

Malthus, T. R.: Das Bevölkerungsgesetz. Nach der 1. Aufl., London 1798. München 1977 (dtv 6021).

Marx, K.: Das Kapital. Bd. 1, Berlin 1947.

Mathias, P.: The brewing industry in England, 1700–1830. Cambridge 1959.

Mathias, P.: The First Industrial Nation. London 1969.

Matschoss, C.: Die Entwicklung der Dampfmaschine. Bd. 1, Berlin 1908.

Matschoss, C.: Matthew Boulton. Zum hundertjährigen Todestage des Begründers der Dampfmaschinenindustrie. In: Beiträge zur Geschichte der Technik und Industrie. Jahrbuch des Vereins deutscher Ingenieure, Hg. C. Matschoss., Bd. 1, Berlin 1909, S. 251–267.

Matschoss, C.: Die Maschinen des deutschen Berg- und Hüttenwesens vor 100 Jahren. In: Beiträge zur Geschichte der Technik und Industrie, wie oben, Berlin 1909, S. 1–35.

Matschoss, C.: Geschichte des Zahnrades. Hildesheim 1976 (Reprogr. Nachdruck der Ausg. Berlin 1940).

Mayr, O.: Zur Frühgeschichte der technischen Regelungen. München–Wien 1969.

Melton, V. L.: Social conditions in mid-nineteenth century Sheffield. Sheffield City Museums 5, 3. ed., Sheffield 1975.

Melton, V. L.: Trade Unionism and the Sheffield Outrages. Sheffield City Museums 6, Sheffield 1975.

Mensch, G.: Das technologische Patt. Innovationen überwinden die Depression. Frankfurt/Main 1975.

Meteyard, E.: The life of Josiah Wedgwood. From his private correspondence and family papers. With introductory sketch of the art of pottery in England. Vol. 1,2 (A facsimile reprint of the ed. London 1865–1866). London 1970.

Meyer, E.: Zur Geschichte der Anwendungen der Festigkeitslehre im Maschinenbau: Hat Watt sich zur Bemessung seiner Maschinenteile der Festigkeitslehre bedient? In: Beiträge zur Geschichte der Technik und Industrie. Jahrbuch des Vereins deutscher Ingenieure, Bd. 1, Berlin 1909, S. 108–117.

Meyer, H.: Mensch und Pferd. Hildesheim 1975.

Michel, E.: Sozialgeschichte der industriellen Arbeitswelt. Frankfurt/Main 1948.

Mitterauer, M. (Hg.): Österreichisches Montanwesen. Produktion, Verteilung, Sozialformen. München 1974.

Mommertz, K. H.: Vom Bohren, Drehen und Fräsen. Zur Kulturgeschichte der Werkzeugmaschinen (Kulturgeschichte der Naturwissenschaften und der Technik, Bd. 5, Deutsches Museum). München 1979.

Morich, H.: Kleine Chronik der Oberharzer Bergstädte und ihres Erzbergbaues. 3. erw. Aufl., überarb. v. H. Dennert, Clausthal-Zellerfeld 1954.

Morus, T.: Utopia. Übers. v. G. Ritter, m. e. Einl. v. H. Oncken, Darmstadt 1964.

Mott, R. A.: The history of coke making. Cambridge 1936.

Mott, R. A.: The Coalbrookdale Group Horsehay Works: Part I. In: Newc. Soc. Trans., Vol. XXXI (1957–1959), S. 271–287. Part II. In: ebenda, Vol. XXXII (1959–1960), S. 43–56.

Mott, R. A.: Abraham Darby (I and II) and the Coal-Iron Industry. In: Newc. Soc. Trans., Vol. XXXI (1957–1958 u. 1958–1959), S. 49–94.

Mott, R. A.: The Newcomen Engine in the eighteenth century. In: Newc. Soc. Trans., Vol. XXXV (1962–1963), S. 69–86.

Muirhead, J. P.: The Life of James Watt. London 1858.

Musson, A. E. u. E. Robinson: The early growth of steam power. In:

Econ. Hist. Rev., 2. Ser., Vol. XI (1958–1959), S. 418–439.

Nasmith, F.: Fathers of the Machine Cotton Industry. In: Newc. Soc. Trans., Vol. VI (1925–1926), S. 159–168.

Needham, J.: The development of iron and steel technology in China. London 1958.

Nef, J. U.: The Rise of the British Coal Industry. London 1932.

Neuloh, O.: Sozialer Wandel und Industrialisierung im 19. Jahrhundert (Versuch eines Ordnungsschemas). In: W. Rüegg, O. Neuloh (Hg.), Zur soziologischen Theorie und Analyse im 19. Jahrhundert. Studien zum Wandel von Gesellschaft und Bildung, Bd. 1, Göttingen 1971, S. 65–80.

Nixon, F.: The early steam-engine in Derbyshire. In: Newc. Soc. Trans., Vol. XXXI (1957–1958 u. 1958–1959), S. 1–28.

Ogburn, W. F.: Social change. New York 1922.

Osann, B.: Rennverfahren und Anfänge der Roheisenerzeugung. Zur Metallurgie und Wärmetechnik der alten Eisengewinnung. Düsseldorf 1971.

Paulinyi, A.: Die Betriebsform im Eisenhüttenwesen zur Zeit der frühen Industrialisierung in Ungarn. In: W. Fischer (Hg.), Beiträge zu Wirtschaftswachstum und Wirtschaftsstruktur im 16. u. 19. Jahrhundert (Schriften des Vereins für Socialpolitik. Neue Folge Bd. 63), Berlin 1971, S. 215–237.

Paulinyi, A.: Der technische Fortschritt im Eisenhüttenwesen der Alpenländer und seine betriebswirtschaftlichen Auswirkungen (1600–1869). In: Österreichisches Montanwesen, Wien 1974, S. 144–180.

Paulinyi, A.: Kraftmaschine oder Arbeitsmaschine. Zum Problem der Basisinnovationen in der Industriellen Revolution. In: Technikgesch. Bd. 45 (1978), Nr. 2, S. 173–188.

Pfannenschmidt, C. W.: Die Anwendung des Holzkohlehochofens seit Ende des 16. Jahrhunderts zur Erzeugung von Gußwaren erster Schmelzung und die spätere zweite Schmelzung in Flamm- und Kupolöfen bis Mitte des 19. Jahrhunderts. Düsseldorf 1977.

Pfetsch, F. R.: Innovationsforschung in historischer Perspektive. Ein Überblick. In: Technikgesch. Bd. 45 (1978), Nr. 2, S. 118–133.

Pike, E. R.: Human Documents of the Industrial Revolution in Britain. London 1966.

Pleiner, R.: Iron-working in Ancient Greece. Prag 1969.

Pleiner, R. u. Mitarbeiter: Untersuchungen zur Technologie des Eisens. Berichte über die Ausgrabungen in Haithabu. Bericht 5, 1971.

Pleiner, R.: Neue Grabungen frühgeschichtlicher Eisenhüttenplätze in der Tschechoslowakei und die Bedeutung des Schachtofens für die Entwicklung des Schmelzvorganges. In: Archäol. Eisenforschung in Europa. Eisenstadt 1975, S. 107 bis 117.

Plumb, J. H.: England in the Eighteenth Century (Pelican History of England, Vol. 7). Harmondsworth 1950, repr. 1978.

Pollard, S.: A History of Labour in Sheffield. Liverpool 1959.

Priehäusser, G. (Hg.): Bayerischer und Oberpfälzer Wald. Land an der Grenze. Essen 1965.

Pusch, R.: Metallkundliche Aussagen an alten Eisenfunden. Ergebnisse von Gemeinschaftsuntersuchungen des Geschichtsausschusses. Hg. Verein Deutscher Eisenhüttenleute. Düsseldorf 1974 (Maschinenschrift).

Raistrick, A.: Dynasty of Iron Founders: The Darbys and Coalbrookdale. London–New York–Toronto 1953.

Raistrick, A.: Quakers in Science and Industry. London 1950.

Randall, J.: Our Coal and Iron Industries, and the men who have wrought in connection with them. The Wilkinsons. Madeley, um 1875.

Rapp, F.: Strukturmodelle in der Geschichtsschreibung. Die Determinanten der technischen Entwicklung während der Industriellen Revolution. In: Technikgesch. Bd. 49 (1982), Nr. 1, S. 46–64.

Redlich, F.: Frühindustrielle Unternehmer und ihre Probleme im Lichte ihrer Selbstzeugnisse. In: W. Fischer (Hg.), Wirtschafts- und sozialgeschichtliche Probleme der frühen Industrialisierung. Berlin 1968, S. 339–412.

Ree's Manufacturing Industry. A selection from the Cyclopedial or universal dictionary of arts, sciences and literatures, Vol. I–V. London 1802–1820. Repr. 1972.

Ress, F. M.: Der Eisenhandel der Oberpfalz in alter Zeit. Abhandlungen und Berichte des Deutschen Museums. 19. Jg., H. 1, München 1951.

Ress, F. M.: Geschichte der Kokereitechnik. Essen 1957.

Riechers, A.: 500 Jahre Oberharzer Bergbau. Clausthal-Zellerfeld 1954 (Harz-Heimat H. 7).

Rinman, S.: Geschichte des Eisens. Aus dem Schwedischen übersetzt u. mit Anmerkungen versehen von C. J. B. Karsten. 2 Bde. Liegnitz 1814 und 1815.

Ritter, G. A.: Parlament und Demokratie in Großbritannien. Studien zur Entwicklung und Struktur des politischen Systems. Göttingen 1972.

Robinson, E.: The Lunar Society: Its Membership and Organization. In: Newc. Soc. Trans., Vol. XXXV (1962–1963), S. 153–177.

Robinson, E. u. A. E. Musson: James Watt and the Steam Revolution. A. Documentary History. London 1969.

Röpke, J.: Primitive Wirtschaft, Kulturwandel und die Diffusion von Neuerungen. Tübingen 1970.

Roesch, K.: Kommagene – ein frühgeschichtliches Eisenland in Kleinasien? Ein Beitrag zur Geschichte des Eisens und des Stahls. Düsseldorf 1972.

Roesch, K.: 3500 Jahre Stahl – Geschichte der Stahlerzeugungsverfahren vom frühgeschichtlichen Rennfeuer der Hethiter bis zum Sauerstoffaufblasverfahren. Abhandlungen und Berichte des Deutschen Museums, 47. Jg., H. 2. München 1979.

Rogers, E. M.: Diffusion of Innovations. New York 1962.

Rogers, K. H.: The Newcomen Engine in the West of England. Bradford-on-Avon 1976.

Rolt, L. T. C.: Thomas Newcomen. The Prehistory of the Steam Engine. London 1963.

Rolt, L. T. C.: James Watt. New York 1963.

Rolt, L. T. C. u. J. S. Allen: The steam engine of Thomas Newcomen. Hartington–New York 1977.

Roosen, R.: Watts Pionierpatent und die weitere Entwicklung der Dampftechnik. In: 200 Jahre industrielle Revolution. Abhandlungen und Berichte des Deutschen Museums. 37. Jg., H. 1. München 1969, S. 24–44

Rostow, W. W.: Stadien wirtschaftlichen Wachstums. Eine Alternative zur marxistischen Entwicklungstheorie. 2. Aufl., Göttingen 1967.

Rubner, H.: Forstgeschichte im Zeitalter der industriellen Revolution. Berlin 1967.

Rubner, H.: Forstwirtschaft und Industrialisierung (besonders in Frankreich). In: W. Fischer (Hg.), Wirtschafts- und sozialgeschichtliche Probleme der frühen Industrialisierung. (Einzelveröffentlichungen der Historischen Kommission beim Friedrich-Meinecke-Institut der Freien Universität Berlin, Bd. 1.) Berlin 1968.

Rüegg, W. u. O. Neuloh (Hg.): Zur soziologischen Theorie und Analyse des 19. Jahrhunderts. Studien zum Wandel von Gesellschaft und Bildung, Bd. 1. Göttingen 1971.

Sachsenspiegel. Quedlinburger Handschrift. Hg. K. A. Eckhardt. Fontes Iuris Germanici Antiqui, Bd. 8. Hannover 1966.

Sass, P.: Die kulturgeographische Be-

deutung des Waldes und der Waldvernichtung in Großbritannien. In:
Geographische Rundschau 22
(1970), S. 266–270.

Scheer, L.: Was ist Stahl? Eine Stahl-
kunde für jedermann. 14. Aufl., bearb. v. H. Berns. Berlin–Heidelberg–New York 1974.

Scherer, F. M.: Erfindung und Innovation bei der Entwicklung der
Dampfmaschine durch Watt-Boulton. In: R. Braun u. a. (Hg.), Industrielle Revolution. Wirtschaftliche
Aspekte. Köln 1972, S. 139–160.

Scheuermann, L.: Die Fugger als Montanindustrielle in Tirol und Kärnten.
Ein Beitrag zur Wirtschaftsgeschichte des 16. und 17. Jahrhunderts (Studien zur Guffer-Ge-
schichte, Hg. J. Strieder, Bd. 8).
München u. Leipzig 1929.

Schlenke, M.: Sozialgeschichtliche
Aspekte der Industriellen Revolu-
tion in England. In: Gesch. in Wiss. u.
Unt., 25. Jg. (1974), H. 11, S. 645 ff.

Schmidtchen, V.: Riesengeschütze des
15. Jahrhunderts – Technische
Höchstleistungen ihrer Zeit. In:
Technikgesch., Bd. 44 (1977), Nr. 2,
S. 153 ff.

Schofield, R. E.: The Lunar Society of
Birmingham. A social history of pro-
vincial science and industry in 18th
century England. Oxford 1963.

Schreiber, G.: Der Bergbau in Geschichte, Ethos und Sakralkultur.
Köln–Opladen 1962.

Schremmer, E.: Die Wirtschaft Bay-
erns. Vom hohen Mittelalter bis zum
Beginn der Industrialisierung. Bergbau, Gewerbe, Handel. München
1970.

Schröder, E.: Krupp. Geschichte einer
Unternehmerfamilie. Göttingen–
Frankfurt–Zürich 1968.

Schubert, J. R.: The History of the British Iron and Steel Industry from c. 450
B. C. to A. D. 1775. London 1957.

Schuster, W. F.: Das alte Metall-
und Eisenschmelzen. Technologie
und Zusammenhänge (Technikgeschichte in Einzeldarstellungen,
H. 12). Düsseldorf 1969.

Schwarz, K., H. Tillmann, W. Treibs:

Zur spätlatènezeitlichen und mittelalterlichen Eisenerzeugung bei
Kehlheim. Sonderdruck aus dem
Jahresbericht der Bayerischen Bo-
dendenkmalspflege 6/7, o. O.
(1965–1966).

Scrivenor, H.: History of the Iron
Trade. London 1854.

Silvester, J. W. H.: Crucible steel making at Abbeydale. Sheffield City Museums 2, 5. Aufl., Sheffield 1978.

Sittauer, H. L.: James Watt., 1. Aufl.,
Leipzig 1981.

Skempton, A. W. (Hg.): John Smeaton. London 1981.

Smith, D. M.: The industrial Archaeology of the East Midlands. London
1965.

Sönnecken, M.: Die mittelalterliche
Rennfeuerverhüttung im märkischen Sauerland. Ergebnisse von
Geländeuntersuchungen und Grabungen. Münster/Westfalen 1971.

Sönnecken, M.: Forschungen zur spät-
mittelalterlichen/frühneuzeitlichen
Eisenherstellung in Kierspe, Märki-
scher Kreis. Ein Beitrag zur Entwicklung des Eisenhüttenwesens in
Westfalen. Düsseldorf 1977.

Sonnemann, R. u. a. (Hg.): Geschichte
der Technik. Leipzig 1978.

Spate, O. H. K.: Geographical Aspects
of the Industrial Evolution of London till 1850. In: K. Hottes (Hg.), In-
dustriegeographie. Darmstadt 1976,
S. 275–291.

Spengler, O.: Der Mensch und die
Technik. Beitrag zu einer Philosophie des Lebens. München 1931.

Spiegel, H.-R.: Zum Fachwortschatz
des Eisenhüttenwesens im 18. Jahrhundert in Deutschland (Technikgeschichte in Einzeldarstellungen,
H. 24). Düsseldorf 1972 (Maschinenschrift).

Sprandel, R.: Das Eisengewerbe im
Mittelalter. Stuttgart 1968.

Sprandel, R.: Die Betriebsform der Eisenproduktion in Westdeutschland
in vorindustrieller Zeit. Dortmund
1974.

Stafford, W.: Drei Gespräche über die
in der Bevölkerung verbreiteten
Klagen 1581 (Sozialökonomische

241

Texte. Hg. A. Skalweit, H. 10/11). Frankfurt/Main 1948.

Stahleisen-Wörterbuch, deutsch-englisch, Hg. vom Verein deutscher Eisenhüttenleute, 3. stark erw. Aufl., Düsseldorf 1977.

Stahlschmidt, R.: Die Geschichte des eisenverarbeitenden Gewerbes in Nürnberg von den ersten Nachrichten im 12.–13. Jahrhundert bis 1630 (Nürnberger Werkstücke zur Stadt- und Landesgeschichte, Bd. 4, zugleich Diss. Bochum). Nürnberg 1971 (Maschinenschrift).

Stern, H. u. a. (Hg.): Rettet den Wald. München 1979.

Stiefelzieher, M.: Studien über die Entwicklung des englischen öffentlichen Kredits von 1660 bis 1714. Tübingen 1927.

Straker, E.: Wealden Iron. London 1931.

Strieder, J.: Die deutsche Montan- und Metall-Industrie im Zeitalter der Fugger. In: Abhandlungen und Berichte des Deutschen Museums, 3. Jg., H. 6. Berlin 1931.

Sulzbach, W.: Die Inhaltlosigkeit der internationalen Politik. In: Zeitschr. f. d. ges. Staatswiss., Bd. 124 (1968), S. 312–348.

Suter, E.: Wasser und Brunnen im alten Zürich. Zur Geschichte der Wasserversorgung d. Stadt vom Mittelalter bis ins 19. Jahrhundert. Zürich 1981.

Tann, J. (ed.): The selected papers of Boulton & Watt, Vol. I, The Engine Partnership 1775–1825. Cambridge (Mass.) 1981.

Tanzer, K.: Vom norischen Eisen zum steirischen Stahl. Abhandlungen und Berichte des Deutschen Museums, 2. Jg., H. 4. Berlin 1930.

Tarr, L.: Karren, Kutsche, Karosse. Eine Geschichte des Wagens. München–Basel–Wien 1970.

Technikgeschichte, Deutsche. Eingel. u. hg. v. W. Treue. Vorträge vom 31. Historikertag. Göttingen 1977.

Temple, J.: Mining. An international history. London 1972.

Tenbruck, F. H.: Die Rolle der Wirtschaftsgesinnung in der Entwicklung. In: Zeitschr. f. d. ges. Staatswiss., Bd. 124 (1968), S. 589–594.

Teuteberg, H. J.: Der Ausbau der englischen Binnen- und Küstenschiffahrt während der Frühindustrialisierung im Spiegel zeitgenössischer Reiseberichte. In: Technikgesch. 34 (1967), S. 115–145.

Thomson, R.: Metallografische Untersuchungen an drei wikingerzeitlichen Eisenäxten aus Haithabu. In: Schietzel, K. (Hg.), Berichte über die Ausgrabungen in Haithabu, Bericht 5, Neumünster 1971, S. 30–57.

Thrupp, G. A.; The history of coaches. Amsterdam 1969.

Tilly, R. H.: Los von England: Probleme des Nationalismus in der deutschen Wirtschaftsgeschichte. In: Zeitschr. f. d. ges. Staatswiss., Bd. 124 (1968), S. 179–196.

Trebilcock, C.: Rüstung und Industrie. Zum «spin-off»-Problem in der britischen Wirtschaftsgeschichte 1760–1914. In: Hausen/Rürup (Hg.), Moderne Technikgeschichte. Köln 1975, S. 337–357.

Trench, Ch.: Geschichte der Reitkunst. München 1970.

Trent, C.: Greater London. Its Growth and Development through Two Thousand Years. London 1965.

Treue, W.: Der Wandel der Lebenshaltung. Ein Spiegel der Zeiten und Völker. Berlin 1939.

Troitzsch, U.: Die Rolle des Ingenieurs in der Frühindustrialisierung, ein Forschungsproblem. In: Technikgesch., Bd. 37 (1970), S. 289–309.

Troitzsch, U. (Hg.): Technologischer Wandel im 18. Jh. (Wolfenbütteler Forschungen 14). Wolfenbüttel 1981.

Troitzsch, U. u. W. Weber (Hg.): Die Technik. Von den Anfängen bis zur Gegenwart. Braunschweig 1982.

Troitzsch, U. u. W. Weber: Methodologische Überlegungen für eine künftige Technikhistorie. In: Deutsche Technikgesch. Vorträge vom 31. Historikertag am 24. 9. 1976 in Mannheim, eingel. u. hg. v. W. Treue. Göttingen 1977, S. 99-122.

Troitzsch, U. u. G. Wohlauf (Hg.):

Technikgesch. Historische Beiträge und neuere Ansätze (Suhrkamp Taschenbuch Wissenschaft 319). 1. Aufl., Frankfurt/Main 1980.

Varchmin, J. u. J. Radkau: Kraft, Energie und Arbeit. Energietechnik und Gesellschaft im Wechsel der Zeiten (Kulturgeschichte der Naturwissenschaften und der Technik, Bd. 4, Deutsches Museum). München 1979.

Weber, M.: Die protestantische Ethik und der Geist des Kapitalismus. In: Gesammelte Aufsätze zur Religionssoziologie, Bd. 1, 6. Aufl., Tübingen 1972.

Weber, W.: Industriespionage als technologischer Transfer in der Frühindustrialisierung Deutschlands. In: Technikgesch., Bd. 42 (1975), S. 287–305.

Weber, W.: Das Berg- und Hüttenwesen des 18. und 19. Jahrhunderts in der historischen Innovationsforschung. In: Technikgesch., Bd. 43 (1976), S. 47–59.

Weber, W.: Innovationen im frühindustriellen deutschen Bergbau und Hüttenwesen (Studien zu Naturwissenschaft, Technik und Wirtschaft im 19. Jahrhundert, Hg. W. Treue, Bd. 6). Göttingen 1976.

Weber, W.: Quellenprobleme der historischen Innovationsforschung für das 18. u. 19. Jahrhundert. In: Technikgesch. Bd. 45 (1978), Nr. 2, S. 162–173.

Wellenreuther, H.: Repräsentation und Grundbesitz in England (1730–1770). Stuttgart 1979.

White, L.: Was beschleunigte den technischen Fortschritt im westlichen Mittelalter? In: Technikgesch. Bd. 32 (1965), S. 201–220.

White, L., jr.: Die mittelalterliche Technik und der Wandel der Gesellschaft. München 1968.

Willan, T. S.: River Navigation in England 1600–1750. London 1964.

Wunderer, R.: Grundlagen der Betriebswirtschaftslehre. Augsburg 1969.

Personen- und Sachregister

Abschreckung 28 f
Absolutismus 47, 56, 72
Agrarrevolution 195, 210 f, 215
Akkordlohn 67
Aktiengesellschaft 16, 102, 204
Albion-Mühle 18, 179
Anlagekapital 32, 61 ff, 97, 101, 117, 164, 181, 223
Anlassen 29
Arbeitsbedingungen 224, 226 f
Arbeitsethos 103 f, 229
Arbeitsintensität 63, 67
Arbeitskräftemangel 216
Arbeitslosigkeit 216
Arbeitsmaschine 11 f, 169 f, 173, 179, 198, 229
Arbeitsteilung 11, 32, 66, 148, 164 f, 168
Arkwright, Richard 17, 102, 197, 221 f, 226
Atmosphärische Dampfmaschine 15 f, 120 f, 123 ff, 134, 137 f, 150, 152, 154 f, 159, 166, 170 f, 177, 180 ff, 197
Aufkohlung 27 ff, 36, 184 ff

Ballungszentrum 215 f, 220 f, 223
Becher, J. 114
Bedarfsdeckungswirtschaft 75, 131
Bergarbeiter 43 f, 46, 111
– bau 14, 42 ff, 52, 55, 121
– freiheit 42 f, 55, 60
– recht 42, 47, 120
– regal 42 f
Besitzverhältnisse s. Genossenschaft, Kapitalismus, Staatseigene Regie, Verlagssystem
Bessemer, Henry 20, 189, 191, 193
Betriebskapital 61 ff, 100, 117, 223
Bevölkerungswachstum 68, 200, 207 ff, 215 f, 220, 229
Biringuccio, Vanoccio 72, 86, 190
Black, Joseph 17, 149
Blasebalg 33 ff, 48, 131 f, 134, 136
Blasenstahl s. Zementstahl

Boulton, Matthew 17, 102, 156 ff, 166 ff, 173, 180 ff, 188, 204, 221
Bramah, Joseph 18 f, 41
Braunkohle 194
Brindley, James 17, 203
Bronzezeit 11, 21 f, 28
Brooke, Sir Basil 96, 110
Bürgertum 66, 71 ff, 89, 101, 105, 158 f, 211

Calvin, Johann 14
Calvinismus 103 ff, 229
Cartwright, Edmund 18, 198
Cook, Thomas 18, 211 f
Cort, Henry 18, 102, 117, 190, 192 f
Crawshaw, Richard 18, 101 f, 192
Crompton, Samuel 197 f, 226
Cranege, George 191
Cranege, Thomas 191
Cromwell, Oliver 78 ff

Dampfgetriebener Fallhammer 20, 41
– lokomotive 18, 165 f
– maschine (s. a. Atmosphärische, Direktwirkende, Doppeltwirkende Dampfmaschine) 16 ff, 97, 117 f, 123 f, 126, 130, 134, 136 ff, 149, 157, 159 , 161, 163 ff, 167, 169 f, 172 ff, 176, 179 ff, 192, 198 ff, 209, 222 f, 229
– pumpe 123
Darby I, Abraham 15, 72, 94 ff, 99 ff, 107 f, 111, 113 f, 132, 138
Darby II, Abraham 96 f, 108, 118, 134
Darby III, Abraham 97, 142 f, 167
Demokratie 60, 70, 77
Direktwirkende Dampfmaschine 17, 154
Doppeltwirkende Dampfmaschine 18, 174, 176, 178
Diffusionshärter 28
Dreißigjähriger Krieg 47
Dudley, Dud 14, 94, 100 f, 109 f
Durchsatzzeit 36, 54, 108, 115

Einhegung 213 ff
Einsatzhärtung s. Aufkohlung
Eisen s. Guß-, Koksguß-, Puddel-,
 Schmiedeeisen
Eisenbahn 17, 19 f, 206
Eisenzeit 11, 21, 28 f
Eiserne Brücke 18, 97, 142 ff
Elisabeth I. 73, 78 f, 83
Energieprobleme (s. a. Holzmangel,
 Wassernot) 32, 229
Entwaldung 56, 60 f, 78, 83 f
Erfinder-Unternehmer 101 f, 161
Evelyn, John 14, 80, 83 f, 222

Fabriksystem 19, 67, 157, 163, 167 ff,
 196, 198
Facharbeiter 63, 94, 102 f, 117, 134,
 155, 157, 163, 168 f, 182, 196, 223
Feudalismus 43, 59, 207
Flammofen 190 ff
Fliehkraftregler 18, 174, 177 f
Floßofen s. Hochofen
Forstordnung 55, 58 f
– wissenschaft 56
Fortschrittsgläubigkeit 10
Franklin, Benjamin 161, 163
Französische Revolution 57, 195, 228
Frischen (s. a. Windfrischen) 13, 18,
 20, 32, 34, 37 f, 136, 189 ff
Frühkapitalismus 44 f, 104

Gärbung 13, 31, 186
Gebrauchsgüterproduktion 100, 139
Geldaristokratie 207
Genossenschaft 43 ff, 47 f, 65 ff, 89 f, 92
Gewerberecht 66
Gewerke s. Genossenschaft
Gewerkschaft 19, 223, 226, 228
‹Glorreiche Revolution› 1689 207
Grundbesitzender Adel 207, 210 f,
 213 f, 226
Gußeisen (s. a. Koks-, Meteor-, Tiegel-
 gußeisen) 13 f, 16, 18, 34, 37, 99,
 136 ff, 142, 146, 179, 190, 193, 220
Gustav Adolf 73

Hämmern s. Schmieden
Heißluftgebläse 134, 136

Hochofen (s. a. Kokshochofen) 14, 25,
 34 f, 37 f, 42, 48, 54, 63 ff, 67, 86,
 108 f, 118 f, 131 f, 136
Hogarth, William 105 f
Holzkohle 53 ff, 64, 78, 82 f, 86, 108 f,
 113 ff, 117, 132, 134, 138, 194
Holzmangel 78, 80
Horizontale Konzentration 89
Hufeisen 13, 69 f
Huntsman, Benjamin 16, 102, 186 ff
Hydraulische Schmiedepresse 19, 41

Induktionshärten 28, 186
Industrialisierung 32, 61, 67, 72, 200,
 206 ff, 216, 226
Industrielle Revolution 11 f, 32, 67, 73,
 75 ff, 93, 102, 124, 130, 132, 138, 144,
 162, 172, 195, 199, 204, 223, 229
Industriespionage 182, 188
Ingenieurwissenschaft 169
Investition s. Anlagekapital

Kanalbau 17, 19, 202 ff
Kapitalintensität 61, 67
Kapitalismus (s. a. Frühkapitalismus,
 Unternehmer) 104, 107, 198
Katarakt 177
Kindersterblichkeit 208, 220, 225
Köhler 54
Kohle s. Braun-, Holz-, Steinkohle
Kohlenstoffgehalt 27, 29, 31, 37 f, 186 f,
 189, 192
Koks 78, 112 ff, 117, 132, 134, 138
Koksgußeisen 137 f, 229
Kokshochofen 16, 86, 91, 96, 107,
 114 ff, 119, 134, 194, 200, 209
Kondensator 17, 152 ff, 181
Konkurrenzkampf 180
Kontinentalsperre 193
Kornzoll 19 f, 210 f, 215
Kraftmaschine 12, 18, 169, 173 ff, 179,
 229
Kreuzzug 69 f
Krieg 12, 68, 70 f, 73 f, 79, 100, 170
Kristallpalast 20, 144 f, 147
Kupolofen 190
Kux 44, 46

Lebensbedingungen 214, 220, 224, 227, 229
Leibeigenschaft 43
Lemniskatenlenker 18, 174, 176
Lizenzbau 166, 180, 182
Luftpumpe 152 ff, 181
– verschmutzung s. Umweltverschmutzung
Lunar Society of Birmingham 17, 162
Luppe 27, 38
Luxuswarenproduktion 157, 159

Manufaktursystem 67, 73, 148, 157, 162 ff, 168, 196
Marktwirtschaft 89 f
Maschinenbau 12, 16, 19, 137 ff, 154, 163 f, 166 ff, 172, 179, 198 f, 229
– bauer 165
– indikator 176 f
– stürmer 19, 179
Massenproduktion s. Serienfertigung
Maudslay, Henry 18, 102, 172
Mechanische Drehbank 18, 171 f
Mechanischer Stielhammer 39 ff
– Webstuhl 18, 198
Mechanisierung 9, 11, 17, 168, 172, 195, 198, 210, 215, 223
Meilerverkohlung 52 ff, 114
Merkantilismus 56, 90, 210
Metallurgische Revolution 11 f, 21
Meteoreisen 22
Monopol 45, 89, 170, 181 f
Motorisierung 168 f, 195
Mühlenbauer 34, 39, 165 f, 172
Münzrecht 47
Murdock, William 18 f, 162 f, 165 ff, 174, 176

Nasmyth, James 20, 41, 172
Neilson, James Beaumont 136
Neolithische Revolution 11, 21
Newcomen, Thomas 15, 121, 123 f, 126, 137 f
Newcomen-Maschine s. Atmosphärische Dampfmaschine
Nord-Süd-Gefälle 75 ff
Nußbaum, Johann 14, 184

Papin, Denis 15, 123 f
Parlament 77, 181, 200 f, 203 ff, 210, 213 ff, 218
Partnerschaft 89, 96
Patent 19, 94, 109 f, 114, 124, 155 f, 163 f, 166 f, 170 f, 174, 180 ff, 188, 192 f, 205
Paxton, Joseph 146 f
Peter der Große 72 f, 81
Pferdekraft 176
Pflug 13, 17 f, 212 f
Pitt der Jüngere, William 82, 217
Planetengetriebe 18, 174, 176
Plenterwald 57 f
Postkutsche 16 f, 200, 202, 206
Präzisionsarbeit 170, 172
Produktionsunterbrechung 120 f, 130 ff
Produktivitätssteigerung 32, 36, 38 f, 44, 68, 75 f, 125
Puddeleisen 18, 117, 184, 190 ff

Quäker 14 f, 94, 100, 102 ff, 158, 229

Ransome, Robert 18, 213
Rationalisierung 164, 213, 215
Raubbau s. Entwaldung
Réaumur, René Antoine Ferchault de 16, 190
Reduktion 24, 36, 54, 108
Rennverfahren 22 ff, 38, 63
Rennie, John 18, 179
Rentabilität 64 f, 67, 88
Reynolds, Richard 142
Roebuck, John 16, 111, 139, 155 f, 158, 166, 170

Sämaschine 15, 18, 211 f
Salt, Titus (Saltaire) 221
Sandguß 94, 99, 102 f, 107
Savery, Thomas 15, 123 f, 176
Schachtofen 24 f, 30, 35, 190
Schichtarbeit 67
Schiffsbau 80 ff
Schmiedeeisen 190, 193 f
– handwerk 26, 39, 41
Schmieden 27, 29 f
Schweißen 27, 29
Schweißstahl 186 f, 189
Serienfertigung 159 f, 164, 167

Slum 218, 220
Smeaton, John 17, 134, 155, 176, 178 f
Smith, Adam 148 f
Smog 222
Southern, John 177
Soziale Frage 198 f, 223, 225 ff
Sozialstaat 106, 229
Sozialversicherung 222
Spezialisierung 14, 41, 169
Spinnmaschine 17 f, 197 f
Staatseigene Regie 43, 47, 66
Stadt-Land-Gegensatz 101
Stahlerzeugung (s. Schweiß-, Tiegel-
    guß-, Zementstahl) 28 f, 184, 189
Standardisierung 164, 167
Standortverlagerung 90 ff, 199, 229
Steinkohle 18, 78, 82 ff, 86, 90, 109 ff,
    125, 194, 199
Stückofen 38, 48, 63, 71
Strutt, Jedidiah 188, 197, 221
Subsistenzwirtschaft 104, 131, 195

Technische Revolution 107, 132, 169
Telford, Thomas 19, 144
Textilgewerbe 12, 195 ff, 209
Thomas, John 15, 94, 102 f
Tiegelgußstahl 16, 184, 186 ff
Tiegelofen 190
Transportsystem 99, 199 f, 202 ff, 229
Trennung 24
Trucksystem 46
Trust 46
Tull, Jethro 15, 211 f

Überschußwirtschaft 75, 132
Umweltverschmutzung 220, 222
Universität Glasgow 148 ff
Unternehmer (s. a. Erfinder-Unter-
    nehmer) 66, 88 ff, 100, 158, 211

Vergüten 29

Verlagssystem 43, 45, 47, 65, 89, 198,
    226
Vertikale Konzentration 65

Waffenproduktion 14, 68 f, 71 f, 74,
    100, 170 f
Wald 23, 42, 48 ff, 54 ff, 83 ff
Walker, Aaron 144
Walker, Samuel 18, 130, 139, 144, 188,
    192
Walpole, Robert 16, 207
Walzwerk 18, 192 f
Wasserhaltung 121 ff, 126
– kraft 13, 32 ff, 38, 40, 44, 48, 66 f,
    120 f, 130, 136 f, 193, 195, 198 f, 223
– not 108, 120 f, 126
– rad 11 f, 32 ff, 39 f, 172 f, 198, 223, 229
– recht 121
Watt, James 17 ff, 41, 102, 125, 149 ff,
    160, 162 ff, 166 ff, 173 f, 176 f, 182,
    218, 222, 226
Wedgwood, Josiah 16 ff, 102, 158 f, 162,
    182, 222
Weltausstellung 20, 144 ff
Werkzeugmaschinen 12, 168 ff, 172,
    179, 229
Wiederaufforstung 15, 56 ff, 80, 84 f
Wilhelm III. 210, 219
Wilkinson, Isaac 134, 171
Wilkinson, John 17 f, 102, 114, 116,
    134, 139 ff, 158, 162, 166 f, 170 f, 176,
    179, 196, 213
Wilkinson, William 167
Windfrischen 20, 189, 191, 194
Wissenschaftliche Literatur 67
Wohnungsbau 217, 219 f

Zementstahl 14 f, 184 ff
Zunftwesen 14, 66, 227
Zylinderbohrmaschine 17, 167, 170 f
– gebläse 17, 134, 136
– guß 16, 137 ff

Bildquellen

1 Foto (R. Gardi) und Zeichnung (F. Fedier) aus R. Gardi: Mandara. Unbekanntes Bergland in Kamerun. Zürich, Orell Füssli Verlag 1953. Abb. 45 bei S. 132 (Foto); S. 93 (Zeichnung)

2 Zeichnungen aus R. Pleiner: Neue Grabungen frühgeschichtlicher Eisenhüttenplätze in der Tschechoslowakei und die Bedeutung des Schachtofens für die Entwicklung des Schmelzvorganges. Hier aus: Archäologische Eisenforschung in Europa – Symposion Eisenstadt 1975 (in der Reihe: Wissenschaftliche Arbeiten aus dem Burgenland, H. 59). Eisenstadt, Burgenländisches Landesmuseum 1977. Abb. 4, S. 113

3 Zeichnung nach einer attischen Vase (6. Jh. v. Chr.) aus den Sammlungen des British Museums, London

4 Fotos und Zeichnung (H. Hammon) aus R. Thomsen: Metallografische Untersuchungen an drei wikingerzeitlichen Eisenäxten aus Haithabu. In: Berichte über die Ausgrabungen in Haithabu, Nr. 5 (Hg. K. Schietzel). Neumünster, Karl Wachholtz Verlag 1971. Abb. 2, S. 33 (a,b); Abb. 1, S. 32 (c)

5 Zeichnung aus Mariano, genannt Taccola: De machinis – Handschrift von 1449. Bayerische Staatsbibliothek München, Codex latinus 28800, Fol. 43 v

6 Ölgemälde von J. Patenier – um 1510. Privatbesitz. Hier aus J. Needham: The development of iron and steel technology in China. London, Newcomen Society 1958. Taf. 9, Abb. 15

7 Ofenplatte – um 1700. Sammlung des Vereins deutscher Eisenhüttenleute, Düsseldorf. Foto des Vereins

8 Foto: Sheffield City Museums

9 Zeichnungen nach: Sheffield City Museums Information Sheet Nr. 3, 1973. S. 1

10 Holzstich (um 1830) aus C. Hart: The industrial history of Dean. With an introduction to its industrial archaeology. Newton Abbot, David & Charles Ltd 1971. Abb. 27, bei S. 148

11 Miniatur aus dem handschriftlichen «Reisebericht» von Sir John Mandeville – 14. Jh. British Museums, London, MS Add. 24189, Fol. 16 r

12 Miniatur von J. Memling aus der Handschrift: Bréviaire Grimani – 1477/1478. St. Marcus Bibliothek, Venedig (Novemberbild). Hier aus: Le Bréviaire Grimani à la Bibliothéque Marciana de Venice. Venedig 1903. Abb. 21

13 Kupferstich von C. Lucas (1717) aus H. L. Duhamel du Monceau: Art du charbonnier; ou manière de faire le charbon de boi. In: Descriptions des arts et métiers …, Bd. 2. Paris 1762

14 Miniatur – 15. Jh. Aus den Sammlungen der Landesbibliothek Dessau. Hier aus: R. B. Hilf u. F. Röhrig: Wald und Weidwerk in Geschichte und Gegenwart, Bd. 1 (Hilf – Der Wald). Potsdam 1933. Abb. 92, S. 140

15 Zeichnung von G. Joksch u. I. Kohlschovsky aus P. Burschel: Der Waldbau. In: H. Stern u. a.: Rettet den Wald. München, Kindler Verlag 1979. S. 255

16 Miniatur von J. Kölderer aus: Tiroler Jagdbuch des Kaisers Maximilian I – 1500. Bibliothèque Royale Brüssel. Hier aus: R. B. Hilf u. F. Röhrig: Wald und Weidwerk in Geschichte und Gegenwart, Bd. 1 (Hilf – Der Wald). Potsdam 1933. Abb. 115, S. 162

17 Zeichnung von L. Bauer aus M. Nisser: Engelsberg ironworks – A technological account. In: Swedish industrial archaeology – Engelsberg ironworks (Hg. B. Holtze, Å. Nisbeth, R. Adamson, M. Nisser). Stockholm, Swedish royal academy of letters, history and antiquities 1975. Abb. 16, S. 218/219

18 Zeichnung aus dem Manuskript von Otto von Freising – erste Hälfte des 12. Jh.

19 Russischer Holzschnitt – um 1705

20 Kupferstich von P. Schenk – Mitte des 18. Jh. Deutsches Museum München, Sondersammlung

21 Zeichnung aus C. Hart: The industrial history of Dean. With an introduction to its industrial archaeology. Newton Abbot, David & Charles 1971. Abb. 20, S. 323

22 Foto aus C. Hart: The industrial history of Dean. With an introduction to its industrial archaeology. Newton Abbot, David & Charles 1971. Abb. 38, bei S. 229

23 Gemälde – Anfang des 18. Jh. (Maler unbekannt). City Art Galerie, Bristol

24 Karte nach A. Raistrick: Dynasty of iron founders. The Darby's and Coalbrookdale. London, New York, Toronto, Longmans, Green and Co Ltd 1953. S. 28

25 Kupferstich von W. Hogarth aus der Reihe: Industry and idleness, Taf. 1 – 1747. Hier aus Hirth: Kulturgeschichtliches Bilderbuch, Bd. 2 (Nr. 787–90)

26 Holzstich aus L. Simonin: La vie souterraine ou les mines et les mineurs. Paris 1867. Abb. 56, S. 131

27 Foto aus D. M. Smith: The industrial archaeology of the East Midlands (Nottinghamshire, Leicestershire and the adjoining parts of Derbyshire). London, David & Charles Ltd 1965. S. 211

28 Zeichnung nach O. Simmersbach: Die Begründung der oberschlesischen Eisenindustrie unter Preußens Königen. In: Sammlung Berg- und Hüttenmännischer Abhandlungen, H. 34 Kattowitz 1911. S. 32

29 Kupferstich von Fr. Vivares nach G. Perry und T. Smith – 1758. Hier aus: Transactions (Hg. Newcomen Society for the study of the history of engineering and technology), Bd. 4. London 1925. Taf. 15

30 Kupferstich aus Agostino Ramelli: Le diverse et artificiose machine

mellequali si contengono varii et industriosi mouvimenti, composte in lingua Italiana et Francese. Paris 1588. Fig. 5, S. 8

31 Holzstich aus L. Simonin: La vie souterraine ou les mines et les mineurs. Paris 1867. Abb. 100, S. 351

32a Kupferstich aus M. Triewald: Kort beskrifning om Eld-och Luftmachin wid Dannemora Gruswor ... Stockholm 1734. Hier aus der Faksimileausgabe der Newcomen Society for the study of the history of engineering and technology, London 1928 (Nr. 1 der Reihe Extra Publication)

32b Zeichnung nach: Scientific technology and social change. San Francisco 1959. S. 77

33 Kupferstich von H. Beighton aus: Philosophical Transactions, Bd. 37. London 1733. Nr. 417, Taf. 1

34 Kupferstich von J. Boydell (1752) aus: Collection of views in England and Wales. London 1760 (Ausschnitt)

35 Foto einer chinesischen Eisenpagode aus dem Jahre 1061 (restauriert 1835) aus E. Boerschmann: Chinesische Pagoden, Bd. 1. Berlin, Leipzig 1931

36 Kolorierter Stich aus Fr. Accum: A practical treatise on Gas-Light ... London 1815. Taf. 5, bei S. 155

37 Kupferstich von W. Lowry nach G. Robertson – 1788. Hier aus: F. D. Klingender: Art and the industrial revolution (herausgegeben und revidiert von A. Elton). New York, August M. Kelley Publishers 1968. Abb. 14

38 Foto: City Museum, Bristol

39 Foto: Science Museum, London

40 Medaille – 1792. Hier aus: Transactions (Hg. Newcomen Society for the study of the history of engineering and technology), Bd. 4. London 1925. Taf. 20

41 Stahlstich aus St. Flachat: L'Industrie. Exposition de 1834. Paris 1834. Taf. 19, bei S. 150

42 Holzstich aus: L'Illustration, journal universel, Bd. 17. Paris 1851. Nr. 422, S. 200

43 Stahlstich aus: The Crystal Palace and its contents: being an illustrated cyclopaedia of the great exhibition of the industry of all nations. London 1852. S. 89

44 Modell der Newcomen-Maschine für die Lehrzwecke der Universität in Glasgow, hergestellt von der Firma J. Sisson in London – um 1766. Foto: Glasgow University

45 Zeichnung aus R. J. Law: James Watt and the separate condenser. A Science Museum Monograph. London, Her Majesty's Stationery Office 1969. Abb. 35, S. 43

46 Kupferstich aus J. H. Savigny: Collection of engravings representing the most modern and approved instruments used in the practice of surgery, with explanations. London 1798. Taf. 17

47 Watts Modell des Kondensators mit Wasserkühlung und Luftpumpe – 1765. Aus den Sammlungen des Science Museums, London. Foto: Science Museum

48 Zeichnung aus R. J. Law: James Watt and the separate condenser. A Science Museum Monograph. London, Her Majesty's Stationery Office 1969. Abb. 27, S. 33

49 Ölgemälde von Thomas Lawrence – um 1813 (Ausschnitt). Im Besitz der Familie Boulton. Hier aus: H. W. Dickinson u. R. Jenkins: James Watt and the steam engine. Oxford 1927. Taf. 11, bei S. 80

50 Ölgemälde von C. F. v. Breda – um 1792. Im Besitz von The Institution of civil engineers. Hier aus: H. W. Dickinson: Matthew Boulton. Cambridge 1937. Taf. 8, bei S. 132

51 Silberne Pokale – 1776/1777. City of Birmingham Museums and Art Gallery – Department of science and industry. Foto des Museums

52 Watts Arbeitsraum in Heathfield. Foto: Science Museum, London

53 Kupferstich von F. Eginton aus S. Shaw: The history and antiquities of Staffordshire. London 1798–1801. Hier aus: H. W. Dickinson: James Watt, craftsman & engineer. Cambridge 1936. Taf. 5, bei S. 49

54 Ölgemälde von J. Graham-Gilbert. City of Birmingham Museums and Art Gallery. Foto des Museums

55 Stahlstich aus: The Engineer, Bd. 80. London 1895. S. 306

56 Watts Druckpresse – um 1770. Aus den Sammlungen des Science Museums, London. Foto: Science Museum

57 Zylinderbohrmaschine von J. Wilkinson – 1775. Modell aus den Sammlungen des Science Museums, London. Foto: Science Museum

58 Drehbank von H. Maudslay – 1797. Aus den Sammlungen des Science Museums, London. Foto: Science Museum

59 Kupferstich aus S. de Caus: Les raisons des forces mouvantes, avec diverses machines tant utilles que plaisantes aus quelles sont adioints plusieurs deßeings des grotes et fontaines. Frankfurt 1615 (Drucker J. Norton). Buch 1, Taf. 26

60 Watts Modell des Planetengetriebes – 1781. Aus den Sammlungen des Science Museums, London. Foto: Science Museum

61 Watts Dampfmaschine – 1788. Aus den Sammlungen des Science Museums, London. Foto: Science Museum

62 Kupferstich von Fr. Chesham nach G. Robertson – 1788. Hier aus: Illustrations of the industrial revolution (in: Portfolios of historical illustrations). London 1924. Taf. 16

63 Holzstich – Anfang des 19. Jh. Foto: Science Museum, London

64 Stahlstich aus J. Farey: A treatise on the steam engine, historical, practical and descriptive. London 1827. S. 189

65 Stahlstich aus J. Farey: A treatise on the steam engine, historical, practical and descriptive. London 1827. S. 436

66 Stahlstich – um 1842. Foto: Trades historical society, Sheffield

67 Foto: Science Museum, London

68 Holzschnitt (18. Jh.) aus J. W. H. Silvester: Crucible steel making at Abbeydale. In: Information sheet,

Nr. 2. Sheffield City Museums 1978. S. 1

69 Kupferstich aus R. O'Reilly: Annales des arts et manufactures, ou mémoires technologiques sur les découvertes modernes concernant les arts, les manufactures, l'agriculture et le commerce, Bd. 1, Paris 1800. Taf. 5, Fig. 3

70 Foto aus W. K. V. Gale: Iron and steel (in der Reihe: Industrial archaeology – Hg. L. T. C. Rolt, Bd. 2). London, Longmans, Green and Co Ltd 1969. Abb. 14, S. 62

71 Kupferstich aus: L'Encyclopédie – Recueil de planches sur les sciences, les arts libéraux et les arts méchaniques avec leur explication, Bd. 3. Paris 1765. Taf. 3

72 Gedenkmedaille der Dunkirk Factory – 1795. Foto: City Museum, Bristol

73 Holzstich aus J. Turgan: Les grandes usines. Études industrielles en France et à l'étranger. Paris 1882

74 Foto (1888) aus C. Hart: The industrial history of Dean. With an introduction to its industrial archaeology. Newton Abbot, David & Charles Ltd 1971. Abb. 56, bei S. 373 (Ausschnitt)

75 Kupferstich von R. Pollard nach J. Swentner – 1794. Hier aus: Illustrations of the industrial revolution (in: Portfolios of historical illustrations). London 1924. Taf. 21

76 Zeichnung – um 1781. Hier aus: A. Burton: The canal builders. London, Eyre Methuen 1972. Abb. 7, bei S. 39

77 Kupferstich – um 1787. Science Museum, London

78 Kupferstich aus J. Boys: General view of the agriculture of the county of Kent with observations on the means of its improvement. London 1796

79 Birmingham um 1775 (Kupferstich) und um 1860 (Stahlstich). Hier aus: J. D. Bernal: Wissenschaft, Bd. 2. Reinbek bei Hamburg, Rowohlt Taschenbuch Verlag 1970. Abb. 161 a und b, S. 506

80 Holzstich von Preston – 1844. Hier aus: A Briggs: Iron Bridge to Crystal Palace – impact and image of the industrial revolution. London, Thames and Hudson Ltd 1979. Abb. 51, S. 80

81 Foto: Thames and Hudson Ltd archives, London

82 Foto aus M. Pearce: Sheffield Penknives. In: Information sheet, Nr. 13. Sheffield City Museums 1976. S. 1/2

83 Foto aus V. L. Melton: Social conditions in mid-nineteenth century Sheffield. In: Information sheet, Nr. 5, Sheffield City Museums 1975. S. 1

84 Farbstich von W. Greatbach nach J. Sharples – 1852. Thames and Hudson Ltd archives

85 Karte nach Entwurf von Fr. Selmeier

Tabellen

1 Von Fr. Selmeier

2 Nach E. Kaluza: Vom Eisenerz zum Fertigteil. Einsatz- und Verarbeitungsprobleme. Essen, Girardet 1965. Abb. 3 u. 4, S. 69

3 Nach G. H. Hardach: Der soziale Status des Arbeiters in der Frühindustrialisierung. In der Reihe: Schriften zur Wirtschafts- und Sozialgeschichte (Hg. W. Fischer in Verbindung mit R. Braun, O. Büsch und R. Engelsing), Bd. 14. Berlin, Duncker & Humblot 1969. S. 22/23

4 Aus M. Jankovich: Pferde, Reiter, Völkerstürme. München, Basel, Wien, Bayerischer Landwirtschaftsverlag 1969. S. 231

5 Aus P. Burschel: Der Waldbau (in: H. Stern u. a.: Rettet den Wald). München, Kindler Verlag 1979. S. 220

6 Nach C. Hart: The industrial history of Dean. With an introduction to its industrial archaeology. Newton Abbot, David & Charles 1971. S. 21, 67, 178, 226 und Anm. 51

7 Nach T. S. Ashton (Iron and steel in

the industrial revolution. In der Reihe: Publications of the University of Manchester. Economic history series, Nr. 2. Manchester, Manchester University Press 1951. S. 43) und A. Raistrick (Dynasty of iron founders. The Darby's and Coalbrookdale. London, New York, Toronto, Longmans, Green and Co Ltd 1953. S. 6)

8 Nach Handbuch der Gießerei-Technik (Bd. 1, T. 1 – Werkstoffe I. Rohstoffe. Prüfung. Oberflächenbehandlung. Schweißen. Hg. F. Roll. Berlin, Göttingen, Heidelberg, Springer-Verlag 1959) und W. F. Schuster (Das alte Metall- und Eisenschmelzen. Technologie und Zusammenhänge. In der Reihe: Technikgeschichte in Einzeldarstellungen, Nr. 12. Düsseldorf, VDI Verlag 1969. S. 86)

9 Nach Ch. K. Hyde: Technological change and the British iron industry 1700–1870. Princeton (N. J.), Princeton University Press 1977. Taf. 4, 6. S. 67

10 Von Fr. Selmeier

11 Von The Institution of Mechanical Engineers, Großbritannien

12 Aus W. Fucks: Formeln zur Macht. Prognosen über Völker, Wirtschaft, Potentiale. Stuttgart, Deutsche Verlags-Anstalt 1965. Abb. 1, S. 33

Deutsches Museum

Jochim Varchmin/Joachim Radkau
Kraft, Energie und Arbeit
Energie und Gesellschaft (7701)

Almut Bohnsack
Spinnen und Weben
Entwicklung von Technik und Arbeit im Textilgewerbe (7702)

Heinz Haberkorn
Anfänge der Fotografie
Entstehungsbedingungen eines neuen Mediums (7703)

Karl Heinz Mommertz
Bohren, Drehen und Fräsen
Geschichte der Werkzeugmaschinen (7704)

Michael Heidelberger/Sigrun Thiessen
Natur und Erfahrung
Von der mittelalterlichen zur neuzeitlichen Naturwissenschaft (7705)

Karl Otto Henseling
Bronze, Eisen, Stahl
Bedeutung der Metalle in der Geschichte (7706)

Erik Eckermann
Vom Dampfwagen zum Auto
Motorisierung des Verkehrs (7707)

Rolf Oberliesen
Information, Daten und Signale
Geschichte technischer Informationsverarbeitung (7709)

Gernot Krankenhagen/Horst Laube
Werkstoffprüfung
Von Explosionen, Brüchen und Prüfungen (7710)

Kultur-
geschichte
der
Natur-
wissenschaften
und der
Technik

ro
ro
ro

C 2061/3

Deutsches Museum

Bert Heinrich
Brücken
Vom Balken zum Bogen (7711)

Franz Selmeier
Eisen, Kohle und Dampf
Die Schrittmacher der industriellen
Revolution (7712)

Lothar Suhling
Aufschließen, Gewinnen und Fördern
Geschichte des Bergbaus (7713)

Friedrich Klemm
Geschichte der Technik
Der Mensch und seine Erfindungen (7714)

Rudolf Lindner/Bertram Wohak/
Holger Zeltwanger
Planen, Entscheiden, Herrschen
Vom Rechnen zur elektronischen Daten-
verarbeitung (7715)

Kultur-
geschichte
der
Natur-
wissenschaften
und der
Technik

C 2061/3 a